财税一流学科论丛

基本公共服务均等化的制度路径研究

王爱君◎著

Research on the Institutional Path of
the Equalization of Basis Public Service

中国财经出版传媒集团
经济科学出版社
Economic Science Press

图书在版编目（CIP）数据

基本公共服务均等化的制度路径研究/王爱君著.
—北京：经济科学出版社，2017.12
（财税一流学科论丛）
ISBN 978 – 7 – 5141 – 8970 – 4

Ⅰ.①基…　Ⅱ.①王…　Ⅲ.①公共服务 – 财政
支出 – 研究 – 中国　Ⅳ.①F812.455

中国版本图书馆 CIP 数据核字（2018）第 003136 号

责任编辑：于海汛　李　林
责任校对：郑淑艳
责任印制：李　鹏

基本公共服务均等化的制度路径研究
王爱君　著
经济科学出版社出版、发行　新华书店经销
社址：北京市海淀区阜成路甲 28 号　邮编：100142
总编部电话：010 – 88191217　发行部电话：010 – 88191522
网址：www. esp. com. cn
电子邮件：esp@ esp. com. cn
天猫网店：经济科学出版社旗舰店
网址：http://jjkxcbs. tmall. com
北京季蜂印刷有限公司印装
710 × 1000　16 开　18 印张　240000 字
2017 年 12 月第 1 版　2017 年 12 月第 1 次印刷
ISBN 978 – 7 – 5141 – 8970 – 4　定价：52.00 元
（图书出现印装问题，本社负责调换。电话：010 – 88191510）
（版权所有　侵权必究　打击盗版　举报热线：010 – 88191661
QQ：2242791300　营销中心电话：010 – 88191537
电子邮箱：dbts@ esp. com. cn）

序

2015 年 10 月，国务院公布《统筹推进世界一流大学和一流学科建设总体方案》，提出要加快建成一批世界一流大学和一流学科，国家"双一流"建设由此拉开大幕。凭借国家层面和山东省级层面"双一流"建设之东风，特别是在我校应用经济学成为首批入选山东省"双一流"建设的重点学科之后，山东财经大学"双一流"建设也开始紧锣密鼓地开展起来。为了鼓励教师积极从事科学研究和社会服务以取得高层次科研成果，学校出台了一系列的激励措施且很快就起到了成效：在教育部第四次学科评估中，山东财经大学的应用经济学取得了 B＋的不俗成绩。作为应用经济学下的财政学更是山东财经大学的传统优势学科。在历届山东财经大学校党委和行政部门的坚强领导下，经过几十年的长期建设和发展，特别是经过山东省"十五""十一五""十二五"及"十三五"强化重点建设之后，财政学科建设不断加强，师资水平和人才培养质量不断提高，服务社会能力和学术影响力不断扩展。目前，财政（税收）专业已经具有本科、硕士、博士三个培养层次，近 60％以上的教师具有博士（后）学位。学科水平已经进入全国同类学科专业的前 20％。

国家"双一流"建设为我校财政学科的发展提供了契机;而党中央对财政的重新定位也为财政研究提出了新要求。2013 年,党的十八届三中全会召开,在这次全会上,党中央将财政上升到国家治理的高度,将财政定位为"国家治理的基础和重要支柱",并提出建立现代财政制度的目标,故如何建立现代财政制度成为摆在财政理论工作者面前的一个重要课题;2017 年,党的十九大召开,党中央又提出"要加快建立现代财政制度,建立全面规范透明、标准科学、约束有力的财政制度,全面实施绩效预算管理",这实际上又为新时代背景下的财税体制改革和现代财政制度建立指明了方向。"财政是国家治理的基础和重要支柱""加快建立现代财政制度"等一系列的财政论断和财政发展目标的提出引发了财政概念内涵的深刻变化。以此为转折点,财政也被赋予了越来越鲜明的综合性特征:"一个可以跨越多个学科、涉及治国理政所有领域的综合性范畴和综合性要素"。这一对财政的重新定位再次燃起了无数财政理论研究工作者的信心和激情,为财政学科的发展开拓了一片广阔空间,也为国内财政理论研究掀起了一股高潮。

山东财经大学财政税务学院的青年教师也为当前财政理论的研究贡献了自己的力量。这些青年教师不仅通过相对系统的经济学训练对现代经济学研究方法有了足够的掌握,通过对国外文献的搜集整理及时对学术前沿动态进行了跟踪,而且还通过良好的团队意识和精诚合作的精神形成了一股财政科学研究的重要区域性力量。特别是在山东省正紧锣密鼓地开展新旧动能转换工程的当下,这些青年教师也积极响应省委省政府号召,围绕着如何通过做足财税体制改革文章来实现新旧动能转换而献言献策。作为这套丛书的编委，我们欣喜地看到这些学者所取得的不俗成果。同时，我们也深知我国财政科学研究的道路仍然任重道远，有些财政问题的研究才刚刚破题，而有些财政问题的研究还需要进一步丰富和深化，特别是部分财政观点和认知还有待实践的检验，这不仅仅是丛书作者应该明了的，也是我们每一个从事这一领域研究的学者应该清醒的。所以，这套丛书也期待着社会各界的批评和指正，以为财政学者们下一步的研究提供思想源泉。

丛书编委会

2017 年 12 月

目　　录

第1章 导 论

1.1 基本公共服务均等化提出的背景、意义

1.1.1 基本公共服务均等化提出的背景

1. 国际背景

从国际背景看，在对过去近 60 年的发展理论及发展观进行梳理之后，美国学者沃斯提出了发展是一个综合的、协调的社会经济转型过程的理论，是涉及整个经济和社会体系的重组和重新定位的多方面的进程。

近年来，人们认识到，制定发展战略时需要确定发展的障碍和潜在助力，关键是对人力资源的开发和利用，通过重视就业机会、社会成员的受教育机会、对经济参与障碍的排除、对贫困的关注等，为个体的生存和发展创造良好的条件。国外将这种关注公民个人权利、通过帮助其提高能力进而参与到经济活动中去的理念注入社会政策之后，其社会政策越来越强调对人力资本的投资，注重借助社会政策来提升劳动者从市场中获得收入的能力，由此社会政策的功能和目标越

来越多地与全球化形势下国家的可持续发展战略联系在一起，社会政策与经济政策一道成为实现发展的手段。

2. 国内背景

在国内，目前中国处于社会转型和经济转轨的过程中。"转型"概念是 1992 年以后开始流行的。它最早也是最典型的含义是体制转型，即从计划经济体制向市场经济体制的转变。"转轨"概念中的"轨"是指体制。新旧体制衔接、新旧制度更替，就是"转轨"。"社会转型"有三方面含义：

（1）社会体制在较短时间内急剧转变。"转型"与"转轨"在体制转变这一点上可以取相同的意义。自 1992 年中国宣布建设社会主义市场经济体制以来，中国社会转型就建立在明确的经济体制转轨的基础之上。但社会转型本身则是社会体制的转变，是社会制度的创新。改革是从制度转变开始的。

（2）社会结构的重大转变。有种观点认为，中国当今建设社会主义市场经济的改革已不再仅仅局限于体制变革的狭隘领域，它已会同发展中国家的现代化进程，一道融入了世界范围内"后发"国家的社会转型潮流之中，是一场全面性、整体性的社会结构变革。它不仅是一场经济领域的变革，而且是一场全社会、全民族在思想、文化、政治、心理等各方面的"革命"。这样理解社会转型是有道理的。以经济体制转轨为基础的中国社会转型，不仅是社会分层结构的变化，而且还表现为人口的城乡结构、文化的深层结构以至意识形态的多元化等社会全面的结构性变化。① 社会转型的主体是社会结构，它是指一种整体的和全面的结构状态过渡，而不仅仅是某些单项发展指标的实现。社会转型的具体内容是结构转换、机制转轨、利益调整和观念转变。在社会转型时期，人们的行为方式、生活方式、价值体

---

① 李钢：《中国社会转型与代价选择》，载于《社会科学辑刊》2000 年第 1 期。

系都会发生明显的变化。

（3）社会发展的阶段性转变。社会转型是指中国社会从传统社会向现代社会、从农业社会向工业社会、从封闭性社会向开放性社会的社会变迁和发展。①

以上三种对"社会转型"的理解，尽管侧重点不同，但是并不矛盾。实际上，原计划经济体制下的社会向多种方向发展，是多元的自然过程。这个过程包括与市场经济相适应的制度和机制要建立起来，而最重要的是人本身的变化，这不仅作为劳动者的人，而且作为社会生活中的人都随着社会的变迁而发生变化。在新的经济生活中，能找准自己的职业定位的个体，就在社会阶层的重构中向上流动；由于自身的受教育或培训程度局限，不能在新的经济生活中找到自己位置的个体，就生活在社会结构中的底层，他们不仅衣食堪忧，而且一遇天灾人祸、疾病等，就会陷入困境。

与市场经济优胜劣汰的"本性"相适应，成熟的市场经济国家都建立了完善的社会保障制度，给各种人，包括遭遇困境的人提供适应他们生存和发展需要的公共服务，旨在使所有人都能过上有尊严的生活，不会有人跌到贫困线之下。这种社会政策的宗旨是以人为本，以人力资本的开发和扶持为主线展开的。我国政府也一直把社会保障制度视为市场经济体制的重要组成部分。除此，与市场经济相适应的制度和机制还包括政府职能的转型、公共财政体制的改革，消除城乡二元结构，实现基本公共服务对所有公民的人人可及。

从我国目前的情况来看，随着计划经济向市场经济的转轨，我国出现公共服务提供机制的缺失。即在转轨过程中，一方面过去中央政府和国有企业承担的公共服务职能退位，另一方面与市场经济相适应的、公共财政保障的新公共服务提供机制没有建立起来，导致政府提供公共服务职能缺位。在我国实行的财政分权体制下，各地区之间财

---

① 参见陆学艺、景天魁：《转型中的中国社会》，黑龙江人民出版社 1994 年版。

政能力和公共服务供给方面的不平等程度逐步扩大。贫困地区的地方政府无力履行支出责任，只能以极低的水平提供一些基本的公共服务。① 这种过渡性公共服务提供机制缺失所造成的结果，一是公共服务提供总量的不足，二是公共服务提供的不均等。

由于公共服务提供机制的缺失，造成了许多矛盾和社会问题。从过去20多年的经济和社会保障制度改革实践来看，这段时间是我国社会问题密集爆发的时期。社会问题密集的根源在于：我们不仅要应对全球化环境下的发展问题，还需要解决更为迫切的转型问题。发展问题在全球化背景下空前尖锐和复杂，因为发展意味着要进行产业结构升级，要让更多的劳动力具有升级的产业所需要的技能和知识，让更多的农民通过就业培训掌握一些现代工业和服务业所需要的知识和技能以便迁移到城市中去工作和生活；而社会转型，由于社会结构的重组，大量人群被计划经济向市场经济转轨这部战车甩掉、漏掉、边缘化，这样，发展和转型叠加，社会问题必然空前密集。

经济体制改革使得我国大多数家庭失去了传统的就业保障以及相关的福利，甚至某些方面要依靠家庭的力量来满足其成员的保障和发展需要。虽然大多数城市家庭的生活水平自改革以来得到了明显的提高，但是随着教育、医疗、养老和育幼等基本社会服务日趋商品化的趋势，那些承担养老和对未成年人提供抚育和教育责任的家庭普遍面临着如何独立地应对生存和发展的压力。从这个意义上讲，我国大多数家庭及其成员都是潜在的社会弱势群体，遇到任何风险如失业、疾病和其他天灾人祸都有可能陷入极端的困境而成为现实的弱势群体。在这种情况下，单靠自身的力量无法摆脱困境，需要政府通过提供一些基本公共服务的方式，为他们提供一道安全网式的保障。

其实早在1993年颁布的《中共中央关于建立社会主义市场经济体制若干问题的决定》中，就提出社会主义市场经济体制的基本框

---

① 谷成：《财政均等化：理论分析与政策引申》，载于《经济理论与经济管理》2007 年第 10 期，第 55 ~ 59 页。

架包括五个方面，建立多层次的社会保险制度是其中一个重要的方面，明确地把建立多层次的社会保险制度纳入社会主义市场经济体制的一部分。该决定还明确提出城镇职工养老和医疗保险实行社会统筹和个人账户相结合。随后，政府还就就业和义务教育等公共服务项目提出政策目标，这些政策目标的提出表明：包括社会保险制度在内的基本公共服务体系是社会主义市场经济体制的重要组成部分。近年来，这些政策目标逐步归结到实现基本公共服务均等化这种提法上来。而基本公共服务均等化的内涵和外延在上述范畴的基础上又有所拓展。在《国民经济和社会发展第十一个五年规划纲要》①和党的十六届六中全会通过的《中共中央关于构建社会主义和谐社会若干重大问题的决定》②中均把逐步实现基本公共服务均等化作为我国经济社会发展、构建和谐社会的一个中长期目标被提及，随后党的十七大报告进一步提出要"围绕推进基本公共服务均等化和主体功能区建设，完善公共财政体系"的要求。这表明实现基本公共服务均等化已经成为社会主义市场经济体制的重要组成部分。

不过从目前情况来看，虽然政府意识到与市场经济体制相配套的基本公共服务体系是市场经济体制的重要组成部分，但在实践中并未将基本公共服务体系从制度上完善起来，由此导致制度供给的严重不足。目前，推行基本公共服务均等化的"瓶颈"是在体制机制上，这涉及社会保障体系内部的各项制度之间的平衡和衔接问题、城乡二元结构、财政体制及转移支付体制、政府职能的转型与考核机制等。另外，我们要建立和完善的基本公共服务的体制机制是与市场经济相适应的一套制度，与计划经济下的许多制度是不相容的，这两个板块之间存在断裂，而断裂之处就是制度无法很好地衔接历史与现实的地

---

① 我国"十一五"规划中指出了"根据资源环境承载能力、发展基础和潜力，按照发挥比较优势，加强薄弱环节，享受均等化基本公共服务的要求，逐步形成主体功能定位清晰，东中西良性互动，公共服务和人民生活水平差距趋向缩小的区域协调发展格局。"

② 《中共中央关于构建社会主义和谐社会若干重大问题的决定》中提出了"完善公共财政制度，逐步实现基本公共服务均等化"。

方。比如市场经济的一个重要特点是劳动力流动性大，但现在的户籍制度、社会保险制度、教育制度等都与劳动力流动性增强不相适应。可见，问题的关键在于我们如何尽快将与市场经济相适应的基本公共服务提供的制度体系建立起来，同时改良计划经济体制遗留下来的、针对不同阶层的割裂的公共服务制度设计，并使得新的制度设计将针对不同阶层的公共服务制度衔接起来，以使劳动力不仅能顺畅地在不同地域之间流动，还能确保他们顺畅地在公务员、事业单位与企业之间流动且无需担忧自己的养老、医疗等福利的衔接问题。

1.1.2 基本公共服务均等化的理论与现实意义

1. 基本公共服务均等化的理论意义

首先，基本公共服务制度是 20 世纪人类建立的最重要的制度文明之一，这种制度指的是国家或社会依据一国宪法和法律，以政府作为责任主体，通过一定的制度和机制，为本国国民提供生活保障系统和社会稳定系统。它表现为不分地区、城乡、人群的无差别的基本公共服务制度。

其次，基本公共服务均等化是确保每个公民平等实现其基本生存权和基本发展权的重要途径，凸显了"公平正义"的社会价值诉求，是建设"和谐社会"的重要内容。联合国《人权宣言》第 22 条规定，"每个人，作为社会的一员，有权享受社会保障，并有权享受他的个人尊严和人格的自由发展所必需的经济、社会和文化方面各种权利的实现"。第 25 条规定，"人人有权享受为维持他本人和家庭的健康和福利所需的生活水准，包括食物、衣着、住房、医疗和必要的社会服务等。在遭到失业、疾病、残疾、守寡、衰老或其他不能控制的情况下丧失谋生能力时，有权享受保障"。第 26 条规定，"人人都有受教育的权利，教育应当免费，至少在初级和基本阶段应如此"。推行基本公共服务均等化能确保将公民的这些人权落到实处。

再次，基本公共服务均等化保障了机会均等，有利于实现对社会弱势群体的有效保护。所谓机会均等，"是指一个人的生活应该是他努力和才能的结果，而不是由他所拥有的背景（包括某些天生条件和社会关系等因素）决定"。一般来说，教育和健康是保证机会均等的重要条件，直接影响一个人的生存能力、经济参与能力、收入和财富的创造能力。而社会保障体系主要通过为人们提供安全网的方式改变或增加人们的机会。均等的机会使所有人的天赋和潜能都有机会发展成为创造能力，从而可以把一个人口大国转化成一个人力资源大国。[①]

最后，基本公共服务均等化事关人的尊严和人的自由、全面发展。温家宝总理非常强调人的"尊严"，他对于"尊严"的解释是：一是每个公民在宪法和法律规定的范围内，都赋予自由和权利。无论是什么人在法律面前，都享有平等。二是国家发展最终目的是为了满足人民群众日益增长的物质文化需求。三是整个社会的全面发展必须以每个人的发展为前提，因此，要给人的自由和全面发展创造有利的条件，让他们的聪明才智竞相迸发。[②] 具体到每个个体来说，每一个人的尊严和幸福，不仅取决于自己的奋斗，更有赖于社会的公平调节与人文关怀。比如，农民工如何真正融入城市生活？社会教育资源如何做到机会均等，关系到每一个年轻人的就业如何来体现尊严？病有所医、住有所居的理想如何实现？这其中，户籍、教育、就业、医疗保障等方面存在的壁垒，是个体平等、自由、全面发展必须破除的屏障，而这首先需要社会的制度供给。我们要创造的不仅是社会财富，更重要的是让每一个人都可以面对着平等的社会法则，创造让每一个

---

① 李一花：《城乡基本公共服务均等化研究》，载于《税务与经济》2008 年第 4 期，第 33～37 页。

② 李秀江：《专家呼吁加快工资增长，百姓尊严就差钱》，载于《小康》2010 年 4 月。

人都可以自由选择、全面发展的社会制度。可见，推行基本公共服务均等化的初衷首先是从制度上破除这些阻碍个体机会均等的制度藩篱，设计贯通一致的制度体系，其次才是具体操作层面的问题。

2. 基本公共服务均等化的现实意义

首先，基本公共服务均等化是将科学发展观落到实处的重要举措。

科学发展观的核心是以人为本，关注个人的生存和发展环境，而生存和发展环境的改善与公共服务的供给与分配直接相关。只有社会公众享有基本的、在不同阶段具有不同标准的、最终大致均等的公共服务，其生存和发展环境才能不断得到改善，所以逐步实现基本公共服务均等化是实现社会公平、落实科学发展观的重要举措。

其次，推行基本公共服务均等化是实现经济增长方式转型、扩大内需的要求。过去我们的经济有"三驾马车"，第一是消费，第二是出口，第三是政府支出。我们消费太少，很难形成马车效应。钢筋水泥做的过多，是一锤子买卖，没有长期效应，也不能形成马车效应。（金融危机使得国外）泡沫消费爆破，出口下跌，也无法形成马车效应。"三驾马车"都不能拉动经济增长，中国经济将停止发展。[①] 这说明我国的经济增长方式急需从出口和投资拉动型向扩大内需型转变，变出口导向型增长为扩大内需型增长、变依赖资源的粗放型增长为内涵式增长。从后一方面看，主要是调整经济结构，从主要依赖资本、自然资源、土地这些生产要素来铺摊子，转向主要靠就业、靠人力资本来支撑，发展先进的制造业和服务业。从前一方面看，如何找到增加内需的突破口呢？目前国内消费不振的原因一是工资收入在整个 GDP 中占比太低，二是老百姓不敢消费。关于前者，根据张建国列举的数据，我国居民劳动报酬占 GDP 的比重，在 1983 年达到 56.5% 的峰值后，就持续下降，2005 年已经下降到 36.7%，22 年间下

---

① 郎咸平：郎咸平官方博客，http://qzone.qq.com/blog/622004678 - 1252584576。

降了近20个百分点。而从1978年到2005年，与劳动报酬比重的持续下降形成鲜明对比的，是资本报酬占GDP的比重上升了20个百分点。① 老百姓的劳动报酬在GDP中已经占比很低了，但就是这些收入，他们还是不敢消费掉，为什么呢？一个重要原因在于，转轨时期旧的以企业为背景的社会保障格局被打破，新的社会保障机制尚未建立，在这种情况下，百姓首先考虑的是准备好孩子上学的学费、准备治病的费用及养老的资金，还有购房支出。由此，我国的基础教育、基本医疗和公共卫生、基本社会保障等就凸显为备受关注的重大民生问题，这些重大的民生问题不解决，老百姓就不敢消费，我国经济增长方式就无法成功地从出口和投资拉动型转向国内消费拉动型转变。在这种情况下，政府刺激经济的方略先要从调整收入分配中劳动与资本所占的比重入手，同时，还要做好基本公共服务，为老百姓解决后顾之忧。这既是政府应对金融危机的有效举措，也是市场经济体制的必然要求。

实际上政府也已经在调整政策方向，2005年10月11日中共十六届五中全会通过的《中共中央关于制定国民经济和社会发展第十一个五年规划的建议》第一次提出"公共服务均等化"概念。2006年3月11日《中华人民共和国国民经济和社会发展第十一个五年规划纲要》第一次提出"基本公共服务均等化"概念，此后，"基本公共服务均等化"成为中央文件的正式表述。中国共产党的十七大报告提出"以改善民生为重点的社会建设"，要"使全体人民学有所教、劳有所得、病有所医、老有所养、住有所居。"这标志着执政党指导思想从经济建设向公共服务的转变。

最后，实行基本公共服务均等化是构建和谐社会、缓解社会矛盾的现实需要。我国正处在由生存型社会向发展型社会转变的关键时期，利益主体和社会结构正在发生重大变化，一些社会经济的深层矛

---

① 吴敬琏：《经济转型"开倒车"是绝没有出路的》，每日经济新闻，2010年3月4日。

盾和社会问题日益显现：经济增长方式的落后，经济发展同生态环境、自然资源的矛盾加剧，城乡差距、地区差距、居民收入差距持续扩大，就业和社会保障压力增加，教育、卫生、文化等社会事业发展滞后等。基本公共服务均等化的提出，可以适当优化社会分配关系，政府通过实现就业、公共医疗、义务教育、社会保障等方面的基本公共服务均等化，有效缓解城乡差距、区域差距和群体间贫富差距，以促进社会公平公正、维护社会和谐安定。

1.2　基本公共服务均等化的基础理论分析

1.2.1　基本公共服务均等化的基础理论分析

每一项制度都是建立在一定的哲学理念之上的，如果这个理念或曰理论依据是站不住脚的，那么，建立在这个基础之上的体制机制的设计就是无本之木，就是无所凭依的空中楼阁。我们要推行基本公共服务均等化是基于一个什么样的理念呢？如下观点会给我们以一定的理论支撑。

1. 马克思关于人的全面自由发展的观点

马克思站在劳动人民的立场上，研究了无产阶级的贫困状况后，指出要将每个个人的全面自由发展视为全社会自由发展的基础的自由人联合体作为理想社会的目标，这不仅承认劳动者的经济权利，而且关注劳动者的生存和发展权利，蕴含着鲜明的以人为本的思想。他还认为，个人全面发展是一个渐进的过程，生产力和财富的增长是其实现的基础，生产力的每一进步都为实现个人全面发展提供了新的现实基础。

2. 公共财政的本质

公共性是公共财政的本质特征。公共财政支出必须用于全体社会成员，即要求政府必须对所有经济主体和社会成员提供"一视同仁"的服务。在"一视同仁"的政策下，政府及其公共财政在为社会提供服务的过程中，对所有的社会成员应该是公平对待的。而在"区别对待"的政策下，政府及其公共财政实际上只着眼于和偏重某些经济成分、某些社会集团和少数乃至个别社会成员的利益。

3. 福利经济学理论

福利经济学以寻求"最大化的社会经济福利"为目标，这与公共服务均等化的目标相吻合。福利经济学主要关注：如何进行资源配置以提高效率；如何进行收入分配以实现公平；如何进行集体选择以增进社会福利。福利经济学提出了帕累托最优标准、补偿原则、社会福利函数等一系列理论分析工具及有关建设福利国家的政策措施。福利经济学为公共服务均等化提供了经济学基础，公共服务均等化为福利经济学拓展了研究范畴。

20世纪20年代，英国经济学家庇古开创了福利经济学的完整体系，被称为旧福利经济学。随后卡尔多、希克斯、伯格森等对其作出了重要补充和修改，到50年代，涌现了阿罗、李特尔、黄有光等一批新的福利经济学家，在批判地吸收旧福利经济学的基础上形成了新福利经济学。

新、旧福利经济学尽管存在着诸多不足和矛盾，但其中某些基本思想和命题依然具有深刻的生命力。福利经济学在资源配置、收入分配、社会保障等多个领域的研究成果，对公共服务均等化研究有多种启发。福利经济学包括如下基本思想：

（1）庇古的贡献与公共服务均等化。庇古以边际效用价值论为基础论述了福利的含义。他认为，福利由效用构成，效用就是满足，人性的本质就是追求最大的满足即最大的效用，可以说是追求最大的福利。社会福利是指一个社会全体成员个人福利的总和。为了摆脱社会贫困，实现福利最大化的目标，庇古考虑到两个问题：一是个人实际收入的增加会使其满足程度增大，二是转移富人的货币收入给穷人会使社会总体满足程度增大。据此，他提出了两个基本命题：国民收入总量越大，社会经济福利就越大；国民收入分配越是均等化，社会经济福利也就越大。这两个重要命题在西方经济学说史中具有开创性，是首次将社会福利问题与国家干预收入分配问题结合起来加以研究。

首先，根据庇古的观点，国民收入总量的增加是促进经济福利、彻底解决贫困问题的主要因素，要使一国经济福利有所增加必须增加国民收入总量。公共服务数量将随着国民收入总量的增加而增加，社会福利也将随着公共服务的增加而增加。

其次，公共服务越是均等化，社会经济福利也就越大。当公共服务数量达到一定规模后，便应考虑如何优化公共服务配置以进一步促进社会福利最大化。庇古认为合理配置资源能够实现社会福利最大化，在资源配置失当时可由国家采取适当的调节措施（如课税或补贴）来纠正，以增进社会经济福利。公共服务作为一种社会资源，其有效配置能够增进社会福利、促进社会福利最大化。按照庇古的观点，作为社会再分配手段的基本公共服务必须坚持尽可能均等化的原则予以提供。庇古的思想对公共服务均等化具有启发意义，政府应通过公共服务均等化来实现全社会福利最大化。

公共服务总量越大，社会经济福利就越大；公共服务越是均等化，社会经济福利也就越大。庇古的这些思想这在一定程度上奠定了公共服务均等化的理论基础。

（2）卡尔多的思想与公共服务均等化。与旧福利经济学相比，新福利经济学更加丰富和完善了福利经济学的方法与标准。在方法上，新福利经济学运用"序数效用论""无差异曲线"对福利问题进行了更加深入的探讨；在标准上发展了效率标准，用帕累托最优来解释福利问题。

卡尔多提出的补偿原则的基本思想是，国家的任何政策变动都将会导致市场价格变化，都将会使有人受益，有人受损，如果一些社会成员状况的改善补偿了其他社会成员状况的恶化，且补偿后还有剩余，就说明社会福利增加了。根据这一原则，政府应该制定经济政策从受益者那里取走一些收益以补偿那些受损者（例如征收个人所得税），但这样的政策会使受益者损失部分利益、减少部分效用，如果从整体的角度看，损失的利益小于得到的利益，那么实施这项经济政策就会增进整个社会的福利。补偿原则关注的是"整个社会的福利"或"福利综合指标"，兼顾了效率与公平，也为公共服务均等化提供了理论支撑，表现为如下方面：

①补偿原则的基本思想为财政支出结构调整提供了理论依据，而公共服务均等化正是财政支出结构调整的内容之一，充足的公共服务及其合理的分配能够最大程度的提高财政支出效率、改善财政支出结构、促进社会福利最大化。提供公共服务是政府的一项基本义务，当经济发展水平较低时，政府提供公共服务的能力较为有限，无法满足社会对公共服务的全部需求，社会福利有较大的增长空间。随着经济的进一步发展，政府有能力将更多的财政支出用于提供公共服务，提高财政支出中用于公共服务的比例会改变原来的利益结构，使得一部分既得利益减少，但同时会使社会成员享受的公共服务增加，且从公共服务增加中获得的效用足以补偿被减少的效用，社会福利最终得以增进。可见，随着经济的发展，应该提高财政支出用于提供公共服务的比例，补偿原则为此提供了依据。

②补偿原则的基本思想为公共服务的合理分配提供了理论依据。由于地区间经济发展存在着差距，所以各地拥有的公共服务种类和水平都不同。为公共服务需求没有得到满足的地区和居民提供更多的公共服务，能够提高财政转移支付资金的效率，并提高整体社会福利。

但这样的政策会造成部分社会成员的利益损失，政府可以通过给予他们更多的优惠政策作为补偿，如提供税收优惠或产业政策倾斜，使地区经济发展加速，居民收入水平提高。从而，未满足的公共服务需求得到满足，损失的利益得到补偿，整体社会福利得到提高。

（3）社会福利函数理论的基本思想与公共服务均等化。伯格森、萨缪尔森、阿罗等人认为补偿原则也不是完全科学的，因为补偿是否恰当，要在受益者感受到以后才能确定，事前是无法预测的，为此，他们提出了社会福利函数理论。社会福利函数研究的一个重要方面就是如何反映个人福利对社会福利的影响，社会福利总是随着个人福利的增减而增减，社会福利函数涉及的多种影响因素对不同的人来说有着各种不同的组合，个人的自由选择是决定个人福利最大化的重要条件。因此，从公平的角度来说，在一定的收入分配条件下，要使社会福利最大化，政府应当保证个人的自由选择。可见，自由选择是社会福利最大化的充分条件。

社会福利函数理论也是公共服务均等化的重要理论基础。一是，社会福利函数理论强调收入分配的合理化，它不等于收入分配均等化，因为，对于不同偏好选择的自由个人来说，平均的收入并不可能保证他们的福利都能增进，这种观点更接近收入分配的现代观点。对于不同偏好选择的自由个人来说，平均分配的公共服务并不可能保证他们的福利都能增进，应提倡充分考虑个人需求的公共服务"相对均等化"。可见，社会福利函数理论强调的收入合理分配比庇古倡导的国民收入均等化更具启示意义。二是，通过对社会福利函数的研究，有利于政府从若干个可选政策中选择出一个相对较好的政策来提高整个社会的福利。由于每项政策都会提高一部分人的福利而损害另一部分人的福利，政府应该选择对全体公民福利提高的最多的政策，同时，不仅要考虑到该政策对社会福利直接的、短期的影响，而且要考虑间接的、长期的影响。我国现阶段推行公共服务均等化虽然短期内会影响一部分人的利益，会损失一部分效率，但是长期来看，公共服务均等化能够促进经济社会的发展，提高社会成员的整体效用水平和社会整体福利水平。

阿罗的不可能定理已经证明了社会福利函数并不存在，但是，社会福利函数理论的基本思想仍然为公共服务均等化提供了有益的启示。

（4）帕累托最优理论和基本公共服务均等化。帕累托最优是新福利经济学的核心命题，新福利经济学的主要内容都是围绕这个命题发展、演化而来的，例如，补偿原理、次优和第三优理论等等。在经济分析中，该命题被作为一个价值判断标准得到了广泛应用。

新福利经济学认为，达到帕累托最优就意味着达到了社会经济福利最大化。帕累托最优定理包括交换的帕累托最优、生产的帕累托最优、交换和生产的帕累托最优三个部分，要求在满足三项帕累托最优条件的基础上，分别在消费者之间、生产者之间、消费者和生产者之间实现资源最优分配，使消费者的效用、生产者的产量、整个社会福利均达到最大化。可见，帕累托最优定理的本质就是将优化资源配置作为增进社会福利的措施，强调从效率的角度对社会公平程度加以改进，这对实行公共服务均等化有较强的借鉴意义。

在达到帕累托最优时，不可能在不使任何人处境变坏的境况下使某个人处境变好，再进行任何政策改变都会带来福利的损失。然而，帕累托最优标准也存在两点缺陷：一是无法判断一些人的福利状况有所改善而另一些人的福利状况有所恶化时，社会福利是否有所增进；二是帕累托最优标准不关心公平问题。对此，新福利经济学提出了补偿原则来加以完善。

首先，从帕累托最优的效率角度出发，对于公共服务资源的配置来说，如果不存在其他可行的配置，使得所有享受公共服务的个人至少同他们在初始时的情况一样好，而且至少有一个人的情况比初始时更好，这种公共服务资源配置就是最优的和有效率的分配。只有实现公共服务资源的最优配置，才能促进社会福利最大化。

　　其次，由于公共服务具有非排他性和非竞争性，一方面无法排除他人享受同种公共服务，具有"共同消费"特征；另一方面公共服务对象的增加不会引起服务成本的增加，这两个特性为公共服务均等化提供了条件。也就是说，当公共服务达到一定数量后，扩大公共服务对象的范围，不会有人受到损失，但一定会有人增加福利，这符合帕累托改进原则，且享受公共服务的人越多，越接近公共服务均等化，越加深了公平程度。再从帕累托最优的公平角度分析，实行公共服务均等化可以在其他人的处境没有变坏的前提下至少使一个人的处境变得比以前更好，最终使整体社会福利接近最大化。

　　帕累托改进原理指出，任何经济活动，在不损害任何一个人的利益的情况下，至少使其中一个人受益，这样，社会财富总量就会增加，这项经济活动就是帕累托改进。我们知道，帕累托改进原理在完全的市场经济中是可以自发起到优化资源配置作用的。但帕累托改进并不仅仅在完全的市场经济条件下起作用，在市场失灵领域，帕累托改进也是可能的。只是在市场失灵的情况下，不能期待帕累托最优自动实现，只能通过政府的干预实现。西方有学者提出了"帕累托最优收入再分配"的概念，基本思想是如果来自于穷人的边际所得增加的福利大于来自于富人自身边际所得增加的福利，那么通过把富人所得转让给穷人，两者的福利都会提高。因此，从基本公共服务角度看，根据边际效用递减规律，由于农村的基本公共服务水平较低，同样的一笔公共服务资金，投入到城市可能作用并不明显，但如果投入到相对落后的农村，可以解决成千上万的贫苦儿童的上学问题，即基本公共服务资金投入到农村的边际效用远远大于投入到城市的边际效用。因此，在社会上用于提供基本公共服务的资金既定的情况下，把资金投入到农村能发挥更大的作用，从而提高整个社会的基本公共服务水平。但是应注意到，适当的基本公共服务资金向农村倾斜并不是要降低城市基本公共服务水平，而是在不降低城市公共服务水平的基础上提高农村的基本公共服务水平。

（5）次优理论、第三优理论与公共服务均等化。在现实经济中，因为存在着市场失灵及许多干扰因素使帕累托最优状态很难达到，只能"退而求其次"——实现一种次于帕累托最优的最大值，基于这种考虑，李普西和兰卡斯特创立了次优理论。次优理论是承认客观存在的干扰因素，并将其看作约束条件，进而求得次优解。次优理论所关心的中心问题是：当有信息充分且执行成本很小时，实现在干扰因素约束条件下的最优状态。其意义在于：当现实不满足帕累托最优的实现条件时，不应该去刻意消除干扰因素以满足帕累托最优要求的条件，而是应依照某些福利目标来设计适当的政策，以期达到次优状态，否则只会带来更大的扭曲效应。

前文已经用福利经济学理论证明实施公共服务均等化可以实现帕累托最优，使社会福利达到最大化，然而由于现实世界中的种种因素干扰（例如，有侧重的发展战略等经济性因素、镇压反动势力等政治性因素），理想的公共服务均等化难以实现。在考虑干扰因素的条件下，按照一定的福利目标，寻找次优的出路，力求接近公共服务均等化，改善社会福利的整体水平。

然而，次优理论依然是一个理想化的理论，同帕累托最优条件相比，运用次优理论要求信息充分，可是现实经济中约束因素繁多复杂，不可能考虑全面。即便是所有因素都考虑到了，如果行政费用（执行成本）相当高，所达到的状态也不可能是约束条件下的最优状态。基于这一考虑，黄有光提出第三优理论：当实现帕累托最优的限制因素较多、需获取的信息量较大并必须支付行政费用时，则应采取第三优政策。第三优理论为衡量政策效率建立了低标准的尺度，其本质可以理解为：视具体情况采取现实的、最有效率的政策，力求最大化地改善社会福利。

现实世界的实际情况往往只满足第三优理论的条件，实行公共服务均等化的经济社会环境也是一样。一方面，因缺乏偏好表达机制，政府无法获知每个公共服务对象对公共服务数量和内容的偏好，存在着信息不充分问题。另一方面，即便是政府可以获知每个服务对象的偏好及需求，这样做的执行成本也太高。此外，大部分公共服务要由地方政府提供，因各地具体情况不同，同样存在着信息不充分问题和执行成本问题。因此，在第三优理论框架下分析公共服务均等化更具现实意义。必须根据具体情况，在不同的经济发展阶段、不同的地区、针对不同的群体，推行不同程度的公共服务均等化。比如社会救助就是针对特定的社会群体而采取的政策。

虽然福利经济学自身仍然处于不断的发展过程中，但在不同层次上、不同条件下却能够为公共服务均等化提供各种有益的启发。

4. 阿马蒂亚·森的贡献与公共服务均等化

阿马蒂亚·森对"福利"的理解是：创造福利的并不是商品本身，而是它带来的那些机会和活动，这些机会和活动建立在个人能力的基础上。他认为单纯用效用指标来衡量社会福利仍然存在着缺陷，并提出了"能力"中心观，即社会福利水平的提高来自个人能力的培养和提高，个人的幸福是他所能做的各种事情的函数。

印度学者阿马蒂亚·森的社会公平理论把经济学和伦理学结合在一起，把自由看作发展的首要目的，认为应通过帮助贫困者提高"可行能力"获得增加收入的机会，使其获得充分的发展，进而实现公平。他所认为的"可行能力"，是指人们能够过有价值的生活的"实质自由"，它包括免受贫苦的能力和掌握知识、参与政治等方面的自由。

阿马蒂亚·森的观点是支持公共服务均等化的重要经济学基础理论。第一，他在以往福利经济学所倡导的重视经济增长、效率提高以及收入均等化、合理化的基础上，更加强调个人能力的提高。要培养和提高个人的能力，必须关注个人的生存和发展环境，而生存和发展环境的改善与公共服务的供给与分配直接相关。也就是说，只有社会公众享有基本的、在不同阶段具有不同标准的、最终大致均等的公共服务，才满足了个人能力提高的条件，社会福利最大化才有实现的可能性。第二，阿马蒂亚·森把提高社会福利水平看作政府的主要职责，认为政府在制定经济政策时不应只着眼于政策的经济激励作用，更应该注重保障人的权利和培养人的能力。因此，政府政策应具有保障居民基本生存和生活条件、提高居民的社会生活能力的机制。这种观点包含了对公共服务均等化的考虑，一方面指出了公共服务的主要内容，即能够提高居民社会生活能力的食品、住房、基础教育和医疗保健等；另一方面强调公共服务应该均等化，因为政府要保障每个人最基本的生存和生活条件，只有公共服务相对的均等化才是有效的公共服务配置。阿马蒂亚·森所试图建构的经济学"其分析范围囊括了作为社会中自由和自主主体的人的发展的众多方面，因此也可以称之为人的发展的人文科学"①。它涉及人的生活、人的能力、人的自由和权利等等。

5. 约翰·罗尔斯的贡献与公共服务均等化

西方国家有很多思想理论把基本公共服务均等化看作是人类天赋的一种权利。尤其是后现代主义思想的代表之一——罗尔斯的正义论，更是体现了这种思想内涵。约翰·罗尔斯在他的名著《正义论》中，首次明确区分社会正义和个人正义，给国家、政府、制度等的道德评价树立了一个标准。

罗尔斯认为，正义原则的实质是用以指导社会秩序形成的基本道德原则。罗尔斯假定，原初状态中的人们并非为了选择具体的社会制度而订立契约，而只是选择指导社会基本结构的原则——正义原则。他假定在"无知之幕（veil of ignorance）"后面，每个人为了避免自己在具体的制度安排中处于不利地位，而倾向于选择公正地制定社会制度的规则。这个用以指导社会基本结构的一般的正义观是：所有的

---

　　① AMIYA K B. Amartya Sen's human science of development Part Ⅲ [J]. Frontline, 1999 (16).

社会基本价值（基本善）——自由和机会、收入和财富、自尊的基础——都要平等地分配，除非对其中一种或所有价值的一种不平等分配合乎每一个人的利益。罗尔斯确立的正义理论的两大核心原则是，一是每个人对与其他人所拥有的最广泛平等的基本自由体系相容的类似自由体系都应有一种平等的权利。二是社会的和经济的不平等应这样安排：（1）应该有利于社会之最不利成员的最大利益；（2）所从属的职位和地位应该在公平平等条件下向所有人开放。

6. 发展型社会理论与基本公共服务均等化

从 20 世纪 90 年代开始，在国际社会政策文献中，社会保护（social protection）一词日渐取代社会保障（social security）。社会保护的政策框架逐渐被越来越多的国家和政府以及学术机构所认同。这其中一个明显的变化是从对制度的干预转向了对家庭和个人的干预；社会政策的功能和目标越来越多地与全球化形势下国家的可持续发展战略联系在一起，社会政策越来越强调对人力资本的投资，更注重通过社会政策来影响劳动者从市场中获得收入的能力；由此，社会政策成为社会投资的一种新方式。这些变化反映在发展型社会政策的一些核心观念和理论中。

发展理论和发展型社会政策认为，社会保障制度不是一个简单使用公共资源劫富济贫的过程，而是在其背后有理论和技术的支撑的。

对于发展内涵理解的变化，美国学者沃斯认为，发展不是纯粹的经济现象，它是一个综合的协调的社会经济转型过程的理论。[①] 它涉及整个经济和社会体系的重组和重新定位的多方面进程。他提出发展的核心价值和目标。核心价值包括生活必需品，即满足生活基本需要的能力；自尊，有人的尊严；摆脱奴役，能够选择。由此，发展的目标包括：增加基本的生活必需品，如粮食、住房、医疗和保护；除了

---

① 唐纳德·沃斯：《国际发展理论的演变及其对发展的认识》，载于《经济社会体制比较》2004 年总第 112 期，第 1～12 页。

要获得更高的收入外，还包括提供更多的工作岗位、更好的教育、更重视文化和人道主义价值；要使国家和个人摆脱奴役和依赖，扩大他们的经济和社会的选择范围。

长期以来，人们头脑中就有把社会发展外在于经济发展的观念。由此，社会政策就成为经济政策的附庸，经济增长被当作了实际上的发展目标，而经济增长的最终目的是增进人类福祉这一点反而被遗忘了。实践证明，经济增长会惠及社会成员，改善他们福利状况的这种观点是不成立的，单只经济增长是不足以解决社会问题的。

发展型社会政策①集中反映了经济政策和社会政策两者的整合状态②，发展不再是先经济后社会，而是一个过程的不同方面。就是说，社会政策是实现发展的手段之一，而不是经济政策的附属品。目前，将"发展"内涵作经济和社会的综合理解是国际社会的总趋势。发展不仅指经济发展，还包含社会发展。国际社会对社会政策的功能和目标等问题的重新理解和定义，是通过理念的变化反映出来的。

发展理论的理念包括：一是注重对人力资本的投资；二是要根据一个人生命的不同阶段的需要进行干预，即生命周期理论；三是重视贫困的预防，即社会风险管理理论。

（1）注重对人力资本投资。发展型社会政策的核心理论是将社会看成是一种社会投资行为。因为社会政策对提高劳动者的素质有直接的作用，可看成是对人力资本的投资。③ 社会保护是政府通过提供社会福利来降低或避免出现人们的命运完全由市场主宰的情形。因为人们认识到，贫困不是市场经济制度造成的，而正相反，人们之所以贫困是因为他们被劳动力市场排斥的结果，因此最根本的帮助办法是使他们重返劳动力市场并具有一定的竞争力。强调对劳动力市场的干

① 发展型社会政策在 OECD 国家的文献中被称为"积极的社会政策"。
② Anthony Hall and Midgley（2004）：Social Pocicy for Development，Sage，San Francisco，USA.
③ J. Midgley："Growth，redistribution and welfare：toward social investment" Social Service Review（March 1999），pp. 3 - 21.

预不仅是新的社会政策与传统社会保障的核心区别，更由于对劳动力市场的干预政策具有公平和效率兼顾的特征而使致力于这一方向的反贫困政策具有了社会投资的功能。① 20 世纪 90 年代中期以后，社会投资的概念成为西方国家政府支持和调整社会政策的理论依据。

传统的反贫困政策以市场不公平为出发点，主要通过基于税收和转移支付的"劫富济贫"政策来实现。首先，"劫富"就要提高个人和企业的税收，随着老龄化的加快，无论是企业还是个人都面临着越来越大的社会保险缴费压力，再提高税收将很困难。其次，高税收对工作和投资积极性的负面影响不容忽视。最后，贫困一旦形成，基于转移支付的社会救助将处于一种进退两难的处境：如果救助水平高，则福利国家的弊端都可能成为事实；而如果仅仅局限于维持受助者的基本生活，则又难以使其脱离贫困，实现自食其力②。由此，从分配领域进行干预的政策余地和效果都有限。从现象上看，贫困和收入差距的存在，直接表现为一部分社会成员未能在劳动力市场上有效发挥作用，要么失业，要么收入低；而失业或收入低的直接原因往往是与健康状况（残疾或疾病）或缺少必要的知识和技能等因素有关。③ 这样，对贫困是人力资本缺失所致的认识使社会政策的理念从社会负担转向人力资本投资，并在干预方式上通过对贫困者的干预来解决贫困问题。发展型社会政策的核心是通过社会政策来影响个人的竞争力，通过提升个人的竞争能力而提高国家竞争力。社会政策以支持和满足成员的发展需要为出发点。同时，由于对人进行培训或投资是一件长期的事情，这使发展型社会政策具有了中长期发展战略的内涵。

人力资本投资的理念将社会政策对社会制度的干预下降到对个体和家庭进行干预。政府通过社会政策将社会资源用于预防、减少或消

---

① 张秀兰、徐月宾、梅志里：《中国发展型社会政策论纲》，中国劳动社会保障出版社 2007 年版，第 34 页。

②③ 张秀兰、徐月宾、梅志里：《中国发展型社会政策论纲》，中国劳动社会保障出版社 2007 年版，第 35、65 页。

除那些容易陷入困境的因素，保证未成年人的发展需要不会因为家庭经济困难或其他因素受到影响；更重要的是，要帮助家庭增强其适应经济和社会变化的能力，通过支持家庭来保证儿童的发展需要得到满足。这样做的目的是为了使其更好地适应市场经济的需要，特别是劳动力市场的变化。

（2）生命周期理论。将社会政策与人的不同生命阶段相结合在很多发达国家被认为是实施积极社会政策的有效手段。[①] 生命周期是指现代社会中一个人从出生到死亡的全部生命历程中所经历的具有鲜明的经济和社会特征的阶段。人的生命的不同阶段是相互联系的，前一阶段的经历会对后面阶段的经历产生影响。不仅不同阶段会有不同的需要和问题，而且上一阶段的生活质量对下一阶段有着非常重要的影响或决定作用。[②] 例如，在贫困家庭中长大的儿童，其随后的受教育机会、学业表现，甚至营养状况等都会受到影响，致使他们进入成年后更易于面临就业困难，失业或者出现健康问题，从而在其工作年限内经常处于贫困或低收入状态，他们也不会有足够的经济能力及早安排退休养老的事情以至于老年陷入生活困境。这样，贫困就成为贯穿一生的问题。只有预防贫困才能达到消除贫困的目的。因此，发展型社会政策特别强调对贫困的"上游干预"，消除儿童贫困。发展型社会政策强调，社会政策的功能和目标要与人的生命阶段相适应，使处于不同阶段的社会成员都能够得到社会政策的支持，这是预防贫困和缩小收入差距的根本措施。基于这一理念，"标准的欧洲社会保障制度"中，普惠型的家庭津贴或儿童福利制度有效缓解了儿童贫困问题，而覆盖绝大多数社会成员的社会保险将一些常规性的社会风险如失业、疾病和老年基本覆盖。同样经合组织也是基于生命周期理论进行政策干预，如针对学前阶段、学龄阶段、就业阶段、退休以及老

[①] OECD（2005）Extending Opportunities – How Active Social Policy Can Benefit Use All.

[②] 本部分内容参照张秀兰、徐月宾、梅志里：《中国发展型社会政策论纲》，中国劳动社会保障出版社2007年版，第56～86页。

年等不同阶段人群制定不同的政策。其中：①对儿童来说，社会政策的目标是社会投资，特别是要降低儿童贫困，使他们有最好的生活起点和公平的机会；②对于就业人群来说，社会政策的目标就是克服就业障碍，保证他们不被排斥在主流社会之外。如就业支持政策（welfare-to-work）和工作支持政策（welfare-in-work），前者为失业者提供就业培训和寻找工作，后者则是在失业者重新就业后，还会继续得到政府的帮助，直到他们能够保住这份工作，并获得恰当的收入。③对已退休的老年人来说，社会政策的目标是提高他们的经济和社会的参与率。

以生命周期为基础的社会保护政策，其目标是改变个人发展的条件，而不是修补这些条件所造成的后果。这种积极的社会政策不仅以满足人一生不同阶段的需要为目标，而且更关注通过人力资本投资使个人的潜力得到最大的开发，最终成为一个能够自我满足需要的社会成员。这样，社会政策就从一个应急和补偿性的模式转变为一个发展型的模式。

（3）社会风险管理理论。与生命周期理论相一致，社会风险管理也是以预防贫困为首要目标的。这一理论认为，所有的个人、家庭和社区都会面对来自不同方面的风险，这些风险既包括自然的，也包括人为的。贫困人群不仅更易遭遇风险，风险对他们的负面影响也更严重，因为他们应对风险的能力和工具非常有限。按照风险管理的理念，消除贫困不仅代价高昂，也是很难实现的事情，因而只有预防贫困才能达到消除贫困的目的。积极的社会政策也主张社会政策要致力于消除和减少那些使人们陷入不幸或困境的因素，而不是在风险出现后再向他们提供生活保障。

相应的，社会政策的对象不再只是现实的贫困者或不幸者，而是一种资助全体成员经济和社会能力的社会资源再分配机制。这种理念以世界银行的社会风险管理框架最具有代表性。世界银行的风险管理框架更关注贫困的成因而不是贫困的症状，更重视对贫困的预防而不是对贫困的补偿。这一框架要求对贫困和高风险人群提供事前的收入支持以鼓励其选择高风险、高回报的经济活动，从而使他们逐步摆脱贫困，而干预的措施应该根据风险类型选择不同的工具。这些风险管理干预工具包括宏观经济政策、治理及提高基础教育、医疗卫生的可及性等。由于贫困的成因涉及环境和个人的多方面因素，因而反贫困同样需要多方面的能力才能实现。

基于发展理论的理念，发达国家采取以投资人力资本为核心的积极的社会政策，试图将个人、家庭和国家等不同层面的利益和目标有机结合起来，形成一种通过帮助个人来帮助国家的政策机制。无论是投资儿童、支持家庭的理念，还是促进就业的政策以及广泛利用各种社会组织提供社会福利的做法都体现出这一点。这种将社会保障纳入经济增长全局的政策，是一种中长期的发展战略。

秉持这些理念的发展型社会政策，为社会提供如下基本公共服务：

①为通过"上游干预"来消除贫困产生的条件和机制，从根本上切断贫困产生的链条，不仅将义务教育纳入基本公共服务均等化体系中，而且针对婴幼儿的护理和学前教育的普及化和义务化纳入基本公共服务体系；

②按照风险管理的理念，不仅要对当前需要救助的人口提供有针对性的帮助，更要为边缘人口提供帮助，增强他们抵御风险的能力，以免他们沦为需要救助的人群中去。由此，社会风险管理政策目标既包括提高贫困和低收入群体抵御风险的能力这一目标，还包括建立起一个有效地、针对所有人群的社会保险制度，将一些常规性的社会风险如失业、疾病和养老问题基本覆盖。就是说，社会救助、普遍性养老保险和医疗保险、针对成年人的职业培训等等，都是基本公共服务的组成部分。

但是应该看到，发展型社会政策包含的体系较基本公共服务均等化包含的体系要大、内容要多、立意要高，这正是我们要分步实施的均等化的内容，最终达到的目标是实现人的生存和发展条件的均等，为公民创造一个真正以人为本、注重人自身的生存和发展的社会。

1.2.2　简要评述

前文中各派的思想给基本公共服务均等化的推行以多维的理论支撑。新旧福利经济学无疑从多个角度为基本公共服务均等化提供了重要的理论基础，这从以上分析的福利经济学的目标和核心原则上就能很明显地看到这一点。比如庇古的思想：国民收入总量越大，社会经济福利就越大；国民收入分配越是均等化，社会经济福利也就越大。帕累托改进原理一改帕累托最优从总量上衡量福利的标准，提出福利增加以不损失效率为原则（个人福利的增加并不损害任何别人的利益）的观点，这对于正确审视横向转移支付提供了理论依据，就是说基本公共服务均等化不能建立在削富济贫的基础上。社会福利函数理论认为，个人的自由选择是决定个人福利最大化的重要条件。政府应当保证个人的自由选择。这说明，福利经济学的思想脉络从关注个人福利的增加开始转向社会整体福利的增加。阿罗不可能定理证明，社会福利并不是个人福利的加总，因而从个人福利推导社会整体福利提高这一思想逻辑是不成立的，并不存在一个从量上加总社会福利的问题，这说明社会成员的福利是多元化的，A 成员对某种社会福利的效用最大化对 B 成员是没有任何意义的，因为两者心目中对福利的感受有质的不同。由此，从量上研究个体福利，并试图加总出社会福利的思路是行不通的。这样，福利经济学研究到后来就不再仅仅专注于整个社会的福利，而是开始具体研究个体的福利如何增加（分配）或者说以什么原则增加（分配）才是正义的问题。

罗尔斯和阿马蒂亚·森在这一方面已有很多建树。罗尔斯指出，正义原则首要的一条是：社会的和经济的平等应这样安排，使它们应该有利于社会之最不利成员的最大利益。社会分配公平与否取决于社会资源的分配过程中，不同群体是否得到了区别对待，尤其是弱势群体的地位是否得到了改善，福利是否得到了增进，即"最大最小"原则（在分配的公平上对弱势群体最为有利）。追求社会公平的价值取向，是在不公平的社会现实中，通过公共资源对处境不利的弱势群体的倾斜配置和优先扶持，为处境不利者提供机会或利益补偿。因而，以罗尔斯的公平理论作为基本公共服务均等化制度设计的价值取向，在利益分配上应遵循"最少受益者的最大利益"原则。在当今社会，公平正义已经成为社会主流价值观，成为政策制定的基点。它成为社会发展的核心价值、根本动力和最佳状态，进而成为基本公共服务供给的最基本和首要的规则。

如果说罗尔斯从哲学上论证了一个社会权力和利益分配的正义原则的框架的话，那么阿马蒂亚·森沿用这个框架，本着人本主义的原则，指明了个人的哪些维度的"福利"有赖于社会政策的扶持和配合。首先，阿马蒂亚·森则如此阐释"社会之最不利成员的最大利益"：创造福利的并不是商品本身，而是它带来的那些机会和活动，这些机会和活动建立在个人能力的基础上。自由是发展的首要目的，应该通过帮助贫困者提高"可行能力"获得增加收入的机会，使其获得充分的发展，进而实行公平。必须关注个人的生存和发展环境，而生存和发展环境的改善与公共服务的供给与分配直接相关。只有社会公众享有基本的、在不同阶段有不同标准的、最终大致均等的公共服务，才满足了个人能力提高的条件，社会福利最大化才有实现的可能性。所以政策的目标不能只着眼于对经济的激励作用，更要注重保障人的权利和培养人的能力。因此，政府政策应具有保障居民基本生存和生活条件、提高居民的社会生活能力的职责。

如果说阿马蒂亚·森和罗尔斯基于公平和正义的理念，将社会之最不利成员的最大福利予以关注的话，那么发展型社会理论则沿着这一思路，以为社会成员进行人力资本投资作为社会政策的目标。认为社会政策应该支持社会成员，使之免于落于最差的状态，并且为陷于最差状态的社会成员提供托底状态的服务，使他们重新回到正常的社会生活中来，或者至少维持有尊严的生活。这种思维对中国的启示是：一是要以人为本，通过社会政策帮助增强个人和家庭抵御市场风险的能力，注重对人的能力进行投资；把被动的社会政策的接受者变为经济活动的参与者，强调个体的选择权和参与权；培养公民社会，培养公民监督政府、表达需求的能力，强调公民的权利和待遇。二是社会政策和经济政策都是发展目标的一个组成部分，社会政策并不是经济增长的包袱。

正因为发展型社会理论真正将社会政策公平的立足点落在弱势群体上，并且以为他们提供公平的机会和生活条件，以培养人力资本、让劳动者过有尊严的生活为核心概念，因此，可以说这一理论揭示了基本公共服务均等化的宗旨和基本内容。

发展型社会的目标与科学发展观指导下的构建和谐社会的目标是完全一致的，这说明发展型社会理念不仅可以作为基本公共服务均等化的理论支撑，而且可以作为我国社会经济转型时期制定发展战略的理论依据。

1.3 推行基本公共服务均等化的可行性论证

目前，我国推行基本公共服务均等化已具备坚实的政治和社会基础。一是科学发展观的提出指出了我国社会发展的目标。二是中国政府计划和规划的主导力量很强大，而发展型社会政策的核心是政府的主导和规划作用。没有政府的主导，就失去了可实施的推动力。三是政府、社会和个人对个人权利的重视。以人为本的理念促使政府和社会重视个人权利，另外，物权法在中国的实施，为公民个人维权提供了法律依据。发展型社会政策关注每个人的能力，使每个人能够在市场经济和政治生活中寻求自己的发展。四是社会价值观的认同。人们对市场经济中公平和正义的呼声随着市场经济下收入分配差距拉大而呼声日高。五是经济基础和社会需求。经过改革开放 30 年的发展，国家的财力随着经济实力的提升得以大幅度提高。同时，人们对市场的风险也有了基本的认识，对政府采取社会政策措施帮助个人和家庭应对市场风险寄予厚望。

我国推行基本公共服务均等化的制度已具雏形但亟待完善。从中国共产党第十六届六中全会明确提出推进基本公共服务均等化以来，特别是近几年来发展势头迅猛，一些制度已初具雏形。目前中国已经实行了九年免费义务教育，并且初步建立了包括养老、失业、医疗、低保在内的社会保障体系，其中医保体系已实现全民覆盖。这些已经取得的成绩无疑会有助于今后一个时期基本公共服务均等化的深入推行。

如果说公共服务的水平取决于物质基础和制度供给，那么现在关键问题不在财力，而在于缺乏完善的公共服务制度供给。公共服务制度供给的主体是政府，公共服务制度供给缺乏是由于与市场经济的转轨相适应的政府职能转型还未完成。所谓的政府职能"越位"与"缺位"问题，关键在于政府职能没有很好地定位，还没有从以经济建设为中心转向公共服务这一职能上来。这从财政支出结构中就能很明显地看出来。长期以来，中国的财政支出结构中，很大比重用于国有资产投资，相对地，用于教育、医疗、卫生、社会保障等公共服务方面的投资则比重低。

目前，应该将政府职能转变和财政体制改革的目标转向公共服务。事实上，中国从 20 世纪 90 年代就已经提出将公共财政作为财政体制转型的目标，公共财政作为政府行使职能的一种财力保障体制，公共财政的转型就意味着政府职能转向公共服务。具体地说，政府的职能主要转向宏观调控、市场失灵、制度供给上来。

1.4　本书研究的思路与内容

构建发展型社会在中国已具备一定的基础，目前最大的挑战是在制度设计上，而最大的成效也会体现在制度设计上。

目前，我们对公共服务均等化研究大多停留在微观层面上，比如对财政支出的公式法计算、转移支付等的具体方法，仅对基本公共服务均等化问题就事论事，缺乏一个统观全局的对有效实施基本公共服务均等化的体制机制的把握，而制度上的路径依赖，会使计划经济时代残留下的制度阻碍基本公共服务均等化的实施。本书研究的目的是打破这种制度上的路径依赖，清理计划经济遗留下来的与市场经济不相适应的公共服务制度，设计与市场经济相适应的公共服务的制度路径。

本书对中国实施基本公共服务均等化的基本思路这样展开：一是政府职能转型问题。经济实力的强大，并不必然带来公共服务提供的均等化，提供公共服务的主体主要是政府及官员，只有政府职能转向提供服务型政府，才能确保基本公共服务均等化的实现。而与之相适应的监管体系和考核制度的完善，才能导向这一目标的实现。[①] 二是户籍制度问题。户籍制度本质是计划经济遗留下来的依附在户籍上的针对不同人群的不同的公共服务提供制度。从历史上看，由于城乡户籍制度的分野及由此形成的二元经济体制将社会分成不同的利益群体，俗称体制内和体制外，体制内和体制外享有的公共服务提供的制度安排是不同的。公共服务均等化的制度设计主要是消除附着在户籍制度上的针对不同群体的福利制度安排，并且使不同群体享有的公共服务制度互相衔接，没有隔阂。三是财政体制改革。四是转移支付制

---

① 徐月宾等主编：《中国政府在社会福利中的角色重建》，载于《中国社会科学》2005 年第 5 期。

度改革。五是各项基本公共服务内部的制度衔接问题。六是弱势群体
问题；农民、农民工和城市贫民是现今社会的弱势群体。所谓的公
平、正义主要看弱势群体是否得到了公正的对待，这就要在制度设计
上首先要解决弱势群体的生存与发展所需要的公共服务，使他们真正
享有与其他群体均等的生存与发展权。

归结起来，就是要从制度安排上消除影响公共服务提供的区域发
展不平衡、城乡发展不平衡的因素，消除使各利益集团享受的基本公
共服务不均衡的制度因素，并从财政体制及转移支付制度、政府职能
的转型与考核制度、提供基本公共服务的既有制度、平台的整合、完
善和衔接等方面为基本公共服务均等化的推行扫清道路。

在此基础上本书设计出一套基于发展型社会理念之上的公共服务
均等化的制度路径：

一是转变政府职能，建设公共服务型政府。

二是不同阶层社会保障制度的衔接问题。

三是优化财政支出结构。

四是基本公共服务均等化的转移支付制度改革。

五是城乡一体化及户籍制度改革。

六是基本公共服务的法律法规体系完善问题。

本书各章的主要内容如下。

第1章导论，提出基本公共服务均等化的国内外背景、理论及现
实意义，详细阐述了基本公共服务均等化的理论依据，并分析其可
行性。

第2章基本公共服务均等化的理论部分，首先分析了基本公共服
务均等化的基本概念、模式、目标等，在此基础上就国内外有关的研
究做一全方位的综述，然后做一简要评价。

第3章借鉴国内外基本公共服务均等化的制度设计经验，分别就
单一制国家、联邦制国家、发展中国家和北欧模式做了分类研究，就
这些国家在基本公共服务方面的制度安排做了全面考察，总结其成熟

的经验。

第4章探讨了我国基本公共服务均等化的现状，详细研究了基本公共服务的区域差别和城乡差别，并进行了定量分析和定性分析。其中就区域之间、城乡之间、群体之间尤其是弱势群体比如农民、农民工、被征地农民等等的公共服务情况做了深入探讨。

第5章就我国基本公共服务非均等的原因进行了深入剖析，着重从制度上探讨了我国区域之间、城乡之间、各群体之间公共服务不均等的原因。

第6章在之前研究基础上导出我国推行基本公共服务均等化的思路及制度框架。

第7章，在之前提出的制度路径的基础上，对推行基本公共服务均等化的基本制度进行深入研究和设计，包括政府职能的转型、财政支出结构的优化、均等化的转移支付制度设计、城乡一体化和户籍制度改革、均等化的法律保障等方面，并总结全书的主要结论。

1.5　研究方法和创新

1.5.1　研究方法

（1）理论与实际相结合的方法。由于均等化制度改革是一个实践性很强的问题，因此在研究过程中就要结合实际情况，深入探讨其现状和存在的问题，但同时建立一个完善的均等化制度体系又必须以理论分析为指导。

（2）定性分析与定量分析相结合的方法。本书采用大量的数据进行定量分析，通过设计计量模型，为测度城乡及区域基本公共服务的差距提供量化依据，并从定性分析中分析各种制度的历史渊源及制度之间的不对接，从中找出解决问题的办法。

（3）文献法。文献法贯穿研究的全过程。通过对中国知网、维普、国家各部委网站、国外的相关网站等检索引擎以及正式出版的文献，查找基本公共服务均等化的相关文献、政策、试点地区的经验，经过启发、升华、分析提炼等才形成自己的思想。

（4）案例分析法。

1.5.2 研究创新

本书的创新之处首先是研究视角的创新，侧重基本公共服务均等化的制度研究。因为基本公共服务是一个系统工程，涉及多项制度的协调运转，所以本书从国内的转轨与转型、国外的发展型社会政策和服务型政府转型等宏大背景下设计均等化的制度体系。

其次在于理论基础创新，本书用发展型社会理念为理论指导，针对原计划经济遗留下来的各项制度中存在的问题与障碍，以为个体的生存和发展创造条件为宗旨，从个人生命周期中需要扶持和风险防范的角度提出基本公共服务的内容，并据此设计相应的制度。

最后，本书依托现有分税制框架，结合主体功能区建设的问题[①]以及我国地区间财力差距悬殊而中央财力较集中的情况，设计了以专项转移支付为主的制度，用以解决均等化问题。

---

① 主体功能区建设的基本构想是将中国960多万平方千米的国土空间划分为优化开发、重点开发、限制开发和禁止开发四类主体功能区，根据不同的功能区实施不同的区域政策。优化开发区域是指国土开发密度已经较高、资源环境承载能力开始减弱的区域；重点开发区域是指资源环境承载能力较强、经济和人口集聚条件较好的区域；限制开发区域是指资源承载能力较弱、大规模集聚经济和人口条件不够好并关系到全国或较大区域范围生态安全的区域；禁止开发区域是指依法设立的各类自然保护区域。主体功能区建设的推进必然造成不同区域无法实现财力均等化。

1.5.3 不足之处

本书的不足之处在于：书中数据的可信性、准确性如何无法实地验证，这可能会影响部分结果的准确度。

第 2 章　基本公共服务均等化的理论综述

2.1　基本概念

2.1.1　公共产品与公共服务

1. 关于公共产品和公共服务关系的不同观点

公共服务属于公共产品范畴，它是基本公共服务均等化问题中最为基础性的概念。

最早提出公共服务概念的是德国社会政策学派的代表人物瓦格纳（Wagner）。后来，萨缪尔森将纯公共产品的概念归纳为：纯公共产品是指这样的物品，每个人消费这种物品不会导致他人对该物品消费的减少。公共产品具有两个基本特征：消费的非竞争性和非排他性。

张馨（2004）、高培勇（2004）、江明融（2006）等认为，公共服务是与公共产品相同的概念。而陈昌盛、蔡跃洲（2007）认为所谓公共服务，是指建立在一定社会共识基础上，一国全体公民不论其种族、收入和地位差距如何，都应公平、普遍享有的服务。认为广义的公共服务还包括制度安排、法律、产权保护、宏观经济社会政策等。刘尚希（2007）则从公共服务消费性质和风险的角度把公共服务定义为政府利用公共权力或公共资源，为促进居民基本消费的平等化，通过分担居民消费风险而进行的一系列公共行为。

2. 观点总结

严格地讲，公共服务只是公共产品的一部分，公共产品既包括有实物形态的公共产品，也包括无实物形态的公共服务。从基本公共服务均等化的政策实质分析，作为均等化目标或对象，既包括那些有形的公共产品，如公租房等，也包括无形的公共服务。由此，本书把公共服务作为公共产品的同义语使用。

2.1.2 公共服务与基本公共服务

1. 公共服务与基本公共服务的区分

公共服务分为广义的公共服务和狭义的公共服务。

市场经济条件下，政府职能的本质就是公共服务，包括经济调节、市场监管、社会管理和狭义的公共服务，这是广义的公共服务。

狭义的公共服务就是政府为公众提供的具有非竞争性和非排他性的服务，可以分为一般公共服务和基本公共服务。一般公共服务的内容主要包括：一是基本民生性服务，如就业服务、社会救助、养老保障等；二是公共事业性服务，如公共教育、公共卫生、公共文化、科学技术、人口控制等；三是公益基础性服务，如公共设施、生态维护、环境保护等；四是公共安全性服务，如社会治安、生产安全、消费安全、国防安全等，这是指狭义公共服务。

可见，公共服务的类型按照不同标准有不同的划分。依据公共服务特征可以将公共服务分为纯公共服务和准公共服务（或混合公共服务）；依据公共服务的功能可以将公共服务分为三类：一是维护性公共服务；二是经济性公共服务；三是社会性公共服务。依据公共服务受益范围，分为全国性的公共服务和地区性的公共服务；依据公共服务水平，可以将公共服务分为基本公共服务和非基本公共服务。现有的研究大都基于将公共服务划分为基本公共服务和非基本公共服务。

基本公共服务，一种观点是指与民生问题直接相关的公共服务；另一种观点是指纯公共服务；第三种观点是指一定发展阶段上最低范围的公共服务。"指建立在一定社会共识基础上，根据一国经济社会发展阶段和总体水平，为维持本国经济社会的稳定、基本的社会正义和凝聚力，保护个人最基本的生存权和发展权，所必须提供的公共服务，其规定的是一定阶段上公共服务应该覆盖的最小范围和边界。"[1]比如，中共第十六届六中全会《关于构建社会主义和谐社会若干重大问题的决定》中，把教育、卫生、文化、就业、社会保障、环保、公共基础设施、社会治安等与民生直接相关的公共服务列为基本公共服务，但当按照第二种观点来分类时，就不能笼统地讲文化、教育、科学、卫生、社会保障等是基本公共服务，只能提其中的义务教育、公共卫生、基础科学研究、公益性文化事业和社会救济等，属于基本公共服务。而按照第三种观点，作为目前要集中财力实施的基本公共服务，显然只能在现有发展阶段上将最低范围的公共服务作为基本公共服务的范围，这是由中国目前的经济发展水平和财政收入水平所决定的。

还有一种观点认为，公共服务大致可以划分为普适性的和补救性两种类型。其中，普适性公共服务面向全体成员，人人都有机会享用；补救性公共服务面向弱势群体，只有特定群体才能享用。基本公共服务是政府提供的、全部公共财政付费或适度补贴的、旨在提供基

---

① 陈昌盛、蔡跃洲：《中国政府公共服务：体制变迁与地区综合评估》，中国社会科学出版社2007年版，第3页。

本生存和发展必要条件的、公共性层次较高的、覆盖全社会的、标准和规格划一的、人人有机会享用的公共服务。简单地说，基本公共服务就是普适性公共服务，是公共服务的基础层次，主要包括基础教育、公共卫生、公用事业和社会保障领域的事务。补救性的公共服务除了需要政府免费提供之外，其他特征与基本公共服务相反，属于非基本公共服务的范畴。如对免除学杂费后买不起书本的学生，政府要提供书本；对缴纳不起基本医疗保障费用和负担不起医疗费用的，政府要实施医疗救助；对麻风病、艾滋病、地方病，政府要实行特殊救治；对遭受灾害的群众，政府要实施救助和帮助；对农村居民中无法定抚养义务人，无劳动能力，无生活来源者，政府要负责吃饭、穿衣、居住、医疗、丧葬等五保供养。①

综合前文观点，本书认为基本公共服务是指在一个国家内，不同地区的居民都能够享受到大体相同的基本公共服务，其实质在于政府要为全体社会成员生存、发展创造基本的条件，提供基本的公共产品和公共服务。正是由于基本公共服务的宗旨是实现对于基本生存和发展条件的人人可及，所以它包括面向全体社会成员的普适性的内容和面向部分成员的救助性的内容两个方面。前者提供基本生存和发展的必要条件，后者保证生存和发展的基本状态，起到托底的作用，最终目标是让所有的人都过上基本生存和发展条件得到满足的、有尊严的生活。

公共服务、基本公共服务与公共行政、公共管理紧密相连，因此它不是单纯财政问题。基本公共服务是经济问题，也是社会问题，同时又是政治问题，它属于政府职能的范畴。

2. 基本公共服务的内涵

目前，对于基本公共服务均等化的内涵已达成一些基本认识。

---

① 柏良泽：《中国基本公共服务均等化的路径和策略》，载于《中国浦东干部学院学报》2009 年 1 月。

第一，基本权益性。基本公共服务涵盖全体国民的生存权、健康权、受教育权、居住权和工作权、财产所有权等，这是公民的基本人权，政府应当不分地域、不分城乡、不分社会群体地为全体国民提供最低限度的同等服务，制定全国一致的基本公共服务均等化的最低标准，并通过财政、法律等手段保障最低标准的实现。

第二，基本公共服务具有需求的无差异性。不同地区、人群之间、城乡之间对这类公共服务的需求具有同质性。与之相对应的非基本公共服务则具有需求的差异性。从供给方面说，基本公共服务均等化体现为所提供的基本公共服务对于每一个公民而言都是均等化的，包括基本公共服务供给水平大体相等、基本公共服务供给范围的平等，以及在数量、水平大体相等基础上的质量相等。从需求来看，基本公共服务均等化主要体现为实际享受到和消费到的基本公共服务在结果上是平等的，即消费结果的均等。

第三，基本公共服务并非就是纯公共服务，有些准公共服务，只要是与民生直接相关，也应属于基本公共服务。

第四，基本公共服务的供给范围，不仅与社会成员的公共需求有关，也与政府的供给能力有关，因而是一个动态的发展过程，在不同的国家不同的发展阶段有不同的界定。

2.1.3　基本公共服务均等化

1. 什么是均等化

首先均等化是有条件的相对的均等化，而不是绝对的均等化，更不是平均化。均等化不意味着每个人都必须得到完全相同没有任何差异的基本公共服务。一国范围内不同地域之间、城乡之间、社会群体之间客观上存在经济发展、体制环境和风俗习惯等差异，这就必然造成地域之间、城乡之间、社会群体之间在基本公共服务需求上的差异，因此基本公共服务内容与结构会不同。中央政府应当允许地方政府（尤其是省级政府）在全国最低限度一致性的基础上，根据自身的条件和能力来决定基本公共服务均等化的程度、范围和基准。

其次，基本公共服务均等化并不排斥社会成员的自由选择权。比如，医疗卫生服务，在基本公共医疗卫生服务方面必须有均等化制度安排，但如果个人家庭经济情况很好，要接受更好、更高级的医疗服务，那就不属于基本医疗卫生服务的范畴。

最后，均等化要求将差距控制在社会可承受的范围内。均等化是一种相对的均等，允许合理差距的存在。由于地理环境、生产条件、生活方式等多方面因素的影响，各地区之间、农村居民与城市居民之间对公共服务的需求重点也有所不同，因此，区域间、城乡间的基本公共服务水平存在一定差异是可以接受的。从这个意义上来说，均等化并不意味着每个人都必须得到完全相同、没有任何差异的基本公共服务。虽然基本公共服务均等化允许在一定条件下一定程度上的差异性，但出于维护社会公平、社会稳定和协调发展的需要，中央政府应当通过税收、财政转移支付等手段，逐步缩小不同地域之间、城乡之间、社会群体之间在基本公共服务上的差异，逐步实现较高程度的均等化。

2. 均等化的目标

基本公共服务均等化是为不同层次（包括不同地区、城乡、不同社会阶层）居民提供享受基本公共服务的均等机会，最终达到大致相同的公共服务消费结果。其终极目标是实现社会公平。公共服务消费结果的均等化能确保基本公共服务的人人可及，满足各层次居民的基本需求，确保人人都具有生存和发展的基本条件。正是在这种意义上，我们说，基本公共服务具有需求的无差异性。比如说，如果确定了将急性病患者在20分钟之内送达医院的基本公共服务均等化目标，在硬件设施的提供上，不管是安排救护车还是直升机，都要确保满足公民的这种需求，这才是公共服务均等化。这也是前面将补救性的公共服务也纳入到基本公共服务的原因，而不是只有为全体公民提供标准一致的普适性的公共服务才是我们要推行的基本公共服务均等化。这恰恰说明均等化的目标就是要满足公民的基本生存和发展条件，舍此没有其他的目的。

学界有观点认为：要将这一目标付诸实施，就要通过财政能力均等化来实现，所以，均等化的直接目标就是财政能力均等化。但由于均等的资源未必得到均等的结果，相同的能力未必带来相同的结果，而前者的实现较后者更容易，所以大部分国家选择均衡政府之间提供公共服务的财政能力，辅之以某些重要公共服务项目的结果均等。作为我国政府在一定历史时期的阶段性目标，"从效率和现实的角度考虑，将财政能力、支出成本与支出需求对比的地方政府的行政能力即公共服务水平作为衡量均等化的指标更为合理。"[①]

本书则认为，以财政能力均等化来作为均等化的目标是不恰当的。均等化的目标只能是满足公民的基本生存和发展条件。理由有如下几方面：一是以财政能力均等化视为均等化的目标，则各级政府就某项特定的均等化项目统一拨款数量，这种整齐划一的拨款能否达到各地居民满足同样的需求呢？国家在义务教育财政支出之外，显然要对中西部贫困地区的居民额外支出一部分，用于解决贫困学生的书本费和杂费等；为了满足统一的生存需求，东北地区的冬季的暖气补贴显然与南方地区夏季的降温费不可整齐划一。二是许多贫困线以下的人群，通过普适性的基本公共服务，满足不了基本的生存和发展条件。只有在普适性公共服务的基础上再加上救助性措施，才能与别的人群达到同样的基本生存和发展条件，在这个过程中，各级财政对贫困地区和人口的财政支出显然不能只通过财政能力的均等化来解决。三是各地居民有共同的、同质的需求，但是这些需求的满足不能通过

---

① 陈秀山、张启春：《我国转轨时期财政转移支付制度的目标体系及其分层问题》，载于《中央财经大学学报》2004 年第 12 期。

完全一样的硬件设施来解决。比如，同样是解决饮用水安全，对于水质好的地区，只要基本的像铺设管道等的费用；而在地方病多发的地区，为了满足居民饮用水安全的需要，就不仅要解决管道铺设等简单问题，还要帮助他们整治环境，改善水质污染等问题，像许多癌症村、地方病多发地区等都存在这一问题。四是各地方政府的财政状况不一样，如果通过财政能力均等化才能实现基本公共服务的均等化，政府会不会将上级政府转移支付来的资金用于缓解紧迫的债务压力或其他紧迫的需要呢？这么一来，就势必影响均等化目标的实现，或者挪走部分资金，当剩下的资金不足以解决基本公共服务项目、而上级催逼考核又紧时，就偷工减料，搞出一些假冒伪劣的"形象工程"，像保障房建设中曾经曝光过的许多豆腐渣工程一样。

对这个问题，有学者早就有相关表述。王雍君（2006）将"财政均等化"定义为"能力均等"与"服务均等"两个方面。如果政府的收入完全用于满足居民需要的公共服务支出时，"财政均等化"与"公共服务均等化"可以被理解成同一个概念，财政均等化就是通过完善转移支付制度、促进地方政府财政能力的均等化，确保即便是经济贫困人口也能获得基本公共服务，从而实现公共服务均等化。以上研究就是在假定财政均等化与公共服务均等化是完全统一的前提下来研究公共服务均等化及其实现的途径。但是公共服务均等化以财力均等化为前提，公共服务均等化只是政府的众多目标中的一个，政府财力向公共服务的转化还要受政府效率水平高低的影响，所以财力均等化并一定意味着公共服务的均等化。财政能力均等化只能是公共服务均等化的一个必要条件，由财政能力均等化到公共服务均等化还必然要涉及"政府治理"问题。

可见，根据财政能力的均等化根本无法衡量基本公共服务是否达到了均等化的目标，而基本公共服务的均等化也并不意味着各地的财政能力已经达到均等化了。不仅如此，以财政能力均等化作为基本公共服务均等化的量化指标，其危害还在于，这样做如果搞成新一轮

"政治运动"或形象工程，可能结果是劳民伤财，就是说钱可能到位了，但没有满足居民对于公共服务的需要。比如说以户籍地为标准拨付义务教育经费，对于农民工子女来讲，就是钱到位了，但没满足他随父母上学的需要。只有以基本公共服务的人人可及作为目标，在目前转型期社会结构分化、基尼系数拉大、各种弱势群体生存和发展状况严峻的情况下，才能真正针对各阶层居民的具体要求，切实解决他们的生存和发展的难题。对基本公共服务均等化的这一目标定位是非常重要的，因为它直接影响财政转移支付的目标、推进均等化的效率，它实质上构成我国整个转型期的发展战略的一部分，而不是一项孤立的劫富济贫的工程。

3. 均等化的标准

学界有研究认为，均等化的标准有三：一是最低标准，"一个国家的公民无论居住在哪个地区，都有平等地享受国家最低标准的基本公共服务的权力"。[1] 二是中等均等，即政府提供的基本公共服务，应达到平均水平。三是最高标准，即结果均等，是实现全国范围内基本公共服务水平的均等化。这三个标准是一个逐步递进、层层拔高的动态演化过程。在目前经济发展水平低且财力有限的情况下，首先要实现最低标准的或说是托底的均等。就是说，目前我国公共服务均等化的标准是最低保障标准。基于政府基本公共服务供给能力和协调公平与效率关系的考虑，基本公共服务均等化应是实现不同层次居民基本公共服务最低标准的供给，而不是平均供给。在中国现阶段，生产力发展水平和对效率的需求决定了只能把均等化目标落实为至少具备基本公共服务供给的托底目标层次上，以保障各地以及各级政府至少提供最低标准的公共服务。随着经济的不断发展，均等化的标准会逐步提高到中等水平。

---

① 陈昌盛等：《中国政府公共服务：体制变迁与地区综合评估》，中国社会科学出版社 2007 年版，第 3 页。

但是上述观点值得商榷的地方在于，结果均等并不是一个循序渐进的目标序列中的最高目标，因为在任何水平上，都可以达到基本公共服务的结果均等，不需要等到最后再达到结果的均等。这个结果的均等，就是为人的生存和发展提供最低满足程度。实际上，推行基本公共服务的均等化，目标就是在某个时期确立的最低水准的生存和发展条件上，实现人人可及、可以享受到。这个结果均等并不会影响效率，因为那些原本凭借自己本身的力量就超越了托底水准的地区和群体，可以在更高的水准上满足自身的生存和发展需要。而政府要做的就是确立一个托底的水准，让任何人的状况都不会比这个状态更坏。

4. 均等化的内容

按照安体富（2006）的说法，均等化的内容包含两方面：一是居民享受公共服务的机会均等，如公民都有平等享受教育的权利。二是居民享受公共服务的结果均等，即每一个公民无论住在什么地方，城市或是乡村，享受的义务教育和医疗救助等公共服务，在数量和质量上都应大体相等。[①] 这个说法是有一定道理的。我们为了让居民都完成九年制义务教育，可以为所有学龄儿童都提供九年制义务教育券，这在客观上已经为每个人准备了基本的发展条件，但是有的学生会因厌学等原因而辍学，同样的机会并不能达到同样的结果。在本书中，我们把均等化的内容特定为针对个体提供的客观机会（条件）均等，兼顾结果均等。这与对均等化标准的表述并不矛盾。

2.1.4 基本公共服务均等化的基本理论

1. 基本公共服务均等化的内涵

目前，关于基本公共服务均等化的内涵，主要有三种代表性的观

[①] 安体富：《公共服务均等化：理论、问题与对策》，http://www.mof.gov.cn/news/20071218-3462-29940.htm。

点。第一种是从公共产品的角度分析基本公共服务均等化；第二种是从公共财政的角度分析基本公共服务均等化；第三种是从公民权利角度分析公共产品的均等化。上述三种观点既有明显的区别，也有一定的共同之处。[①]

从公共产品生产与消费理论出发的观点认为，公共服务均等化就是保证人民公平、平等地享受公共产品性质的服务。公共产品理论是西方公共财政理论的重要基石之一。按萨缪尔森的表述，所谓公共产品是指具有下述特征的产品，即"某个人对这种产品的消费并不能减少任何他人也消费该产品"。所谓公共服务均等化则是指政府及其公共财政要为不同利益集团、不同经济成分或不同社会阶层提供一视同仁的公共产品与公共服务。[②]

从公共财政角度分析基本公共服务均等化的观点认为，无论在理论上还是在实践中，公共服务均等化本质上都是公共财政的重要组成部分，因此，在公共财政框架理解公共服务均等化的内涵，比较便捷也更加准确。公共服务均等化是公共财政"公共性"的重要体现，是公共财政"一视同仁"服务特征的延伸，是公共财政职能的深化。[③] 公共服务均等化是指政府及其公共财政要为不同利益集团、不同经济成分或不同社会阶层提供一视同仁的公共产品与公共服务，具体包括财政投入、成本分担、收益分享等方面内容。

从公民权利的角度分析基本公共服务均等化的观点认为，实现基本公共服务均等化是指在基本的公共服务领域应该尽可能地使全国人民享有同样的权利。或者说，政府应该尽可能地满足全国人民在公共服务领域的基本物质需求。那么，在公共服务领域究竟需要保障公民哪些"权利"？这种观点认为，在公共服务领域，有六项公民权利是

---

① 盖大欣：《基本公共服务均等化与实施区域协调发展战略研究》，吉林大学硕士论文，2008 年 3 月。

② 江明融：《公共服务均等化论略》，载于《中南财经政法大学学报》2006 年第 3 期。

③ 中国财政学会"公共服务均等化问题研究"课题组：《公共服务均等化问题研究》，载于《经济研究参考》2007 年第 58 期。

国家必须予以保障或满足的，即生存权、健康权、居住权、受教育权、工作权和资产形成权。对老百姓而言这六项权利是不可或缺的。在市场经济条件下，市场满足人们的各种需求是有条件的，也就是要首先满足资本"利润最大化"的投资目标，对于上述人的六项需求，因为资本无法实现"利润最大化"的获利要求，因而市场无法提供相应的服务。因此，政府必须承担起相应的责任，提供此类服务，保障公民的基本权利。[1][2]

可以看出，仅仅从公共产品的角度理解基本公共服务均等化是很不够的，在构成基本公共服务的项目中，除了纯公共产品还包括部分准公共产品；从公共财政的框架来理解基本公共服务，能很容易理解公共财政的功能定位，但基本公共服务只是公共财政职能之一，除此，公共财政还要履行诸如宏观调控、市场监管等职能，范围明显超出基本公共服务的范畴。从公民权利的角度理解基本公共服务，很好理解基本公共服务服务于民生的目的，但民生是一个内容很宽泛的概念，公民权利中除了通过基本公共服务满足的部分，还有许多其他的部分，可以通过市场来满足。可见，基本公共服务与以上范畴有相通的地方，但是不完全重合。

综上所述，基本公共服务均等化是指政府要为社会公众提供基本的、与经济社会发展阶段相适应的、体现公平公正原则的大致均等的公共物品和公共服务。也就是说，在基本的公共服务领域，政府应尽可能地满足人们的基本生存和发展需求，尽可能地使人们享有同样的权利，实现基本公共服务的人人可及。这一表述兼顾了上述三种观点，较全面地揭示出基本公共服务的三种内涵：具有公共产品属性、通过公共财政实现、满足公民的基本人权。

---

[1]　唐钧：《"公共服务均等化"：保障 6 种基本权利》，载于《时事报告》2006 年第 6 期。

[2]　盖大欣：《基本公共服务均等化与实施区域协调发展战略研究》，吉林大学硕士论文，2008 年 3 月。

2. 基本公共服务均等化的外延

从国际范围来看，不同的国家对于基本公共服务的内容在不同历史阶段的界定是不一样的。例如加拿大把教育、医疗卫生和社会服务作为联邦政府财政均等化的主要项目。印度尼西亚把初等教育和公路设施列为政府财政均等化的内容。在联合国的文件中，基本公共服务包括清洁水、卫生设施、教育、医疗卫生和住房。联合国儿童基金会和联合国开发计划署在南非把基本教育和初级医疗定义为基本社会服务，同时也讨论了饮用水、卫生设施、营养、社会福利和公共工作项目，把其中部分作为基本社会服务。[①]

可见，基本公共服务均等化是相对的概念，随经济发展和财政能力的不同，其外延也不同，基本趋势是外延逐步扩大，以满足人们更多的、更高层次的需要。但作为某个具体时期的国家政策来说，基本公共服务均等化的具体所指又应该是特定的，使国家将有限的财力用在实现特定服务目标上去。这要根据经济社会发展状况，从每个公民个体的角度，分析其正常生存所需要的素质、体质、宜居、出行、健康等必要条件，分析其患病、伤残、失业、衰老时生存和发展的必要条件，不仅可以据此划定基本公共服务的范围，也可以超越民族、种族、身份、党派、地域、城乡、群体的差异，形成真正具有普适性的标准。

3. 基本公共服务均等化的内容、分类

（1）基本公共服务的内容。从关注民生的角度，十六届六中全会《关于构建社会主义和谐社会若干重大问题的决定》中把教育、卫生、文化、就业与再就业服务、社会保障、生态环境、公共基础设施、社会治安列为基本公共服务，这是将基本公共服务视为直接与民

---

① 李一花：《城乡基本公共服务均等化研究》，载于《税务与经济》2008 年第 4 期，第 33～37 页。

生问题密切相关的公共服务。

从中国目前的财力和经济实力来看，基本公共服务"是指建立在一定社会共识基础上，根据一国经济社会发展阶段和总体水平，为维持本国经济社会稳定、基本的社会正义和凝聚力，保护个人最基本的生存权和发展权，所必须提供的公共服务，其规定的是一定阶段上公共服务应该覆盖的最小范围和边界"。[①] 中国目前具有可操作性的基本公共服务应该定位于托底水平的、最低范围的公共服务。

还有人认为，基本公共服务主要是指经常项目，不包括资本类项目。经常项目指一般政府服务性项目，如基础教育、公共安全等，还包括一般性的公共支出。资本项目主要指投资类项目，如道路、基础设施建设等。宋迎法、包兴荣等将公共服务分为制度性或维持性（主要包括一般行政管理、法律、司法与国防等）、经济性（主要是生产性的基础设施）、社会性（主要包括公共教育、公共医疗和社会保障等）三类，并认为社会性的公共服务具有公民权利的性质，且具有较强烈的再分配功能，因而应主要将此类公共服务纳入均等分配的范围。包兴荣（2006）认为，公共教育、公共医疗、卫生和社会保障是现代社会的三大安全支柱，是现阶段的基本公共服务。

常修泽（2006）认为应该纳入均等化范围的公共服务主要包括四类：一是就业服务和社会保障等基本民生性服务；二是包括义务教育、公共卫生与基本医疗、公共文化等在内的公共事业性服务；三是包括公益性基础设施与生态环境保护等在内的公益基础性公共服务；四是生产安全、消费安全、社会安全、国防安全等公共安全性服务。

其实，既然基本公共服务均等化的内涵是政府应尽可能地满足人们在基本公共服务领域的基本生存和发展需求、实现基本公共服务的人人可及，那么，基本公共服务均等化的内容就不难确定了，它应包括底线生存服务和基本发展服务两个方面，具体包括公共就业服务、

---

① 陈昌盛等：《中国政府公共服务：体制变迁与地区综合评估》，中国社会科学出版社 2007 年版。

社会保障、保障性住房、义务教育、公共卫生和基本医疗、公共文化体育、福利救助服务 7 个领域。从目前中国的财力来讲，能够实现的只是托底状态的基本公共服务。这要求我们把人民群众最为关切的、最迫切需要解决的公共服务作为现阶段的基本公共服务，由此，基本公共服务在本书中特指义务教育（包括学前义务教育），社会保障（包括社会救助），公共卫生和基本医疗等。对这三种服务项目的研究具有典型性和代表性，能够说明推进基本公共服务的具体制度安排的思路。同时，这种界定只是为了本书更有针对性，对以上提到其他类型的公共服务也要兼顾，有的要同步实施，只是由于这其中有的公共服务不具有全局性，所以不纳入基本公共服务的范围，如饮用水安全；有的可以分步实施；有的在经济比较发达的地区可以根据本地财力状况率先实施，以后视经济发展状况，再纳入到全国推行的范围。

（2）基本公共服务的分类。分类研究的目的是深入了解不同类别基本公共服务的特殊性质和作用，为制定基本公共服务均等化政策提供理论依据。

①按照基本公共服务技术性质的分类：可分为纯公共服务与准公共服务。该分类有助于把握基本公共服务均等化过程中的政府与市场分工。

②按照基本公共服务的受益空间分类：可分为地方性公共服务、全国性公共服务及外溢性公共服务。该分类有助于把握基本公共服务均等化过程中的中央与地方政府的分工。

③按照基本公共服务与消费及生产经营关系的分类：可分为消费性公共服务、生产经营性公共服务与综合性公共服务。消费性公共服务具有单一的最终消费品性质，生产经营性公共服务是一种中间投入品，具有生产要素性质，综合性公共服务则具有双重性质和作用。该分类有助于分析政府基本公共服务均等化的政策偏向与重心。

④按照基本公共服务需求层次的分类：可分为生存性公共服务、发展性公共服务和综合性公共服务。该分类有助于把握基本公共服务

均等化过程中的政策重点和优先次序。

⑤按照基本公共服务物理特征的分类：可分为有形公共服务和无形公共服务。该分类有助于从整体把握基本公共服务的各种存在形式，有利于制定全面的基本公共服务均等化政策。

4. 基本公共服务均等化的模式比较

从各国公共服务均等化的模式看，主要有以下几种模式。①

（1）人均财力均等化模式。人均财力均等化是指中央政府按每个地区人口以及每万人应达到的公共支出标准来计算地方政府补贴的制度。该模式的立论依据是地方性公共服务，如教育、治安等与人口有密切联系，因而中央向地方政府提供大致均等的财力，就可以使他们向居民提供大体均等的公共服务。其基本特点是：①以中央对地方补助为主，以区域内人口数和人均财政支出水平为主要依据。②各地按"地方收入＋中央补助"公式来实现地方政府的财政均等化。③将社会保障支出等对地方财力均等化有重大影响的支出项目划归中央，以保证地方服务大体均等。

（2）公共服务的标准化模式。指中央和上级政府对公共服务颁布设备、设施和服务标准，并以此为依据建立专项转移支付的模式。该模式的理论依据是，公共服务均等化是理念，为此需要通过公共服务标准来具体化。该模式的特点是：①以具体的公共服务项目为对象，如义务教育、社区公共卫生等。②采用统一的全国或地区标准，包括服务标准、设备、设施配置标准等，使均等化可以进行量化和标准化测量。③在经费供给上采用地方和中央分摊经费方式。④政府必须在综合考虑国家财政资金总体情况和社会基本需求基础上制定标准。

（3）基本公共服务最低公平模式。该模式整合了前两种模式的

---

① 马国贤：《基本公公服务均等化的公共财政政策研究》，载于《财政研究》2007 年第 10 期。

优点。其特点为：①着眼于社会"底线"公平，确立最低公平原则。国家应让每个居民确信，无论他居住在哪个地方，都会获得最低公共服务的最低保证，诸如安全、健康、福利和教育。②公共服务标准可根据行业特点，采用实物标准、经费标准和服务质量标准等，但最重要的是确保服务质量，并通过绩效评价来促其达到。③在保障基本公共服务最低公平的前提下，允许有财政能力的地方提供更多更高质量的公共服务，即"谁受益，谁出钱"的等价原则。基本公共服务最低公平是指政府为守住"底线"公平而为公众提供基本公共服务的一种模式。④坚持最低公平的基本公共服务人人享有的原则。

第一种模式以地方性公共服务均等化为对象，需要具备强大的中央财力保证和地方经济相对均衡两个条件，并且要求地方政府有较强的预算约束力和公共信托能力。我国是一个发展中大国，人口多、底子薄，人均财力水平不高，地区间经济发展不平衡，加上经济建设的巨大支出需求，尚无力达到全部公共服务均等化。同时，存在着预算法制环境不够健全，预算约束软化的问题。面对这一现实，国家要有选择地将部分重要公共服务列为基本公共服务，并以国家的财力保证最低供给水平。①

公共服务标准化是实现公共服务均等化的重要路径。但它比较适用于地域不大、经济发展水平差异较小的国家。公共服务标准是按照中位地区需求制定的，这种划一的全国标准容易造成与居民的需求脱节。我国现阶段城乡二元结构突出，地区间巨大的经济差异必然带来城乡居民和不同地区居民的公共服务偏好差异。运用这一标准无论对发达地区居民还是欠发达地区居民，都会造成资源配置的效率损失。

基本公共服务最低公平模式将基本公共服务最低水平原则与等价性原则结合起来，这样既保证了欠发达地区居民获得必要的公共服

---

① 浙江省财政学会编：《基本公共服务均等化研究》，中国财政经济出版社2008年版，第164～166页。

务，又不妨碍发达地区政府提供更多的质量更高的公共服务。目前我国基本公共服务均等化的路径设计只能从全国性公共服务最低标准入手，初步解决最基本的消费需求，明确主次和先后，逐步推进和完善。

2.2　公共服务均等化研究综述

2.2.1　国内的主要观点综述

1. 公共服务均等化的内涵和外延

（1）从公共服务的范畴来界定。陈昌盛认为，公共服务通常指建立在一定社会共识基础上，为实现特定公共利益，一国全体公民不论其种族、性别、居所、收入和地位等方面的差异，都应公平、普遍享有的服务。从我国当前所处阶段来看，公共服务的范围包括国防、外交、基础教育、公共卫生、社会保障、基础设施、公共安全、社会保护、基础科技、文化娱体、一般公共服务 11 个方面。基本公共服务是指建立在一定社会共识基础上，根据一国经济社会发展阶段和总体水平，为维持本国经济社会的稳定、基本的社会正义和凝聚力，保护个人最基本的生存权和发展权，所必须提供的公共服务，其规定的是一定阶段上公共服务应该覆盖的最小范围和边界。

安体富认为，公共服务的内容既包括国家机关通过直接提供劳务为社会公共需要服务，也包括政府通过财政支出向居民提供教育、卫生、文化、社会保障、生态环境等方面的服务。他认为，基本公共服务应该是指纯公共服务，不能笼统地讲文化教育科学、卫生、社会保障等，只能说其中的义务教育、公共卫生、基础科学研究、公益性文化事业和社会救济等，属于基本公共服务。

（2）从民生需求和权利范畴来界定。丁元竹把我国现阶段的基本公共服务界定在医疗卫生或者叫公共卫生和基本医疗、义务教育、社会救济、就业服务和养老保险。他认为，义务教育、公共卫生和基本医疗、最低生活保障应当是我们基本公共服务中的"基本"。项继权、袁方成根据人们需求的公益性程度及其需求满足中对政府的依赖程度不同，认为基本公共服务是政府必须承担和满足的公共产品和服务，是一个社会中人们生存和发展必需的基本条件，是一个社会非由政府提供不能有效满足和充分保障的基本福利水准。

刘尚希认为，基本公共服务可从两个角度理解：一是从消费需求的层次看，与低层次消费需要有直接关联的即为基本公共服务。层次低的就是基本的，类似于马斯洛解释人的基本需求，吃饱、生存是最基本的需求，除此之外，穿衣、安全等也是基本需求。二是从消费需求的同质性看，人们的无差异消费需求属于基本公共服务。刘尚希（2007）认为：基本公共服务均等化的目标就是促进居民消费的平等化，减少因财富、收入的不确定性而导致的消费差距过大。教育、医疗和住房之所以成为社会关注的重大民生问题，其本质是消费不平等日益严重的表现。公共服务均等化的制度设计应围绕促进基本消费平等化而展开。基本消费均等化，这是公共服务均等化的直接目的，是中国实现基本公共服务均等化的要义所在。

陈海威认为基本公共服务应包括四大领域：一是底线生存服务，包括就业服务、社会保障、社会福利和社会救助，主要目标是保障公民的生存权；二是公众发展服务，包括义务教育、公共卫生和基本医疗、公共文化体育，主要目标是保障公民的发展权；三是基本环境服务，包括居住服务、公共交通、公共通信、公用设施和环境保护，主要目标是保障公民基本的日常生活和自由；四是基本安全服务，包括公共安全、消费安全和国防安全等领域，主要目标是保障公民的生命财产安全。

（3）从政府职能范畴来界定。国家发展改革委员会宏观经济研究院课题组强调应从现实性、国际性、法制化、战略性和发展性五大原则来确定我国现阶段的基本公共服务，其范围是医疗卫生（公共卫生和基本医疗）、基本教育（义务教育）、社会救济、就业服务、养老保险和保障性住房。

常修泽（2007）认为应该从三个方面把握基本公共服务的内涵：全体公民享有基本公共服务的机会与原则应该相等；结果应该大体相等；在提供大体相等的基本公共服务的过程中，要尊重某些社会成员的自由选择权。

（4）从基本公共服务的动态变化性来界定。贾康（2007）认为公共服务均等化是分层次、分阶段的动态过程。成熟的公共服务均等状态，表现为不同区域之间、城乡之间、居民个人之间享受的基本公共服务水平一致，然而，从开始到成熟，公共服务均等化要经历不同的阶段，在每个阶段上其具体重点、目标及表现是不同的。初级阶段的目标可能更侧重于区域公共服务均等化，中级阶段的目标会更多地侧重于城乡公共服务均等化，最终的目标才是人与人之间的均等化。

可见，基本公共服务是政府职能的一部分，是关系到民生最基本需求、最核心权利的部分，而且基本公共服务在不同阶段是动态变化的。

2. 基本公共服务均等化的意义、标准及实现模式

至于为什么中国现阶段需要强调逐步实行基本公共服务均等化，常修泽（2007）认为：从理论角度分析，实行基本公共服务均等化是从横向上体现"以人为本"和弥补市场公共品"供给失灵"的重要制度安排，从实践角度分析，实现基本公共服务均等化是缓和当今社会矛盾的现实需要；从国际角度看，基本公共服务均等化是当代世界文明国家社会政策的趋势之一。

中国社会科学院政策研究中心研究员唐钧（2007）认为，公共

服务领域或称社会领域中有六项公民权利是国家必须予以保障或满足的。这就是：生存权、健康权、居住权、受教育权、工作权和资产形成权。这六项需求，对老百姓而言是不可或缺的。

关于基本公共服务均等化的标准。

（1）最低标准说。贾康认为，政府首先要托一个底，政府应该提供的诸如普及义务教育、实施社会救济与基本社会保障，应该保证最低限度的公共供给。唐钧认为，"均等化"是要将公共服务差距控制在可以接受的范围之内并逐步缩小差距，这一基本公共服务均等是从最低标准的角度来界定的，即人人都享有不低于他人或社会最低标准的公共服务。

（2）机会（结果）均等说。刘尚希认为，均等化的本质是通过某一个层面的结果平等来达到机会均等，公民不因性别、年龄、民族、地域、户籍而受到不同的待遇。如通过公共服务能力的均等化（结果平等），使各地居民的消费风险处于同等水平，从而使各地居民的消费水平趋向均等化有同样的条件和机会。实现基本公共服务均等化，不是强迫公众接受均等的结果，而是让公众自由选择政府提供的公共服务，即人们可以接受也可以不接受。

安体富、任强认为公共服务均等化的标准应分三个层次，分别是保底标准、平均标准和结果均等标准，实现这三个标准是一个动态的过程，在经济发展水平和财力水平还不够高的情况下，一开始首先是低水平的保底，然后提高到中等水平，最后的目标是实现结果均等。

可见，基本公共服务均等化是一个地区之间、城乡之间、群体之间基本公共服务均等化的过程，既强调能力均等、起点或机会均等，又追求结果均等，其目标是逐步消除不均等。要尊重社会成员的自由选择权；要将基本公共服务的差距控制在社会可承受的范围内；基本公共服务均等化尤其要关注困难群体。其实质在于政府要为全体社会成员提供基本而有保障的公共产品和公共服务。其终极目标是应当使人与人之间所享受到的基本公共服务的均等化，在我国，就是要最终实现地区之间的均等、城乡之间的均等和人与人之间的均等。

3. 基本公共服务均等化的理论与理念支撑

刘尚希（2008）谈到了实现基本公共服务均等化的设计理念。实现基本公共服务均等化不是上级政府对下级政府的一种要求，而是各级政府都应恪守的价值观，并应成为各级政府的执政理念。

龚金保（2007）谈到了需求层次理论与公共服务均等化的实现顺序。政府在追求社会效益最大化的情况下，应该从公众最迫切的需求出发，有选择有顺序地满足公众对公共服务的需要，以实现公共服务均等化。

于树一（2007）对公共服务均等化的理论基础进行了探析。他认为，福利经济学以寻求"最大化的社会经济福利"为目标，主要研究的问题有：如何进行资源配置以提高效率；如何进行收入分配；如何进行集体选择以增进社会福利。而公共服务均等化的内涵与福利经济学的研究范畴存在交集。由此可以推断：福利经济学为公共服务均等化提供了经济学基础。

王莹（2008）专门对基本公共服务均等化理念进行了透析。"均等化"是一个与公平、公正、正义等紧密相连的概念，它最早属于社会学和伦理学的范畴。刘琼莲（2009）从政府治理与公共政策的角度探讨了基本公共服务均等化的实质。①

4. 基本公共服务均等化的标准、指标体系及绩效评价

吕炜（2008）从公共需求与政府能力的视角分析了我国基本公共服务均等化问题。吕炜的基本思路是：公共服务提供不均等问题的出现正是公共服务供给和需求在结构上的失调所导致的结果。因此对于实现基本公共服务均等化，我们的基本思路是在合理设定均等化标

---

① 庞力：《我国基本公共服务均等化研究综述》，载于《湖南社会科学》2010年第3期。

准的基础上，客观测定各地区基本公共服务的实际公共需求与政府服务能力，通过对比其差额来科学设计财政体制安排和转移支付方案，最终实现基本公共服务均等化。

关于均等化标准的确定，吕炜和王伟同提出一个"标准人需求"概念，是指一个标准化的公民（去除个体特征，反映整体公民特点）实际应当享受的基本公共服务数量。在对当前财政剩余均等法和变异系数法进行批评的同时，丁元竹（2008）对我国基本公共服务均等化过程中的标准建设问题进行了讨论。总体看，我国还没有针对实现基本公共服务均等化目标来建立一套针对基本公共服务的供给标准。我国基本公共服务的标准存在一系列问题，包括一些标准比较模糊，标准制定工作还比较滞后，标准制定工作透明度不够，标准修定不及时，有些标准老化，有些标准未能得到全面、正确实施。

郭宏宝提出了一种基于合理区间的评价体系，该评价体系首先要求运用功效系数确定均等化的合理区间，然后对各个指标的重要性进行合理赋权，认为该评价体系兼顾了公民偏好与指标体系的客观性。

国家发改委宏观经济研究院课题组把中国现阶段的全国性基本公共服务均等化界定为：中央政府通过制定相关基本公共服务的国家标准（设施标准、设备标准、人员配备标准、日常运行费用标准等），在财政上确保负责提供服务的地方政府具有均等支付这些基本公共服务的能力，确保社会、政府、服务机构不存在偏见、歧视、特殊门槛的前提下，使每个公民不分城乡、不分地区能够有机会接近法定基本公共服务项目的过程。

安体富（2008）从地区差别的视角设计了衡量公共服务均等化水平的指标体系。该指标体系共包括四个级别共 25 个指标。安教授利用这一指标体系对我国 2000～2006 年的公共服务及其具体的均等化情况加以评价。主要结论有：我国地区间公共服务水平的差距在 2000～2006 年间呈现逐步扩大的趋势；就具体的公共服务项目而言，科学技术、社会保障、环境保护和公共卫生的差距程度比较大。

陈昌盛（2007）对我国公共服务绩效评价中应坚持的基本价值取向进行了讨论，并开发了一个含有 8 个子系统和 165 个指标的指标体系，以全国 31 个省级行政区为评估重点，用基数法和数据包络分析两种成熟的评估方法，全面评估了我国政府公共服务的综合绩效、投入产出效率、改善程度和地区差异状况。

为了对基本公共服务均等化的实现程度进行考察和评估，陈昌盛提出首先必须界定清楚均等化的"标准"，他认为均等化标准的确立方法主要包括两类：第一类是平均水平法；第二类是基准法。结合我国公共服务总体投入不足，地区、城乡差异巨大的事实，考虑到现实可操作性，我国短期内均等化测度的指标重点应放在"投入"类指标上，同时加快完善相关程序控制措施，测度的重点要逐步向"产出"和"效果"类指标转变。

张强（2009）重点讨论了基本公共服务均等化的绩效评价。在对基本公共服务均等化的时代背景和本质属性分析的基础上，尝试提出了我国基本公共服务均等化的制度保障，并从机会均等、过程均等和结果均等三个维度设计了评价基本公共服务均等化的核心指标。

5. 财政制度与基本公共服务均等化

中国（海南）改革与发展研究院（2007）探讨了以基本公共服务均等化为重点的中央地方关系，认为，构建公共服务体制，必须在明确政府总体职责的前提下，按照基本公共服务均等化原则，改革和规范中央与地方关系，尽快实现由中央、地方关系从"以提高经济总量为导向"向"以基本公共服务均等化为重点"的转变，以提高基本公共服务的水平和效率。应尽快建立科学合理的中央、地方公共分工和合作体制。

傅道忠（2007）从财政角度对基本公共服务均等化问题进行了讨论。认为要实现基本公共服务均等化，必须形成以公共服务为导向的财政支出结构，以基本公共服务均等化为重点规范中央与地方财政分配关系，优化转移支付结构，加大转移支付力度，实现公共服务参与主体的多元化。

叶麒麟（2008）认为，基本公共服务均等化程度低的现状，充分说明了现行的公共财政体制仍存在着一些缺陷，表现在对公共财政体制改革存在的认识误区上，其症结在于我们进行体制设计的时候实际上都是做了一种同质化的假设，但这种假设往往严重背离现实。

安体富（2007）认为公共服务提供不足的体制性原因在于：基层财政的财力与事权不相匹配。目前基本公共服务的事权主要由县乡基层财政来承担，义务教育、公共卫生、社会保障和福利救济等支出大都由基层财政负担。另外，从财权和财力来看，基层政府没有税收立法权，没有举债权，也没有独立的主体税种，收入主要依靠共享税，使其掌控的收入极其有限，而转移支付又不到位。

福建省财政科学研究所课题组（2008）提出，以财政能力均等化来推进基本公共服务的均等化。实现基本公共服务均等化的目标，就是要逐步使全体公民在基本公共服务方面的权利得到基本实现和维护。其实质是以政府为主，创造条件为全体公民提供基本而又有保障的公共产品和公共服务。实现基本公共服务均等化，需要进一步完善财政体制建设，财政能力均等化是实现基本公共服务均等化的核心。

有一些学者专门研究了基层财政在实现基本公共服务均等化中的作用。

肖陆军（2008）专门研究了县域基本公共服务的均等化问题。推进县域基本公共服务均等化的理论依据是：县是我国基本的地方行政区域，县域基本公共服务均等化是全国基本公共服务均等化的基础。

盛锐（2008）指出了县级财政状况与公共财政的差距。因此，要通过完善县级公共财政制度，实现基本公共服务均等化。

任强（2009）讨论了基本公共服务均等化与基层财政的关系。

他认为，我国基本公共服务的提供，"主要由县乡基层财政来承担，像义务教育、公共卫生、社会保障和福利救济等支出大都由基层财政负担"。因此，基层政府财力状况在很大程度上决定了提供公共服务能力的高低。

樊丽明（2009）基于山东省3市6区县的数据对城乡基本公共服务均等化的进程及实现机制进行了分析。认为各地区已表现出统筹实现城乡基本公共服务均等化的趋势，但总体来说，这种均等化仍属初级阶段，提供的农村公共服务尚属基本水平。

6. 对城乡基本公共服务均等化的论述

王谦（2008）专门对城乡基本公共服务的问题进行了系统的理论分析。王谦认为，城乡公共服务均等化是公共服务均等化最重要的内容。实现公共服务的均等化，最好是从城乡公共服务均等化入手。

夏锋（2007）对基本公共服务均等化和城乡差距的关系进行了探讨。他认为，当前公共服务水平的差距是城乡差距扩大的重要表现。产生差距的主要原因在制度导致的非均等化。夏锋（2008）还利用"三农"专家、县乡村干部和农户问卷调查数据，从三维视角分析了现阶段农村民生类、生产类、公共安全类基本公共服务存在问题。他指出政府尤其是基层政府公共服务能力不足和公共财政体制不完善是造成农村基本公共服务供求矛盾的主要根源。

李一花（2008）专门对城乡基本公共服务的均等化问题进行了讨论。得出四点结论：第一，城乡基本公共服务均等化是一个典型的财政学命题。第二，城乡公共服务均等化的实现不能以大幅度降低城市的公共服务水平为代价。第三，城乡基本公共服务均等化保障了机会均等，有利于实现对社会弱势群体的有效保护和照顾。第四，城乡基本公共服务均等化是建设公共财政和规范政府间财政分配关系的基本目标。

李少惠（2009）认为，城乡公共服务均等化就是在坚持社会公平、正义理念下，政府统筹城乡基本公共服务建设，以农村为重点，加大对农村公共服务的供给力度，按照城乡共需型公共服务实行均等供给。积极推进城乡基本公共服务均等化成为统筹城乡发展的关键所在；实现城乡基本公共服务均等化是缩小城乡差距的重要措施；推进城乡基本公共服务均等化是维护社会公平，保障农民基本权益的基本途径。

7. 当前基本公共服务中存在的问题及原因

当前基本公共服务仍然存在供给不足、区域失衡和城乡失衡严重，呈非均衡状态。

学者大多从经济因素和制度因素两个方面来探讨公共服务或基本公共服务非均等的原因。

第一是从经济因素方面的探讨，主要从经济发展水平、财政收支能力、转移支付制度对基本公共服务非均等的影响。比如：

贾康认为，我国区域公共服务非均等的主要原因，首先是各地的经济发展水平差距相当大，直接影响了各地的财政收支能力，致使各地财政提供公共服务的能力差距大；其次是各地财政提供公共服务的成本高低不同，一般而言，越是边远、欠发达的、地广人稀的区域，单位成本越高，（财政）能力缺口越大；最后是中央政府和省级政府向欠发达地区转移支付的力度还很不够，不能有效弥补欠发达地区提供基本公共服务所出现的资金缺口和能力缺口。上述这些因素综合作用，导致了区域公共服务的明显不均等状态。

江明融认为，由于我国公共产品和服务一直实行城市偏向型的非均衡供给制度，导致财政资金城乡间投入不均衡，公共产品供给的成本分担与收益分享不对称，农村居民的纳税能力弱而相对税费负担高，而众多公共产品的收益分享均采用分割分享制度，导致农村居民公共产品的收益少于城市居民。公共产品决策机制不规范，采取"自上而下"的决策机制，造成了非意愿消费选择下公共产品的过度供给。

迟福林等学者分析了转移支付制度存在的问题和缺陷：一是"基数法"在维护地方既得利益。同时，导致了区域收入不平衡持续扩大，与科学发展、和谐发展背道而驰；二是制度结构不合理，多种转移支付形式相互之间缺乏统一的协调机制，在均衡化的过程中有所交叉，管理混乱；三是运行机制不规范，转移支付资金计算缺乏统一标准，资金分配过程不透明；四是缺乏有效的约束机制，缺少完善、透明、公正公平的法律规定和实施细则，没有建立有效的监督、审计、绩效评价等机制。

第二是从制度方面分析原因。这部分内容可见本书"公共服务非均等化的制度因素分析"部分。

8. 公共服务非均等化的制度因素分析

学者们剖析了导致公共服务不均等的制度因素，包括公共服务的不均衡供给制度和不健全的公共财政制度。

江明融认为：城乡公共服务非均等化主要是由长期实行的城市偏向型的公共服务供给制度造成。

从城乡二元体制、政府行政体制及公共服务体制等体制和制度对基本公共服务非均等的影响方面，丁元竹认为，长期的城乡分治在城乡之间形成严重体制分割和城乡歧视，给实现基本公共服务均等化带来了巨大的困难，造成了现有的各类基本公共服务体制不接轨。

迟福林认为，公共服务非均等化的根源在于体制机制不健全：一是公共服务供给中没有形成规范的分工和问责制，在事实上造成了公共服务指标的软化；二是没有形成公共服务可持续的财政支持体制，财政功能性支出比例最大的仍然是经济建设性支出；三是城乡二元分割的公共服务制度安排，进一步拉大了城乡差距；四是尚未形成公共服务的多元社会参与机制和有效的监管机制。

国家发展改革委员会宏观经济研究院课题组认为：我国与基本

公共服务均等化目标相关的不均等问题在于区域差别、中央与地方政府的财政收支差别、地区间财政收支不均等、居民收入差距和城乡差距，因此，现阶段全国性基本公共服务均等化应被界定为中央政府通过制定相关基本公共服务国家标准（设施标准、设备标准、人员配备标准、日常运行费用标准），在财政上确保负责提供服务的地方政府具有均等支付这些基本公共服务的能力，确保社会、政府、服务机构不存在偏见、歧视、特殊"门槛"的前提下使每个公民不分城乡、不分地区，能够有机会接近法定基本公共服务项目的过程。

陈文全认为，我国基本公共服务标准存在三个问题：一是基本公共服务的标准比较模糊，没有具体地说明什么情况要达到什么样的标准；二是没有给出基本公共服务供给的最低标准，不能够有效地保障各地政府在基本公共服务方面的财政支出；三是基本公共服务的标准制定还比较滞后，无法适应形势变化和经济社会发展的需要。

国内许多学者从我国转移支付的均等化效应角度分析了公共服务（财政）不均等的原因。王雍君认为：现行转移支付制度是中央与地方政府相互博弈的产物，被中央赋予过多且相互冲突的功能和目标，当目标无法兼顾时，均等化目标被有意无意地置于次要地位，这造成的直接后果是超过转移支付总额60%以上的税收返还与专项转移支付存在逆均等化现象，一般目的转移支付的均等化效果也不确定。曹俊文通过实证分析得出结论：现行转移支付制度缩小了省际间及三大经济区域之间的财力差距，但未能有效降低中部、西部地区内部各省市之间财力的差距。王磊通过构建计量模型和回归分析得出结论：税收返还与公共服务不均等程度有显著的正相关关系，即税收返还不利于公共服务均等化的实现；专项拨款和一般性转移支付与公共服务不均等程度有显著的负相关关系，即两者有利于实现公共服务均等化。上述学者的研究表明：公共服务的非均等化在很大程度上与现行转移支付的均等化效果不明显有关。①

9. 我国基本公共服务均等化思路与实现路径

（1）均等化是一个动态过程，需要分层次、分阶段、分重点逐步推进。

①阶段论。贾康认为，成熟的公共服务均等状态，表现为不同区域之间、城乡之间、居民个人之间享受的基本公共服务水平的一致。然而，从起始到成熟，公共服务均等化要经历不同的阶段。每个阶段的具体重点、目标及表现是不同的。初级阶段的目标可能更侧重于区域公共服务均等化，主要表现为区域内、区域间的公共服务水平的差距明显缩小；中级阶段的目标会更多地侧重于城乡公共服务均等化，主要表现为不仅在区域内，而且在各区域城乡之间的公共服务水平的接近；高级阶段的目标则为实现全民公共服务均等化，主要表现为区域之间、城乡之间、居民个人之间的公共服务基本形成均等状态。

②重点论。陈海威认为，我国基本公共服务体系的建设，要坚持"政府主导，增加覆盖，注重公平，提高效率"的原则，在保证最低生活保障、就业、基本医疗、义务教育的基础上，以保护贫弱者为重点，注重向农村、基层、欠发达地区倾斜，努力实现基本公共服务均等化和可及性。底线生存服务的重点放在完善就业政策和社会保障体系上；公众发展服务的重点放在完善义务教育体系和医疗卫生体系上；基本环境服务的重点放在加大公共设施建设和环境保护力度上；公共安全服务的重点放在食品、药品、餐饮卫生安全和社会治安上。

③标准提高论。安体富认为，对均等化的标准，有三种理解：一是最低标准，即要保底；二是平均标准，即政府提供的基本公共服务，应达到中等的水平；三是相等的标准，即结果均等。这三个标准

---

① 刘德吉：《公共服务均等化的理念、制度因素及实现路径：文献综述》，载于《上海经济研究》2008 年第 4 期，第 12 ~ 20 页。

是一个动态的过程，在经济发展水平和财力水平还不够高的情况下，一开始首先是低水平的保底，然后提高到中等水平。

④步骤论。丁元竹认为，首先，要确定全国基本公共服务范围，建立全国基本公共服务标准，明确我国在法定基本公共服务上需要均等化的地区和领域，奠定计量实现基本公共服务均等化所需要财政支出的技术基础。其次，根据基本公共服务均等化状况，评估需要均等化地区的财力和财政支付能力；调整和改革政府间关系，完善政府间转移支付机制，实现地方政府基本公共服务财政能力均等化；明确政府间基本公共服务供给责任，提高地方政府公共服务供给能力；再次，改革和完善公共服务领域的投资体制，提高公共财政投资效率和基本公共服务质量。最后，加速城镇化进程，消除城乡体制分割，实现各种体制对接。

（2）实现基本公共服务均等化的路径。一是，改革和完善公共财政制度。金人庆提出要调整优化财政支出结构，把更多资金投向基本公共服务领域；健全财力与事权相匹配的财税体制；加大转移支付力度；完善财政奖励补助政策和省以下财政管理体制。二是，建立公共服务型政府。迟福林提出要严格划分中央与地方的公共服务职责，实行中央对地方的公共服务问责制，建立以公共服务为导向的干部政绩考核制度，增加基本公共服务在干部政绩考核体系中的权重。三是，建立健全基本公共服务体系。包括健全基本公共服务的法律法规体系；建立基本公共服务的多元参与机制；建立城乡统一的公共服务体制。建立政府公共服务绩效评价机制和效果跟踪反馈制度。四是，加快收入分配体制改革。常修泽认为，需要加快收入体制改革，在保障并提高低收入者水平、扩大中等收入比重、调控过高收入、打击并取缔非法收入的基础上，缓解、遏止、缩小收入差距，从而缓解社会成员在获取服务上的货币约束，减轻政府实施基本公共服务均等化的压力。

归纳起来，实现公共服务均等化的具体措施主要有：第一，加强公共服务规范化管理，分类别制定"公共服务国家标准"；第二，规范和完善政府间财政关系和转移支付制度；第三，改革公共服务供给模式，建立基本公共服务供给的多元合作机制；第四，健全财力与事权相匹配的财政体制，使各级政府的财权与公共服务职责相对称、财力与公共服务的支出相对称；第五，建立以公共服务为导向的干部政绩考核制度，优化政府行为，建立公共服务型政府。

2.2.2　国外研究观点综述

1. 国外基本公共服务的有关理论和均等化的模式

（1）公共服务的供给理论。国外公共服务的供给理论的核心问题是由谁来提供公共服务。

在20世纪70年代之前，政府提供公共服务和基本公共服务的理论一直占据着主导位置。规范的现代公共品理论由萨缪尔森（1954）开创，并进行了系统性研究，成为公共经济学、财政学研究的新基础。

以萨缪尔森为代表的西方经济学家系统论证了市场在公共产品供给上是失效的，只有政府才能弥补市场失败，只有政府才能实现公共产品的有效供给，私人产品由私人部门提供，公共产品则由政府提供，两者界限明确。但这是在假设为公共品筹资的税收不扭曲私人部门经济决策的条件下才可以得到的，而现实中难以达到帕累托最优。因此，有些经济学家提出其他公共品供给理论。

布坎南和塔洛克（1962）进一步深化发展出了"公共选择理论"，主张通过民主政治程序，运用公共决策机制，来提高公共品的配置效率。

克拉克（1973）、格罗夫斯和莱雅（Groves and Led Yard，1977）还设计了一个引导每一当事人诚实地显示其公共产品真实需求的机制，即显示需求机制，并解出克拉克税，统称"格罗夫斯—克拉克机制"。

这些规范性研究由于都是在严格的假设条件下得到的，与现实差距较远。纯粹的公共品理论已无法解释公共品供给实践的发展，由此，与财政分权理论相结合的公共品理论应运而生，推动了公共品供给实践的发展。以蒂伯特（Tibout，1956）、奥茨（Oates，1972）和马斯格雷夫（Musgrave，1959）等人为代表的传统财政分权理论，就考虑到政府职能如何在不同级次政府之间进行合理配置以及相应的财政工具分配问题，认为在偏好具有异质性和不存在溢出效应的情况下，采用财政分权比较能有效率地提供公共产品。随着信息经济学以及合约理论的兴起，开始从非对称信息出发，强调激励相容和机制设计，在此基础上形成了现代的财政分权和公共品理论（Dewatripont and Maskin，1995；Qian and Weingast，1996，1997）。这一理论研究强调了激励在其中的重要作用，分析如何在非对称信息下，设计对地方政府的激励机制，试图找到一种能够使分权化政府制定实现帕累托效率的机制，既有利于公共品有效供给，同时又能使得财政公平。

（2）基本公共服务理论。基本公共服务均等化一般是指全体人民在基本的公共服务领域应该享有同样的权利。这一思想来源于布坎南（James Buchanan，1950）提出的财政平衡思想，他认为所谓财政均等是指具有相似状况的个人能够获得相等的财政剩余，要实现居民财政公平，应向财力富裕地区的居民征收一定数额的税收补助给财力贫困地区居民，以实现"财政剩余"的平等。

（3）基本公共服务均等化的模式。总结世界各国的经验，实现基本公共服务均等化大致有"人均财力的均等化（财政均等化）"、"公共服务标准化"和"基本公共服务最低公平"三种模式。

"人均财力的均等化"是指中央政府按每个地区人口以及每万人应达到的公共支出标准来计算向地方政府补贴的制度。基本公共服务均等化通常通过财政能力均等化来实现。该模式被欧盟和加拿大采用。以加拿大为例，加拿大是目前世界公认的和典型的均等化国家之一。加拿大用宪法确保各省财政均等化，根据全国的平均财政收入水平，对财政收入低的省份进行转移支付。

"基本公共服务的标准化"指政府在综合考虑全国财政资金总体情况和经济社会各领域实际基本需求的基础上，颁布了基本公共服务具体项目的标准，对其进行量化和标准化测算，并以此为依据建立专项转移支付模式，该模式被美国的义务教育所采用。

"基本公共服务最低公平"也称为基本公共服务最低供应，是指政府为了守住社会的"底线"公平而为公众提供基本公共服务的一种模式。由于该模式注重财政公平与效率的统一，解决了财政资金转移支付中的一些难题，因而受到西方政府关注。

2. 国外缩小城乡和区域之间基本公共服务差距的研究

针对地区间基本公共服务均等化的问题，国外缩小区域之间基本公共服务差距的途径是：

一是加大地区间的财政转移支付力度。中央政府在协调平衡地区间公共服务供给、促进公共服务区域均等化方面承担着主要责任。突出体现在转移支付作为政府实现区域公平性发展的重要手段，其规模呈现急剧膨胀的态势。

二是加大对落后地区的扶持。手段主要是加大对落后地区的财政援助、采取税收优惠政策、在落后地区直接进行重大开发性项目投资和建设、通过立法保障落后地区发展。加拿大、日本、美国等国家在这方面均有成功的例子。

国外缩小城乡之间基本公共服务差距的主要做法是：

一是加大农村基础设施建设。典型的例子始于1970年的韩国"新村运动"和印度各级政府积极推进的"反贫困和农村发展计划"，其共同点是，从缩小城乡之间"硬件"设施的差距入手，以增强农村的自我发展能力。

二是保障城乡义务教育均衡发展。国外很多国家通过政府直接干预方式，保证欠发达地区居民，尤其是农村地区的居民能够均等化地享受到政府提供的教育公共服务。例如，美国在 2002 年出台了《不让一个儿童落后》的法案，保证"义务教育"起点的公平。日本在宪法和法律上对农村地区基础教育作了明确规定。

三是基层政权把提供公共服务作为主要职能之一。如美国基层政权组织把提供公共服务作为主要职能，基层政权的资金主要用于公共服务方面，并通过多种多样的方式提供公共服务。

3. 国外对公共服务不均等现象的实证研究和分析

斯鲁克（Slukhai, 2003）则对俄罗斯、罗马尼亚和乌克兰三个国家的财力差异现状进行分析，并结合三个国家各自的财政体制提出了如何通过财政平衡机制对这种差异进行治理。麦克卢尔和查尔斯（Mclure, Charles E., Jr, 1994）对俄罗斯的税权分配和财政联邦主义进行了分析，发现俄罗斯的地区间财力存在着很大的差距差异，并指出这种差异主要是由于各地区所拥有的自然资源（如石油）分布不均造成的。波特·霍夫曼（Bert Hofman）和苏珊娜·科迪洛·古里亚（Susana Cordeiro Gurra, 2005）对东南亚几个国家与中国的财力差异问题进行了较为深入的研究，认为中国、印度尼西亚、菲律宾和越南四个国家目前的地区间财力差异都很大，由此导致各国地方政府提供公共服务的巨大差异。这种巨大的财力差异是由其地区间经济发展的不平衡和财政转移支付制度不规范造成的。崔启源（Kai-yuen Tsui, 2005）则从中国地区间财力差异的角度对地区间公共服务水平差异的形成机制进行了详细测量，发现地区间财力差异从分税制改革以来基本处于一种上升状态。他对转移支付因素对财政支出差异的影响作了定量分析，发现过渡期转移支付项目没有起到强有力地缩小财力差异的作用。

4. 基本公共服务均等化的解决方案研究

波特·霍夫曼（Bert Hofman）和苏珊娜·科迪洛·古里亚（Susana Cordeiro Gurra，2005）提出了中国、印度尼西亚、菲律宾和越南四个国家实现地区间公共服务水平均等化的途径：中央政府的决心及中央政府作用的充分发挥；地方政府信息管理制度的完善；转移支付构成的合理化。萨瓦斯（Savas，2000）、格兰德、普罗佩尔、罗宾逊（2006）绘制了公共服务公平供给的财政支出制度框架；寿浩（Toshihiro，2004）等研究指出，应该动态地分析联邦制国家地方政府财政支出结构的变化从而相应地调整各类转移支付的办法；布鲁斯（Bruce，2005）概括了政府税收返还及转移支付模式对社会保障计划的影响的一些研究；泰斯（Thiess，2006）介绍了德国根据地方税收贡献来确定地方财力平衡性转移支付的综合模式等。

2.2.3　评价

理论界对基本公共服务的内涵、基本公共服务的范围、均等化的内涵达成了一定的共识，研究的学科视角不断丰富；在基本公共服务均等化的主要范围、均等化的度量方法、实现均等化的主要途径等方面取得了丰富的成果；在基本公共服务的财政理论基础及财政制度建设方面也取得了不少研究成果。这些研究给我们以有益的启示。

针对中国的基本公共服务问题，目前的研究存在不足之处在于：目前，我们对公共服务均等化研究大多停留在微观层面上，比如对财政支出的公式法计算、转移支付等的具体方法，就基本公共服务均等化问题谈问题，缺乏一个统观全局、贯通一致的对有效实施基本公共服务均等化的体制机制的把握。尽管许多学者有所涉及，但至今尚未从理论上和实践上形成一套完整的、各部分贯通一致的基本公共服务均等化的顶层制度设计方案。而缺乏这样的一个系统完整的方案的原因在于尚未厘清计划体制遗留下来的用户籍制度作为分界的针对各阶层、各地区的不同的公共服务（福利）制度安排，如果不清理整合这些割裂开来的针对不同群体实行的不同的福利制度，那么制度上的路径依赖就无法推行不分城乡、不分地域的全国一致的均等化的公共服务，这最终与市场经济所要求的劳动力要素自由流动、资源在流动中实现有效配置的要求无法适应，作为市场经济体制的重要组成部分的基本公共服务体系无法从制度上完善起来。比如，市场经济的一个重要特点是劳动力流动性大，但现在的户籍制度、社会保险制度、教育制度等都与劳动力流动性增强不相适应。可见，问题的关键在于我们如何尽快将与市场经济相适应的基本公共服务提供的制度体系建立起来，同时清理计划经济体制遗留下来的、针对不同阶层的割裂的公共服务制度设计，并使得新的制度设计将针对不同阶层的公共服务制度衔接起来，以使劳动力不仅能顺畅地在不同地域之间流动，还能确保他们顺畅地在公务员、事业单位与企业职工各种身份之间流动而无须担忧自己的养老、医疗、退休等福利的续接问题。很显然，我们在基本公共服务均等化方面存在制度供给的严重不足，这已经成为市场经济体制的短板。

本书试图根据我国社会转型和转轨中的具体问题，构建一个实施基本公共服务的制度框架。

第3章 基本公共服务均等化的国际经验和借鉴

各国政府提供公共服务的程度受政治、经济、文化传统等因素的影响，依据政体、经济和文化传统的不同，本书将基本公共服务均等划分为单一制模式、联邦制模式、发展中国家模式和北欧模式这几种有代表性的模式来考察。

3.1 单一制模式
——以日本、韩国、英国为例

单一制是以中央集权为基础的国家结构，它由若干行政区域单位或自治单位组成。它有如下特征：第一，从法律体系上看，国家只有一部宪法。第二，从国家机构组成上看，国家有一个最高立法机关、一个中央政府、一套完整的司法体系。第三，从政府权力划分看，实行中央统一集权，地方政府的权利由中央政府授予，地方行政区域单位和自治单位没有脱离中央而独立的权力。第四，实行某种程度的地方自治或分级管理。第五，在对外关系上，单一制国家作为一个国际法主体出现。

在单一制国家里，中央与地方不存在权力分立问题，地方的权力由中央视统治和管理的需要分授给地方，实行中央集权制下的地方分权。分权的方法分连贯式和分割式两种。前者是把对某种或某些国家事务的立法权和行政权一起授予地方；后者把对某种或某些国家事务的立法权和行政权分开，由国家立法，由地方执行，国家对这种或这些事务拥有立法权和监督执行权，地方拥有依据国家法律执行的权力。

本书选取了日本、韩国和英国三个单一制国家，考察了它们推行公共服务均等化的情况。

3.1.1　日本推行基本公共服务均等化的情况

日本属于单一制国家，其财政收入的主要来源是税收，并以中央立法征收的国税为主体，而财政支出主要在地方，形成了财政收入以中央为主、财政支出以地方为主的格局，中央政府与地方政府之间纵向财政不平衡十分明显。这样，转移支付制度就显得非常重要。

1. 日本实施均等化转移支付制度

中央政府向地方政府的转移支付是解决纵向不平衡的主要手段。日本的转移支付制度以平衡各地财力，保证地方各级政府履行职能，提供较为均等的公共服务为主要目的，其转移支付资金有三块：地方交付税、国库支出金和地方让与税。具有再分配功能的有地方交付税、国库支出金两大项。通过地方交付税来增强地方财力，其中普通交付税是分配给那些标准财政支出大于标准财政收入的地方政府的转移支付资金，依据各个地方政府的基准财政资金需要额和基准财政收入额之间的差额进行分配，占地方交付税总额的94%，另外6%的特别交付税用于弥补地方财政的一些特殊支出。国库支出金是中央政府为实施特定的经济社会政策，对地方政府的特定项目进行的补助，属于典型的有条件拨款。通过向地方拨付国库支出金可以保证全国范围内的义务教育、生活保障及其他社会福利事业都能达到一定水平。日本中央政府在下放事权的过程中，对于义务教育、医疗保健等一些重要的事权，实行中央与地方共同负责制。中央政府承担这类事务的资金是以国库支出金的形式支付的。日本的转移支付较为规范，地方交付税以《地方交付税法》为依据筹集和分配资金，国库支出金中的各类转移支付也以相关的法律，如《义务教育法》等为依据。

2. 日本的社会保障制度

日本政府十分重视城乡均等的社会保障制度。1961 年日本就已经实行了国民的养老保险制度。日本政府为社会保障政策的普及投入大量的资金，战后社会保障费占 GDP 的比重一直不断提高，20 世纪 70 年代提高最为显著，甚至超过了 10%[1]的比例。为了建立城乡一体化的社会保障体系，1946 年，日本政府出台了《生活保护法》，对处在贫困线以下的所有国民提供最低生活保障，有效地帮助穷人渡过了战后经济难关，此后，日本建立了覆盖全体国民的最低生活保障体系。1959 年，日本颁布了《国民健康保险法》，要求 1961 年 4 月以前全国所有市町村中的农户、个体经营者等无稳定职业和收入的人必须强制参保。到 1961 年，农村基本上建立起以医疗保险和养老保险为主的农村社会保障体系，形成了城乡一体化的国民公共医疗和养老保险体系[2]。日本农村居民与城市居民享有大致相同的社会保险制度、国家救助制度、社会福利制度以及公共卫生制度等。农民社会保险主要有国民健康保险、国民养老保险和护理保险。农村老年人保健服务包括老人医疗服务、老人保健设施、老人访问看护等措施[3]。由此可见，完善的法律法规建设是城市化过程中维护农民权益、促进农

---

①　南亮进：《日本的经济发展》，东洋经济新报社 1981 年版。

②　郭建军：《日本城乡统筹发展的背景和经验教训》，载于《农业展望》2007 年第 2 期。

③　邵源：《国外有关构建农村公共产品供给机制的理论依据与实践经验》，载于《经济研究参考》2007 年第 12 期。

地制度改革、推动农业规模经营、提高农民收入、缩小城乡差距、实现城乡和谐发展的重要保障。

3. 重视农村义务教育

日本实施了由中央政府负责的全民教育的义务化，使日本国民素质在比较短的时期内得到了改善和提高，为日本的工业化、城市化奠定了坚实基础。日本政府十分重视对公共教育的投资，"1965~1973年，日本的公共教育投资年均增长17.6%，超过了经济总量的增长速度。"[①] 战后日本非常重视发展教育，提出"强固山脚比强固山顶更重要"的教育信条。1947年出台的《基本教育法和学校教育法》，将义务教育年限从6年提高到了9年，以实现全民基础教育。政府对于公共教育的投资力度不断加大，到了20世纪80年代，日本已经普及了高中教育，40%农村适龄学生能够进入大学继续深造，劳动者的素质大幅度提高。目前，农村义务教育经费由中央、都道府县和町村三级政府共同负担，中央财政通过转移支付对农村义务教育经费进行补助。同时，日本通过《偏远地区教育振兴法》《孤岛振兴法》等明确各级政府职责，提高对偏远地区教育服务供给，并在农村设立社会教育设施，为普及和发展农村教育提供优越的硬件条件[②]。

4. 改变农村产业结构，加强农村公共服务供给

日本从1959年开始走农村工业化道路，此后一直采取鼓励农村工业发展的政策，来推动农村产业结构的转变。在农村工业化过程中，国家通过财政出资，帮助农村地区改善交通、通信等基础设施，为农村工业的发展创造良好的外部条件。

---

① 郭建军：《日本城乡统筹发展的背景和经验教训》，载于《农业展望》2007年第2期。

② 邵源：《国外有关构建农村公共产品供给机制的理论依据与实践经验》，载于《经济研究参考》2007年第12期。

3.1.2　韩国"新村运动"的经验和做法①

韩国新村运动从兴起至今大体经历了五个阶段，每个阶段国民人均收入都得到了大幅度提高，实现了一个发展中国家的跨越式、超常规发展。

1. 基础建设阶段（1970~1973 年）

这一阶段的任务是改善农村生产和生活环境。运动开始的前 8 个月里，韩国政府为每个村庄免费提供 300 袋水泥，用于村里公共事业，修筑村级公路、修建桥梁、公共浴池、修筑河堤、改善饮水条件等。1972 年活动事项扩大到改善农村的发展条件、精神教养和增加收入三个方面，但重点仍是改善生产和生活环境。

2. 拓展阶段（1974~1976 年）

该阶段新村运动进入以增加农民收入为主的全面发展阶段。政府推出增加农民、渔民收入计划，支持农村调整农业结构，推广良种和先进技术，鼓励发展农业的专业化经营和合作生产，积极寻求农业外的收入来源等。农民人均收入从 1974 年的 402 美元增加到 1976 年的 765 美元。

3. 充实和提高阶段（1977~1979 年）

这一期间政府推进新村运动的工作重点放在鼓励发展专业化经营和合作生产，发展畜牧业、农产品加工业和特产农业，积极推动农村保险业的发展。农民人均收入从 1977 年的 966 美元增加到 1979 年的 1394 美元。

---

① 部分内容参照朱肖蔓：《韩国新村运动的发展与启示》，http：//www. caein. com/index. asp？xAction = xReadNews&NewsID = 24859。

4. 国民自发运动阶段 (1980~1989 年)

在这一阶段，政府大幅度调整新村运动的政策与措施，建立和完善全国性新村运动民间组织。政府只是通过制定规划、协调、服务，以及提供一些财政、物质、技术和服务等支持，着重调整农业结构，进一步发展多种经营，大力发展农村金融业、流通业，改善农村生活环境和文化环境。

5. 自我发展阶段 (1990 年以后)

在这一阶段，政府大幅度调整新村运动的政策与措施，建立和完善全国性新村运动民间组织，培训和宣传工作改由民间组织承担。政府只是通过制定规划、协调、服务，以及提供一些财政、物质、技术和服务等支持，着重调整农业结构，进一步发展多种经营，大力发展农村金融业、流通业，改善农村生活环境和文化环境，继续提高农民收入等。农民人均收入从 1980 年的 1507 美元增加到 1989 年的 4934 美元。

随着韩国经济的快速发展，繁荣气象从城市开始逐步向四周农村扩散，新村运动也带有鲜明的社区文明建设与经济开发特征。

通过新村运动，韩国加强了农村基础设施建设，改善了农村居住环境。建立了洁净的供水系统和排污系统，大大改善了农村卫生条件；同时使得电力网和通信网进一步扩张，到了 1982 年，除了少数偏僻的地区之外，全部村庄都为电网和电话网所覆盖；此外，农民收入大幅度的提高、城乡收入差距逐渐缩小。

3.1.3　英国的做法

第一次工业革命发端于英国，英国成为世界最早推进城市化进程的国家。至 19 世纪，英国城镇人口已经占总人口的 33%。2001 年，

英国的城市化率为 89%，①到 2005 年，英国的城市化率已经达到
90% 以上。

　　长期以来，英国实行的是高度集中的政治体制，地区一级政府是
中央政府的办事机构，只能执行中央政府赋予的职能。与这种高度集
权的政治体制相适应，英国在财政体制上也具有相当浓厚的中央集权
色彩。中央政府掌握全国绝大部分财政收入，控制全国大部分财政支
出，并通过地方政府的转移支付，影响地方政府的行为。

1. 事权与财权的划分

　　英国的基本法对中央政府和地方政府的财政职能做了具体的规
定。中央财政职能包括资源配置职能、稳定经济职能、提供公共服
务职能、国防、外交、对外援助、教育、空间开发、环境保护、海
洋开发、尖端科技、卫生保健、社会保险以及全国性的交通运输、
通信和能源开发等。地方政府的财政职能主要有从事公共建设事
业、维护公共安全、发展社会福利、改良社会设施等。在预算管理
体制上，一方面实行严格的分税制。中央和郡的预算收入完全按税
种划分，不设共享税，由各自所属的税务征收机关征收。另一方面
是中央高度集权。中央预算收入通常占到整个预算收入的 80%
左右。

2. 英国的公共服务均等化转移支付

　　英国是一个单一制中央集权国家，转移支付的主要目标是实现财
政支出纵向和横向平衡，同时对地方政府的收支实施统一管理，保证
中央政府集权。中央政府在考虑各地支出需要和收入能力的基础上，
使各地在基本的公共服务能力上达到均等，目的是使英国不同地区的
居民都享有同等的就业、就学、就医、交通服务等方面的机会和服务

---

　　①　傅崇兰：《城乡统筹发展研究》，新华出版社 2005 年版。

水平，创造一个统一的市场。中央财政对地区、郡、区的转移支付分为专项补助和地方补贴两种。专项补助要求地方政府用于专门项目，如城市公共设施、社会治安、环境保护等；地方补助是指地方收支差额补助，是根据中央核定的地方总支出和地方税收收入的差额进行补助，这是英国财政转移支付的主要形式。中央转移支付通过两方面转移下去，从"块上"主要是通过政府间拨款，从"线上"是通过专业委员会进行转移支付。地区根据郡和地区的不同事权按不同的因素直接进行转移支付。政府之间财政转移支付时，不是上下级直接打交道，而是通过中介机构协调分配，中央与地方之间由环境部协调，地区与郡、区之间由地方当局协会协调，环境部为处理中央与地方财政关系的具体执行单位。

3. 英国统筹城乡发展的举措

（1）制定宏观计划是城乡统筹推进城市化进程的关键。工业革命开始后，英国城市化速度大大加速。在一些煤矿、铁矿资源集中的地方和乡村工业发达的地区，一大批新的工业城镇迅速崛起。但所有这一切都是自发产生和发展的，英国城镇化进程具有不平衡性和盲目性。结果城市规模发展过大过快，不仅在一定程度上阻碍了经济的发展，而且造成大量的社会问题。到 20 世纪初，英国出现了将城市问题与乡村问题合并解决的城市规划和建设理论——田园城市构想。到第二次世界大战前，英国全国上下达成了在全国范围进行城乡规划的共识，从而开创了世界上第一个完整的城乡规划体系，促进了城市问题与乡村问题的解决。

（2）保护农业的发展是城乡统筹推进城市化的基础。英国是一个岛国，土地资源匮乏，城市化的快速推进在一定程度上影响了农业的发展，对农业有破坏性的一面。随着城市规模无序扩张，侵吞了大量农业用地，致使农业区保护问题日益突出。同时随着大量强壮、健康、有知识的农业人口持续地流入城市，不仅使农业人口日益下降，而且使农村日益荒凉，"乡村则感到缺乏有能力的健康的劳动力"。① 因此，从 1948 年《城乡规划法案》开始生效起，英国严格控制农地开发，不管是私人或公共机构征用土地，都必须获得地方当局授予的规划许可证，并且向土地所有者支付补偿。通过该法案的实施，使农业用地有了法律保障。

（3）制定相关法律是城乡统筹推进城市化的法律保障。战后英国制定了《城乡规划法案》并且实施成功，它在法律上理顺了城市与乡村的规划关系，确立了区域规划的法律地位与相应规范。一方面解决了城市与农村规划在法律上的普适性问题，为制止城市郊区开发建设活动的无序混乱局面提供了规范与依据；另一方面，通过统筹安排区域内城镇体系的合理结构与布局，明确了重点发展和优先发展的中心城镇和地区，不仅为未来的发展留下充分的空间，而且以合理的开发时序获得了较好的空间开发效益。

（4）发展大城市与小城镇相结合是成功的战略途径。在英国工业化过程中，工人住房问题严重的一个主要原因是城市的高地价。在伦敦市中心区地价变得如此昂贵以至于到 19 世纪末，工人住宅建设的低回报又决定了私人开发商不肯为此进行巨额投资。霍华德正是基于大城市的高地价，才提出在地价低廉的农村地区购买土地，建设田园城市，为居民提供良好的工作生活环境，从而为超越大城市无序蔓延的格局提供了解决的出路。不仅如此，居民的公众健康问题也成为当时社会极为关注的问题之一，大量的城市居民特别是婴儿的死亡率持续上升，霍乱蔓延。城市人的平均寿命只有 29 岁。② 在这种生活条件下，城市穷人的一切享受都被剥夺了。他们每天又被工作折磨得筋疲力尽，这就经常刺激他们去沉湎于他们唯一能办到的两种享乐——纵欲和酗酒。"随着无产阶级人数的增加，英国的犯罪数字也

---

① 《列宁全集》（第 3 卷），人民出版社 1959 年版。

② 傅崇兰：《城乡统筹发展研究》，新华出版社 2005 年版。

增加了，不列颠已成为世界上罪犯最多的民族。"[①]　"城市统筹规划作为政府的职责就是从公共卫生与住房政策发展而来"。[②] 因此，把大城市和小城镇发展相结合就可以避免出现"城市病"，使城市化进程健康发展。

（5）政府决策与公众参与相结合是城乡统筹推进城市化的有效方法。英国城乡统筹规划成功的基础在于社会公众的探讨、参与和支持，是社会运动推动与一系列研究探讨的结果。从19世纪早期空想社会主义者欧文的实践，到风起云涌的社会改革运动，再到以霍华德为代表的城市理论研究以及田园城市的建设实践，这都是公众的自发行为，但都为城乡统筹发展的产生提供了强大的社会动力。英国成立皇家委员会进行深入广泛的调查研究的做法，对城乡统筹规划的产生也起了突出的作用。这些委员们在调查过程中排除干扰，克服困难，力求掌握第一手资料。他们的报告不粉饰太平、不隐瞒真相，真实地揭露社会的丑恶与阴暗，引起社会各界的广泛注意，提出切实可行的建议，为城乡统筹发展的产生做好了舆论准备。从城乡统筹规划法案的制定，到城乡统筹规划的编制、实施，都离不开公众的参与，而且法律也为公众的参与提供了行动的框架和依据。

3.2　联邦制模式
——以加拿大、美国、德国、北欧为例

联邦制是由若干单位（州、邦、共和国等）联合而成的，以地方分权为基础。它通过受宪法保障的中央政府与地方政府之间的分权而将统一性与多样性同等地纳入一个单一的政治体制之中。

---

① 《马克思恩格斯全集》（第2卷），人民出版社1957年版。

② Barry Cullingworth and Vincent Nadin. Town and Country Planning in Britain（11th edition）［M］. London：Routledge，1994.

联邦制的主要特点是：第一，从国家法律体系看，除了联邦的法律外，各州还有自己的法律，但联邦法律高于各成员的法律。第二，从国家机构的组成看，除设有联邦立法机构、联邦政府和司法系统外，各成员还有各自的立法机关、政府司法系统。第三，从联邦与各成员的权力划分来看，宪法明确规定了各自的权力范围。这种权力划分，任何成员和中央政府都无权擅自改变。第四，从解决权限争议的角度看，联邦制国家均设有仲裁机关，对中央与地方就各自的宪法权力所发生的争议做出裁决。第五，在对外关系上，各成员有一定的对外权力。

基于联邦制国家中央政府与各州关系的特点，联邦制国家在基本公共服务提供方面也存在鲜明特征。本书选取美国、德国、加拿大三个国家，详细考察他们推行基本公共服务均等化的状况。

3.2.1　加拿大的做法

加拿大主要通过财政能力均等化来实现均等化目标。但联邦对全国范围内的基本公共服务通过专项转移支付的方式，对经济落后地区通过地区常规支持基金来提供基本公共服务。

从现有的文献看，加拿大是实行均等化比较早的国家之一，也是目前世界公认的和典型的实施均等化政策的国家之一。按照加拿大人的理解，他们生活在一个具有宪法意义的联邦制国家，均等化是联邦政府确保每个省有能力提供基本公共服务的工具。在加拿大宪法中，均等化包括三层含义：居民福祉机会平等，通过经济发展减少机会差别，所有加拿大居民享有质量适度的基本公共服务。一些学者把这三个方面称为均等化体系。从加拿大宪法赋予均等化的含义来看，政府要建立均等化体系必须从多个方面入手，包括经济发展在内的发展是均等化的根本前提；促进机会均等是均等化的重要内容；基本公共服务均等化是重要补充，通过发展来促进机会均等才是实现均等的根本手段。基本公共服务均等化是政府工作的目标之一，但不是唯一目标，政府还需要创造条件让人民在发展中获得机会，实现平等。否则，均等化会成为政府的巨大负担。在这个问题上的总原则应该是：促进发展中的机会均等是政府的首要责任，基本公共服务均等化位当其次。当然，这两个问题不应当截然分开，在发展中必须把两者结合起来。

加拿大由联邦、省、地方三级政府构成。各级政府的事权是这样划分的：联邦政府负责国防、外交、社会公共服务、社会治安、社会保障等事务，省级政府负责本省范围内的教育、健康医疗、公共基础设施、社会保障等事务，地方政府负责本地区的教育、市政建设和管理、社区规划等事务，对于某些外溢性较强的公共服务如教育、健康医疗等事务则由两级或两级以上的政府共同承担。各级政府的财权划分是这样的：联邦、省和地方政府最主要的税收有个人所得税、公司所得税和一般销售税，联邦政府财政收入的65%及省和地方政府财政收入的50%来源于这三项税收。而加拿大联邦政府和省政府之间就税额较大和税源较稳定的税种签订税收分享比例，大致为：个人所得税联邦政府占63%，省级政府占37%；公司所得税联邦占62%，省占38%；一般销售税联邦和省各占50%。在签订税收分享协定时根据各省的经济发展水平来具体确定各省的分享比例。

以上财权的划分使加拿大联邦政府集中了较大部分比例的财政收入，拥有较强的财政能力，而各省和地方政府财政能力相对较弱。加拿大主要是通过建立财政支出能力均等化来为所有加拿大居民提供品质适度的基本公共服务。根据人均财政收入水平，联邦政府对财政收入低的省份实行财政转移支付。加拿大的财政转移支付体系如图3－1所示。

从各个转移支付项目的发展演变历程和实施效果来看，均等化项目、社会健康项目和信托地区常规支持是在整个转移支付体系中起主导作用，也是直接提高各地公共服务供给能力、影响全国公共服务均等化程度的项目。

$$政府间转移支付\begin{cases} 一般转移支付\begin{cases} 均等化项目（EP） \\ 离岸协议（Offshore accords） \end{cases} \\ 专项转移支付\begin{cases} 社会健康项目（CHST） \\ 直接目的支持（Direct Targeted Support） \\ 信托地区常规支持（TFF）基金（Trust Fund） \end{cases} \end{cases}$$

图 3 - 1　加拿大的转移支付体系

资料来源：加拿大财政部官方网站。

1. 均等化项目（EP）

均等化项目是联邦为解决省际财政能力不均衡、缩小各省财政能力差距而设计的无条件转移支付项目，其最终目的是实现全国范围内的公共服务均等化。1982 年均等化项目被载入宪法，并规定联邦和省政府应该"致力于通过均等化项目的实施确保省政府在比较合理的税收水平下有足够的收入来提供合理的公共服务"。均等化项目在各省的分配比例是通过公式计算得出的。其计算公式包含三个主要步骤：其一是计算出各省的财政收入能力；其二是确定全国标准财政收入能力，它是根据 10 个省平均财政能力确定的；其三是将各省收入能力与全国标准收入增长能力进行对比。

用公式可以表示为：$E_a = [(R_{10}/B_{10}) \times (B_{10}/P_{10}) - (R_{10}/B_{10}) \times (B_a/P_a)]P_a$

其中 E_a 为 a 省获得的转移支付；R_{10} 为 10 个省的税收；B_{10} 为 10 个省的税基；P_{10} 为 10 个省的人口总数；P_a 为 a 省的人口数；$(R_{10}/B_{10}) \times (B_{10}/P_{10})$ 表示全国人均财政能力，$(R_{10}/B_{10}) \times (B_a/P_a)$ 表示 a 省人均财政能力。

如果一省人均财政能力低于全国人均财政能力，即可获得均等化项目资助，资助数额为两者的差额。如果高于全国人均财政能力将不能获得均等化项目下的资助。

2. 加拿大的健康和社会转移支付（CHST）

健康和社会转移支付是加拿大最大的转移支付项目，CHST 属于专项转移支付，联邦政府根据相关法案对资金使用的方向、用途作了限制性规定。在指定用途、资金使用方向、领域的限制和规定，专项转移支付也可以起到均等化作用。加拿大的健康和社会转移支付正是要通过联邦政府在财政上支持省和地方的健康、教育和社会保障等项目以实现这些领域全国范围内的基本公共服务均等化目标。

3. 地区常规支持（TFF）

地区常规支持项目是联邦政府对北方三个气候寒冷，经济总量较小的地区提供的无条件转移支付。联邦政府通过 TFF 基金为这三个地区政府提供资金，使其有能力为北方居民提供均等的公共服务。地区常规资金是北方三个地区的主要收入来源。

除了前文的财政均等化，加拿大也为基本公共服务建立国家标准，确定各省公共服务有可比较性及平均水平，使居民可以在国内流动，包括跨省流动，甚至跨省分享财富。具体国家标准的基本公共服务如下。

1. 义务教育体系

在加拿大，省教育部负责管理全省的教育，市教育局（或者几个小市联合组成的地区教育局）负责地方的中小学教育。"全国教育计划"由教育部长联合会（各省教育部长组成）定期与联邦政府的国务部和财政部等机构进行协调。加拿大的义务教育经费由联邦政府征收的所得税、省政府征收的教育税和市政府征收的地产税构成；省（州）级政府财政对义务教育的支持力度最大。在省（州）级政府财政预算和实际投入中，教育在公共事业中向来是优先的。加拿大各省的教育支出占财政预算 20% 左右。加拿大和美国采用 12 年制的义务教育，但实际上是 13 年。孩子从 5 岁学前班教育开始，一直到 18 岁都可以享有免费接受教育的权利。公立学校的学生不用交纳学费，学生的课本文具等都由国家供给。对边远和农村地区的孩子，政府提供专车接送服务。对于有先天生理缺陷的孩子，可以到特殊教育学校接受教育，或通过函授教育完成义务教育课程。孩子们从学前班到 12 年级都是就近上学，有免费校车接送，不要交学费，也不要交课本费。加拿大通过转移支付帮助有特殊需要的弱势学生群体，如提供伤残儿童上学所需要的费用，包括交通工具、聘请专业培训的特殊教育教师等；为贫困家庭的学生聘请教师，提供课后补习活动；为新移民提供双语教学教师等。

2. 失业保障体系

为了在失业时及时给予保障，加拿大对工薪阶层实行强制保险，加拿大在 1998 年以前称为失业保险，1998 年后改称为就业保险（Employment Insurance，EI），加拿大有 85% 的有收入人员加入了就业保险，加拿大的就业保险缴费比例每年都在调整。在加拿大符合条件的失业人员，失业后两周才能领取就业保险金，每次申请最多可领 45 周。领取就业保险金周数越长，申请人下次所得到的保险金越低。对非自身原因被辞退的工薪人员，在加拿大可以申请领取普通失业保险金（Regular Benefits），基本能得到本人工资的 55%，但每周不得超过 413 加元。如果申请人有抚养孩子的负担，并且家庭年收入低于 25921 加元，还可以申请国家儿童税收补助（the Canada Child Tax Benefit，CCTB），两项合计有可能超过本人工资的 55%。对身体原因辞职的工薪人员，在加拿大可以申请领取特别失业保险金（Special Benefits），对长期失业者，加拿大非常"包容"，不仅可以申请社会福利金（Social Welfare），单身人士每月可以获得 500 ~ 700 加元的生活补助，三口之家可以获得 1100 ~ 1300 加元补助，如果申请人一直没有工作且生活始终处于一个很低的水平，还可以无限期地领用社会福利金。

3. 医疗保障体系

加拿大具有比较完善的基本医疗保障体系。加拿大在全国实行统一标准的"国民基本医疗保险"（Medical Service Plan, MSP），各省（地区）加入保险的方式有两种，一种是完全免费，另一种要求交纳一定的保费，费用多少视申请人（家庭）的经济情况而定，经济困难可申请保费补助。加入计划的公民和永久居民会获得一张带有照片并可以在全国使用的医疗磁卡，享受免费的公共医疗服务。公共医疗服务范围包括家庭医生的初级医疗服务和专科医生的进一步诊治服务，门诊和住院时看病、护理、化验、放射和其他诊断过程。对老年人、儿童、申领救济金者等特殊人群，各省（地区）仍会提供处方药、牙科保健、眼睛护理、医疗用具及器械（假肢、轮椅等），以及康复服务（职业病的治疗、语言校正、听力校正等）补充医疗服务。加拿大全民医疗保障的资金主要来源于个人和企业上缴给联邦政府和各省区的税金和基本保险金。此外，还有一些是来源于事先设定好用于医疗服务项目的销售税和彩票收入。

4. 养老保障体系

加拿大退休养老计划有四种形式：一是老年保障，这是针对所有年龄超过65岁公民的基础保障；二是加拿大养老金计划，所有加入该计划的人在60岁以后都有权按月获得养老金；三是私人养老金计划；四是注册退休养老金储蓄计划。加拿大为老人设立的社会福利项目较多，根据不同的条件可以分别选择申请退休金、老人保障金（old Age Security）、保证收入补助金（Guaranteed Income Supplement）、配偶津贴（Spouse's Allowance）、鳏寡津贴（Widowed Spouse's Allowance）以及各省针对老人的援助计划。在工作期间，只要曾经参加过"加拿大退休计划"（Canadian Pension Plan, CPP），到65岁退休时或60~65岁之间部分或全部停止工作，就可以申请领取退休金。退休金额根据供款数额、时间以及供款人的退休年龄而定。老人保障金的对象主要是针对年龄在 65 岁或以上、在加拿大至少居住了 10 年的加拿大公民或合法居民。保障金金额根据申请人在 18 岁以后在加拿大居住的年限而定，每住满 1 年，就可以领取养老金金额的 1/40。保证收入补助金是针对正在领取老人保障金、少有其他收入的老人，补助金的金额每 3 个月会按照消费价格指数的变换而调整。配偶津贴和鳏寡津贴是给予居住在加拿大的低收入老人的一种生活补贴，其对象必须是年龄在 60 至 64 岁之间、以成年人身份居住在加拿大超过 10 年的加拿大公民或合法移民。申请配偶津贴的老人，其配偶或同居伴侣必须正在领取老人保障金及保证收入补助金。申请孤寡津贴的老人，其配偶或同居伴侣已经去世，且没有再婚或与其他人同居生活。以上补助和津贴都是加拿大联邦政府为老人提供的社会福利项目，各省还有自己的老人援助计划。例如安大略省，对省内居住的领取联邦老人保障金和保证收入补助金而无其他收入的 65 岁或 65 岁以上老人，无须申请，会给予相应的省政府补助金。

3.2.2　美国的做法

1. 美国的转移支付制度注重专项转移支付和针对个人的转移支付

美国属于联邦制国家，政府机构分为联邦、州、地方三个层次，各级政府都有明确的事权、财权，实行以分别立法、财源共享、自上而下的政府间转移支付制度为特征的分税制。

美国财政转移支付包括三种形式：（1）专项资助。专项资助分为有限额配套补助、无限额配套补助和非配套补助三种形式。配套补助是指低于地方政府在指定项目上的支出，联邦政府按照一定比例给予配套拨款的一种转移支付形式。非配套拨款是对地方指定项目的拨款，而不管地方政府是否在该项目上进行了财政投入。接受专项资助的州或地方政府应按照制定用途和方式使用该笔资金，还必须向联邦主管部门提交关于各项资质计划执行情况的书面报告。（2）总额资助。总额资助属于一般性转移支付，实质上是在各州和地方政府之间按照一定的方式划分部分联邦收入，其主要目的是对州和地方政府提供财力援助。这种转移支付方式可以帮助州和地方政府提高社会服务标准而不必过多地增加其税收负担，可减少由于地区税收能力不同引起的公共服务水平的差异，而且可以增强州和地方政府自行确定本地区公共支出和项目开发的能力，因此是平衡各级政府税收能力和支出需要的重要手段。总额资助计算，主要按各地的总人口、人均收入、城镇人口、税收能力、个人所得税收入情况来决定总的资助金额。每个州都有权获得按照上述两个公式计算的总额资助拨款。（3）分类资助。分类资助就是上级政府依据法定公式对一些特定的领域进行的资助，下级政府对这类补助的使用拥有相对较大的自主权。分类资助比专项资助的领域要宽，接受分类资助的州和地方政府可以在规定的范围内自行确定支出项目、制订计划和分配资源，但是完成的项目必须达到特定标准，否则不再进行分类资助。由于分类资助的范围广，而且限制条件较少，对于州和地方政府政策的扭曲和影响也较小。

由于美国主要通过鼓励人口的自由流动来解决州间财政均等化问题，所以美国的无条件拨款占拨款总额的比重只有2%左右。美国财政转移支付的特色是专项转移支付和针对个人的转移支付的规模非常大。在美国，非裔美国人及少数族裔等弱势群体问题以及失业、失学、犯罪等个人问题几乎在每个大城市都有，在解决这类问题时，专项拨款更具有针对性，尤其是只有通过针对低收入人口、缺少受教育机会者的专项资助才能实现目标。专项拨款在美国的整个拨款体系中占了87%左右，目前专项拨款共有九种主要的分类拨款项目，其中最主要的项目有社区发展、社会服务、健康、就业与培训以及低收入家庭能源补助等。通过多种形式的专项拨款，基本可以平衡各州之间的公共服务水平。这在表 3 - 1 中可以清楚地看出。

表 3 - 1　　　　　　　美国联邦政府对州和地方政府的转移支付

年度	拨款总额（百万美元）	对个人拨款的比重（%）	拨款的相对比例		
			占州与地方支出比重（%）	占联邦支出比重（%）	占 GDP 比重（%）
1980	91385	35.7	39.9	15.5	3.3
1990	135325	57.1	25.2	10.8	2.4
1995	224991	64.2	31.5	14.8	3.1
2000	284659	64.1	27.2	15.9	2.9
2001	317211	64.3	28.2	17.0	3.2
2002	351550	64.7	29.4	17.5	3.4
2003	387366	63.7	31.4	17.9	3.6
2004	406330	64.5	31.9	17.7	3.5
2005	425793	65.4	31.6	17.2	3.5

资料来源：U. S. Department Of Commerce，2006，Statistical Abatract of the United States，经整理计算而得。

2. 美国义务教育体系

在美国，州教育委员会根据有关法规制定公立中小学教育政策，州教育厅负责给地方拨付州教育经费，执行或解释有关学校的法律，向地方教育行政部门提供咨询等。各州为管理、监督、检查学校教育工作的需要，在州内划分若干学区，学区领导成员组成学区教育委员会，根据州的政策具体负责学区内公立中小学的设立和管理。省（州）政府预算是义务教育经费的主要来源。美国的义务教育经费由联邦政府征收的所得税，州政府征收的消费税和教育税，学区或市政府征收的财产税构成。美国各州中小学教育支出占财政预算的35.5%，有的甚至高达40%。以美国明尼苏达州为例，2005 学年学校教育经费中，州政府投入高达 69.5%，接下来分别是个人财产税

14.6%，地方政府9.1%，联邦政府6.8%。美国通过转移支付帮助有特殊需要的弱势学生群体，如提供伤残儿童上学所需要的费用，包括交通工具、聘请专业培训的特殊教育教师等；为贫困家庭的学生聘请教师，提供课后补习活动；为新移民提供双语教学教师等。针对流动人口中适龄儿童的就学问题，美国联邦教育部还设立了迁移学生教育项目，其内容是派专人辅导因家长工作变化不得不转学的学生学习，调节州际间的学业差距；若州际间的教育经费也存在差距，联邦政府还会拿出专款进行调节。在美国，中小学课本由学校统一购买，借给学生使用，暑期放假前还给学校，学校再借给下一学年的学生用，学生只需要购买上课所需要的文具纸本。家庭经济困难的学生，还可以申请免费早餐和午餐。

3. 美国失业保障体系

失业保险是一种强制性缴费的保险制度，凡属于有工资收入的雇员，都必须无条件地参加这项保险。美国对工薪阶层实行强制保险，称之为失业保险（Unemployment Insurance，UI）。美国有97%的有收入人员加入了失业保险。美国失业保险费主要通过征收两个税种来筹集：一是联邦失业保险税，为工资总额的1%；二是州失业保险税，收取比例由各州根据具体情况确定，平均为工资总额的5%左右。美国将失业保险金称之为失业救济金，各州失业救济的期限和金额各不相同，大多数州在发给失业者津贴之前都规定有一周的等候期，领取津贴的时间一般为半年到一年。失业津贴标准根据失业者失业以前的工资确定，有最高限额和最低限额，多数州的最高限额定为失业者以前平均工资的50%～66.6%。失业期间，政府规定失业人员必须积极寻找新工作，福利机构每两周会打一次电话询问寻找工作的情况，若失业人员休假或在规定期限内仍无结果，救济金就会停止发放。在美国只要患病在1年以上便可以申请领取伤残福利金。而在美国失业者申请失业救济金原则上不超过39个星期，补助金额一般每周不超过 100 美元。

4. 美国医疗保障体系

美国具有比较完善的基本医疗保障体系，主要依靠雇主或自行购买私人医疗保险来保障大多数人的基本医疗服务。此外，美国联邦政府还针对贫困者和老年人分别设立了医疗保险（Medicare）项目和医疗补贴（Medicaid）项目，以及各种扶持弱势群体的医疗补助计划，以保障他们也能享受到免费的最基本的医疗服务。2005 年美国共有2.47 亿人参加了各种形式的医疗保险，占总人口的比例达到 84.1%。

5. 美国养老保障体系

美国为老人提供最基本的经济保障，美国退休养老计划主要有四种形式，分别是政府退休金，即政府向各级政府退休人员提供的养老金；基本养老金，为各级政府退休人员以外的老年人提供的养老金；福利养老金，大企业的雇主向雇员提供养老金；储蓄养老金，中小企业雇主向雇员提供的。美国老人也主要依靠社会福利制度作为基本的养老来源。美国实行强制性社会养老保险，只要交纳社会保险税，年满 65 岁的公民都可以享受养老退休金，此外，美国联邦政府还通过各种现金、补助金、养老院和住房补助以及食物券等多种方式向老年人提供帮助。

6. 美国的城乡统筹发展

（1）加大对农业的财政投入，高度重视农业基础设施建设。20世纪 30 年代到 60 年代，政府农业投资累计达 88 亿美元，使 680 万农户受益（当时美国全国农户数不足 1000 万户）。[①] 在农业基础设施投入上，美国的大型灌溉设施都是由联邦政府和州政府投资兴建的，

---

① 李燕凌、曾福生、匡远配：《农村公共品供给管理国际经验借鉴》，载于《世界农业》2007 年第 9 期，第 19～22 页。

中小型灌溉设施由农场主个人或联合投资，政府也给予一定的补助。美国一直采取保护性收购政策和目标价格支持相结合的做法来稳定和提高农民收入。1933年《农业调整法》提出了支持价格政策，1996年依据《联邦农业完善与改革法》对价格与收入支持政策进行调整，政策的重点始终是调控农产品市场价格，稳定和提高农民收入。2000年美国政府支付给农民的直接脱钩收入补贴超过了100亿美元。

（2）实施农村商业医疗保险制度。1935年，美国通过历史上第一部社会保障法典《社会保障法》，随后社会保障制度不断完善。在农村医疗保障制度建设方面，美国是实施商业医疗保险模式的典型代表。大多数美国农民参加了商业保险，政府负责老年人和贫困者的医疗保险。在联邦政府及州政府的财政预算中，明确农村社会保障支出在GDP中所占的比例。

（3）非常重视对农民工及其后代的教育培训。美国通过《人力开发与培训法》《就业机会法》《就业培训合作法》等，要求全社会重视并支持对农民工的职业培训。在农民工后代的教育上美国也非常突出。1966年设定了流动儿童教育计划，以后又逐步发展了一些新的扶助项目。在择校制度上美国制定的创造性政策也有效解决了农民工流动人口子女的教育问题，如教育凭证计划，即政府根据所拨教育经费以一定数额的证券形式发给学生家长，作为专门帮助学生家长为其子女选择学校的费用。这个计划有利于实现贫困家庭的孩子进入私立学校学习，有利于实现贫穷家庭的孩子与富人家庭的孩子教育机会的均等。

（4）无户籍制度和严格的教区制限制居民迁徙。在美国，除南方黑人外，人口流动是自由的，不受法律限制，几乎没有人为的障碍，迁移登记以个人的纳税地点为依据。美国现行法律极力制止身份歧视。不设置人口流动障碍，对美国在较短时间内顺利实现农村劳动力转移起到了重要的作用。

（5）实行有保障的农地制度。美国是资本主义国家中典型的土地私有制国家，土地私有一般采取自有自营的形式。虽然美国联邦、州及县政府保留了适当地对农地的控制、管理和收益权，但这并不妨碍农地经营上的自主化、科学化，因为美国农场主的农地使用权是有保障的。联邦政府要使用州政府或地方政府土地、私有土地时，也要通过交换或购买等途径。同时土地所有者在土地转让、租赁、抵押、继承等各方面也都具备完全不受干扰和侵犯的权利，农民拥有长期而有保障的土地使用权。

3.2.3　德国的主要做法

德国基本公共服务均等化的目标是全民享有相同生活条件的权利。

德国的均等化包括国家层面上的均等化和区域层面上的均等化，对于国家意义上的均等化，人们把其称为"全国一致的生活标准"。"德国财政平衡基本理论的出发点是德国国内各个地区的居民具有享受相同生活条件的权利，这也是德国基本法中的一项重要条款。"为了保障每一个人的基本生存权利，国家对于无力自助和无法获得资助者提供社会救济。社会救济金的来源主要是州和市镇的公共支出。社会救济金按申请者的家庭人口发放。各州的人均救济金标准不同，一般为每人每月 300 欧元左右。

在德国，财政均等化大致经历了三个阶段：第一阶段，有 16 个州均等分配 75% 的增值税收入（约占财政收入的 47.8%），剩余的 25% 作为对弱势州的财政补贴；第二阶段，正式建立财政均等化项目：富裕的州通过累进税向均等化项目提供资金（45% ~ 72.5%），弱势州从均等化项目获得补贴；第三阶段，建立联邦补助金。

德国各州财政之间的财力平衡分为以下三个步骤：一是增值税收入的预先平衡。在德国，增值税是联邦和州的共享税。增值税中应当属于州级财政的部分，在各个州之间进行两次分配：首先，这些增值税收入的 3/4 按各州的居民人口进行分配。因为增值税最终由消费者负担，根据最终消费地原则，这部分增值税应该按人口分配。其次，这些增值税收入其余的 1/4 用于各州的财政平衡。人均税收低于全国平均水平的 92% 以下的州可以从这里取得一部分，取得的量一般是这些州人均税收与 92% 的全国平均人均税收的差额。因此，这一次平衡也可以视为 92% 人均税收水平的平衡。二是财力水平平衡。州财力通过财力基数和平衡基数两个指标来计算。财力基数表示各州包括增值税预先平衡的人均财政收入；平衡基数指一个州要达到联邦平均水平的人均财政支出水平所需要的财力。在这一步的计算中要考虑人口密度对公共服务提供的影响，从而根据人口数和几个州的不同情况提出修正数。如果一个州的财力基数大于财政支出的平衡基数，就必须向财政平衡的"大锅"里缴款；相反，如果一个州的平衡基数大于财力基数，就可以从财政平衡的"大锅"里得到补助。通过这一步的平衡，可以使州级财政支出需要的 95% 得以满足。三是联邦补充补助。它是联邦政府对贫困州的补助拨款。实施联邦补充补助，各州财力支出需要的 99.5% 得到了保证。虽然联邦对州的补助也可视为财政纵向分配，但其目的在于平衡各州之间的财力。通过以上三个步骤的平衡，德国州级人均财力之间的差距大大缩小。

目前，德国在实施基本公共服务均等化方面的举措主要有以下几点。

1. 明确公共服务提供过程中中央与地方政府的分工

德国各级政府在公共服务方面的分工比较明确，各自负责全国性或地方性公共产品的提供，同时也进行合作。如联邦政府负责修建联邦道路，州级政府负责州级道路的修建和联邦道路的维护等。与地方政府更加注重执行相比较，联邦政府只有在基本法明确规定或者在地区间外部性严重时才承担公共服务的供给责任，其主要精力放在公共服务的立法上，通过立法来管理和调节各州和地方政府的公共服务供给责任，并通过转移支付来加以保障，从而在全国范围内保证了公共服务的均等化。与中央、州政府相比，德国地方政府在公共服务供给中扮演了主导角色。

2. 通过立法促进区域经济发展的配合

德国为实现"社会公正"的理念，通过立法形式使之成为联邦及各州必须贯彻执行的依据和基础。德国《基本法》规定：国家必须保持联邦地区内的人民生活条件的一致性的目标要求。在此基础上又制定了以下一些法律：（1）1967 年制定的《稳定法》规定，国家必须促进经济的发展和稳定，联邦政府和各州政府有义务在实施财政援助时保持总体经济的均衡发展。（2）《空间秩序法》重申，联邦德国的经济发展必须能够保证各地区人民享有共同生活条件或为此创造前提。（3）1969 年的《改善区域经济结构共同任务法》（简称《共同任务法》）中，将区域经济的平衡发展定为联邦政府和州政府的共同任务，将联邦政府和州政府各自的职责范围、应有的促进措施以及有关促进的地区、原则方式等都有所具体化。1990 年两德统一后出台《托管法》，并在 1995 年颁布实施新的《结构调整法》。（4）1988 年制定的《结构援助法》要求，如果有关项目能够避免经济发展中的总体失衡或能够为各地区的经济实力求得平衡，联邦政府则可以对州或地方的重大项目提供经济支持。

3. 独特的区域财政平衡制度

德国的区域财政平衡制度是以各州间的横向支援平衡为主、联邦政府的纵向拨款为辅的。各州间的横向平衡分为三步：第一步为增值税收入的平衡补差，即增值税中属于州级享用的部分在原则上按人口基数分配的同时，富裕州要先拿出 25%（2005 年前）的余额给财力薄弱的州作为补差，以使之达到州平均水平的 92%。第二步是财税能力方面的平衡。首先按规定测算出各州的财政"能力值"，接着以各州人均税率乘以人口数而得出所谓"财税平衡值"。第三步则为纵向的联邦补充拨款。应该指出，财政平衡主要用于州际公共财政支出能力的平衡，即解决州预算的顺利实施。

4. 有效的区域经济政策

根据《共同任务法》，为改善区域经济结构所采取的实际措施有：提高促进地区的经济收入与创造就业岗位，促进就业水平，通过资金的筹措和注入等手段，以改善基础设施、保障或创造就业岗位，刺激经济发展。具体有：（1）为企业的创建、扩建、改建和合理化改造，或为挽救、安置濒临倒闭的企业提供资金补贴，并向东部及中小企业倾斜。（2）为改善被列入促进区域的基础设施项目所获得的补贴大多比较高。（3）为中小企业的咨询与研究开发项目提供资金。

3.2.4　北欧国家政府在实施公共服务方面的基本内容

北欧三国（芬兰、瑞典、丹麦）在实施其公共服务职能方面，已经形成一套比较完备的制度体系，归纳起来主要有以下四大服务内容，或称四大"基本面"。

1. 提供面向劳动力市场的"民生性"服务

重点是促进就业和增加居民收入，并注重缩小收入差距。"就业和收入是民生之本"，北欧国家政府的公共服务，都把促进就业放在政府职能的首位。主要可以归纳为"六个加强"：一是加强财力支持。以瑞典为例，每年各方面用于就业服务的资金量约占 GDP 总量的 2.7%（主要由财政提供），其中仅用于解决失业问题即占 84%。二是加强服务机构。在瑞典不论是中央层还是地方层，都设有专门的"劳动力市场管理委员会"，基层还设有"就业办公室"，全国 95%的就业服务由此机构负责。三是加强政策扶持。例如，芬兰为鼓励中小企业多吸纳失业人员，对其实行减税 4%的优惠政策，对失业人员自己创办"微型企业"也给予减税或补贴。四是加强就业培训，特别是实行政府、工会和雇主"三位一体"的培训体制，并采用政府"购买培训成果"的机制。五是加强公共项目开发，直接创造就业岗位。六是加强预测和信息交流，以提高就业服务的效率和质量。从实际情况看，尽管北欧国家也面临较大的就业压力，但近年来在经济发展的基础上，失业率还是不断下降。在促进就业的同时，北欧国家强调提高居民的收入水平。资料显示，在近十年间，随着经济的不断提升，芬兰、瑞典、丹麦的人均收入明显提高。在收入增长的基础上，北欧国家把缩小收入差距作为公共服务的重要内容。通过税收调节、财政转移支付等诸种强有力的再分配机制，初步形成了"两头小，中间大"的"橄榄形"社会结构：中等收入群体大约占80%，高收入群体和低收入群体大约各占10%。三个国家的基尼系数在0.25～0.3，属于世界上收入差距最小的国家。

2. 提供促进社会事业发展的"公益性"服务

重点是发展医疗卫生事业和教育事业，并建立和完善全方位的社会保障体系。北欧国家政府认为，建设公共服务型政府必须把发展与公共服务直接相关的社会事业作为工作的着力点。

一是注重发展医疗卫生事业。北欧国家极为重视人的生命和健康。他们把这一点提到"保护人权"的高度来把握，为此，把建立医疗卫生体系列为公共服务体系的重要内容。这些国家均实行普遍的"全民保健"制度，无论城市乡村，不分国企私企，也不分种族和宗教，均实行免费医疗或基本免费医疗。近年来虽然对免费医疗制度进行了一些改革，也开始让个人适当承担一部分就医费用，同时降低病假补贴额度，但从总体上说社会成员医疗费用大部分还是由公费医疗制度来解决的。除对公众个人实行公费医疗外，北欧国家还特别注重社会公共卫生体系，包括农村公共卫生体系的建设，这对防止并应对卫生领域的突发事件发挥了保障作用。

　　二是大力发展国民教育事业。瑞典、芬兰、丹麦在发展教育方面可以说实行的是"举国体制",从小学到中学再到大学,全部实行免费教育。不但如此,国家还给在校大学生一定量的生活津贴。为了促进教育事业发展,无论是中央财政,还是地方财政,都用相当大的财力来扶持教育,其他社会力量也捐助教育。我们在芬兰看到这样一个有趣的现象,由政府依法举办的赌场"卡西诺"和其他博彩业单位都归国家教育部管辖,博彩业的营业收入由教育部支配,作为发展教育事业的资金。据了解,目前芬兰接受高等教育的人口已占适龄人口的50%以上。

　　三是建立全方位的社会保障体系。北欧国家建立的社会保障体系,可以说是全方位、广覆盖的,人称"从摇篮到坟墓",包括生育保险、医疗保险、失业保险、退休保险以及残疾人保险等。据介绍,在社会保障体系最完备的瑞典,用于与社会保障有关的费用在国家财政支出总额中的比重达1/3左右。在劳动力成本中,工资收入占66.5%,工资以外的社会保险成本占33.5%,在欧洲名列第一。

3. 提供非竞争性领域的"基础性"服务

　　即在非竞争性基础领域的重要环节和关键部门,提供公共产品和公共服务。北欧国家政府有一个理念:凡是能够市场化的,尽量市场化,让私人去参与;但该由国企提供的,政府则坚决办好国有企业。值得重视的是,在公共领域,他们分拆出两个环节,即"执行运营"环节和"基础建设"环节,对其中的"基础建设"环节,政府予以投资并加强管理。

　　尽管北欧几个国家情况不完全相同,但经梳理可大体看出政府在基础领域实施服务的主要轨迹:一是涉及国家安全(包括国防安全、能源安全、信息安全、粮食储备等)领域和环节;二是具有真正的自然垄断性,即只有一个厂商来经营成本最低、效益最高的领域和环节,如邮政网络服务、电力部门的输电网系统、铁道部门奠定客货运输基础的铁轨及相关设施，以及行政性垄断，如烟酒专卖，博彩业等；三是不以营利为目标而以提供公共服务为目标的某些带福利性公用事业领域，如福利性的公共管理和培训、科研成果产业化等；四是政府认为对国家和公众利益有重大决定作用的领域，如资本投资、特殊融资、公共广播、印刷出版、天然气批发等。以上这些领域和环节均有明确的规定和限制。这些领域的公共产品有的是通过国家直接投资于国有企业提供（他们把此类承担特殊任务的国有企业称之为"半商业化"企业），有的则通过政府采购等方式来提供。虽然其增加值估算不超过 GDP 的 5%，但属于公共产品的命脉之所在。

4. 提供促进市场主体正常运转和创新的"主体性"服务

重点是创造良好的市场环境和推动企业创新。不论是芬兰、瑞典还是丹麦，都强调政府一般不作为社会投资的主体，但要为各类投资主体提供良好的市场环境；政府不干预微观经济活动，但要为企业和其他各类市场主体服务。由此可见政府的公共服务，不应作狭义的理解，应当把为市场主体服务作为公共服务的"题中应有之义"。

3.3　转轨制模式
——以印度基本公共服务均等化为例

印度的有关法律规定，社会保障是全方位的，它确保每个人及其家属有最低收入，使他们不受任何风险的威胁而导致生活困难。

医疗保障制度作为印度社会保障的一个重要组成部分，虽然与发达国家相比还有较大差距，但在发展中国家中比较突出，它保证了绝大多数人享受近乎免费的公共医疗卫生保障。早在 1949 年，印度就在第一部宪法中明确规定："所有国民都享受免费医疗。"只要不是大病，无论谁都可以接受免费医疗；如果病情比较严重，患者自己也需要负担一部分费用。

印度实行全覆盖、低水平的免费医疗和有限的医疗保险制度。免费医疗服务主要是由政府医疗机构提供，印度政府出资建立。免费医疗服务主要是一些基础的公共卫生服务、卫生防疫等，目标是满足大多数人的基本医疗需求，占人口比例29%的贫困人口是受益者。印度家庭收入在中上等水平的人口比例约为10%，总数约1亿人，他们是医疗保险的主要参加者，但也有少部分贫困人口参加了专门针对穷人的社会保险。在印度的医疗保险市场构成中，社会强制性保险约占3%，雇主保险占2.8%~4.7%，自愿（商业）保险占1%，非政府组织或团体保险基金占2.8%~4.7%，其余90%的人没有医疗保险，但是他们都可以享受免费医疗。如果不愿意去政府医院享受免费医疗，可以去其他私人医疗机构，但费用需要自己负担。

印度的政府医疗体系分为国家级医院、邦（省）级医院、地区级医院、县级医院和乡级医院，共五个层次。各级政府医院数量远远没有私立医院多，但是所有的政府医院对人们都是免费的，包括挂号费、检查费、住院费、治疗费、住院病人的伙食费等。提供免费医疗服务的主要是社区卫生服务中心、初级卫生中心和保健站以及大城市的政府医院等。1999年的统计数据显示，印度有2935个社区卫生服务中心，22975个初级卫生中心，2.8万个防疫站，3500个城市家庭福利机构，1.2万所二级、三级医院和137271个保健站。光顾印度政府医院的基本都是低收入人群，他们对医疗条件要求不高，只要少花钱能治病就行，而政府医院恰恰起到了社会公平和救助贫弱的"稳定剂"作用。印度农村的三级医疗网络体系包括保健站、初级保健中心和社区保健中心三个部分，他们都免费为公众提供医疗服务。保健站是实施基本医疗保健的基层机构，其运行费用由印度的家庭福利部全力支持。初级保健中心的建立和维持由邦（省）政府来负责，2万~3万名农村居民配备一个初级保健中心。它的职责主要是提供治疗性、预防性、促进性和家庭福利性服务，同时负责对 6 个保健站的监管工作。社区保健中心也是由邦（省）政府来建立和维持，每 10 万名农村居民配备 1 个社区保健中心，中心配备较完善的医疗设备和充足的医务人员，它是 4 个初级保健中心的上级转诊医院，社区保健中心会将无法处理的病人再送往地区医院。

印度政府对公众的医疗卫生投资分为中央、邦和地方政府三级。其中邦一级是主要的，约占 90%；全国性的计划生育，控制麻风、疟疾、结核等疾病，免疫接种，营养改善，以及一些教育和研究机构由中央政府投资。在邦一级用于预防和控制疾病的费用内，中央投资从 1984~1985 年的 41.15% 降到 1992~1993 年的 19.15%。中央政府投资减少对贫困邦的影响最大①。2002 年印度国家卫生政策制定了加大政府对公共卫生投入的方针，尽量减少对于社会弱势群体的不公平，保证公共卫生服务的可及性和公平性。印度政府卫生补贴和社会保障的主要受益人是贫困及弱势群体，这是其医疗卫生体制相对公平的根本原因。印度的公共投入只占卫生总费用的 17.9%，2005 年度政府用于农村地区公共健康事业的资金为 1028 亿卢比（约合 24 亿美元），按照世界卫生组织成员国卫生筹资与分配公平性评估，印度排位远居中国之前，其重要原因就是印度政府将有限的政府投入公平地补给最需要医疗服务的需方。

同时，印度还注重改善农业和农村的基础设施，对农村地区提供资金支持和税收减免优惠。印度政府一直不断加大农村基础设施建设力度，并在 100 个最落后的地区实施基础设施发展特别计划，修筑农村公路和建设农村通信网、电力网，并在条件适合的地区发展计算机互联网设施，以便在增加粮食产量的同时促进农村各业的发展。尤其突出的是，农村基础设施全部由政府出资修建。如农村的电力、道路等基础设施建设全部由邦政府出资，如此一来，农民

---

① 邱永莉编译：《印度卫生系统的私有化行动和政策取向》，载于《国际医药卫生导报》2002 年第 12 期。

的负担大为减轻。①

印度政府还大力推行农村社会保障制度，积极发展农村养老保险和金融服务。印度政府对丧失劳动能力的老年农民发放补贴；无房的贫困农民可以获得政府的建房补助；中央和邦政府对农村贫困子女的教育给予补贴；对贫困人口购买粮食实行低价政策。1988 年，克拉拉邦为低收入的农村工人制定了一项不用交纳保险费的养老计划。同年，国家层面开始实施农村低收入工人无偿人寿保险计划，该计划由政府支付给工人 300 卢比的抚恤基金。政府每年还对每个 65 岁以上的农村老年人发放 5 美元的养老金②。

3.4 基本公共服务均等化的
国际经验借鉴

基本公共服务均等化是当今世界大多数国家社会发展的一大趋势。对世界各国在基本公共服务均等化问题上的做法进行借鉴，应当考虑两个基本原则。其一，基本公共服务均等化问题在一个国家的不同发展阶段是显著不同的；其二，在不同的国家存在着经济发展水平、历史文化等多种因素的差别，也导致基本公共服务的均等化理念、提供方式和具体内容等等存在着较大差别。所以不能简单地照搬别国的经验和做法，而是要关注其实施均等化的具体条件与方案之间的内在联系，以掌握条件与措施之间的内在规律性，并以此作为我们借鉴的依据。我们可以从前文讨论的国家公共服务实践中得到如下启示。

---

① 邓常春：《印度政府对农业的支持及其成效》，载于《南亚研究季刊》2005 年第 4 期，第 14～17 页。

② 张文镝：《简论印度农村的社会保障制度》，载于《当代世界与社会主义》2008 年第 6 期，第 184～187 页。

3.4.1　转移支付制度的可借鉴之处

虽然上述国家采取的转移支付模式不同，但这些国家在财政转移支付制度设计上都考虑了本国经济发展的格局和财政管理体制的特点，具有以下几个方面的优点。

1. 政策目标与外部环境相协调

分税制以及各级政府间事权、财权的划分是各国转移支付制度存在的共同前提。从上述国家财政转移支付制度的实践来看，各国选择政策目标时都要考虑本国的实际情况，考虑的因素主要有本国的经济发展水平、财政体制、地区间的发展差距以及以往的实践经验及传统等。

西方国家实行不同的财政体制，比如韩国、日本实行的是集中式财政，而美国、德国实行的却是联邦式财政。尽管如此，都对中央和地方在公共服务事权和财权上做了明确的划分，为公共服务均等化提供了有力的财政支持。

借鉴国外经验，实现我国的公共服务均等化，也必须促使中央政府和地方政府财权和事权划分清晰，针对全国性的公共服务供给和各自辖区内的公共服务供给在侧重点不同的情况下实现联动。

2. 政策工具与具体政策目标相协调

综观主要国家财政转移支付制度，转移支付的形式主要有有条件拨款、无条件拨款等形式。一般来讲，无条件拨款主要用于弥补财政缺口和缩小地区间财政差距，这在德国很明显，有条件拨款主要投向诸如教育、公路等有外溢性的项目，而且通常都有配套额。目前，分类拨款开始成为一种比较流行的支付手段，在美国，其重要性逐渐提升，日本的国家让与税也是这种性质的拨款。从各国的实践来看，其政策目标都相对单一，因而在政策工具的选择上都具有很强的针对性。

3. 计算公式化与灵活性的统一

转移支付量采用因素法来确定是国外的一种普遍做法，这样能够避免政府间的讨价还价，保证转移支付的公正性和客观性。但是采用因素法并不意味着机械地遵守，很多国家都在公式里加入了修正系数，以此来保证转移支付制度具有一定的灵活性，适应一些特殊年份和一些特殊地区的特殊要求。

4. 资金主要投向公共服务事业和基础设施领域

由于实现公共服务均等化是财政转移支付制度的主要目标，所以转移支付资金尤其是纵向的资金一般都投向公共服务事业和基础设施领域。例如，美国对州和地方转移支付主要集中在卫生保健、收入保障、教育、培训、就业以及交通项目，其中卫生保健项目作为最大的联邦转移支付开支占整个转移支付的比重近年来一直保持在 40% 以上，2005 年高达 47.7%。

3.4.2　建立公共服务的国家最低标准

一是许多国家在建立财政均等化机制的同时，制定公共服务的国家最低标准，基本做法是：国家制定均等化目标和基本标准，地方政府提供公共服务。国家制定标准，有利于商品、服务、劳动力和资本的自由流动，减少各行政区之间无益的支出竞争。二是这种模式的最佳方式是中央政府在制定最低标准的同时，直接拨款，无须地方政府配套，这样可以弱化地方政府限量提供服务的动机，有利于资源有效配置。

3.4.3　民众参与基本公共服务均等化的决策机制

在基本公共服务供给过程中强调以公民为中心和以公民的公共需

求为导向，同时，政府引导公民参与决策的制定，为公民参与政策制定创造有利条件，让公民和政府共享政策制定的权力。事实上，基本公共服务供给制度的目的是为居民服务，所以在为服务对象制定政策时，理应尊重居民的自由选择权。各国实践表明，政府对农民组织的扶持不仅促进了农业生产的发展，更重要的是通过一个合法组织渠道表达农民的心声，维护了农民的相关权益。我国城乡基本公共服务供给制度目前尚未建立公民的意见参与和反馈机制，尤其是农村基本公共服务供给。在中国加速基本公共服务体制改革进程的同时，应将公民参与决策作为一项重要的改革议程，尤其是要完善农村民主制度，确保农民的各种权利，赋予农民必要的话语权。

3.4.4　取消行政区域对居民的户籍限制，公共服务选择自由化

在我国一直有居民受户籍约束而被限制的制度障碍，而且附着在户籍制度上的社会保险、医疗保险、子女入学等待遇完全不同，与西方发达国家的居民自由迁移的政策相比，存在很大差异，而且与市场经济对劳动力要素自由流动的要求也不相适应。只有取消行政区域对居民的户籍限制，才能真正让居民对公共服务的选择自由化。

3.4.5　通过立法保障基本公共服务均等化

在公共服务均等化的法律法规方面，西方发达国家建立了比较健全的法律法规系统。我国要在借鉴这些国家的做法，建立起具有中国特色的公共服务供给规范性文件和约束性条例。

3.4.6　公共服务均等化的目标设置及路径选择

历史和经验说明，各国的基本公共服务均等化目标是多种多样

的，每个国家都会根据自己的历史和现实来建立各自的基本公共服务均等化模式。

如加拿大公共服务均等化的目标是实施财政能力均等化来实现均等化目标；澳大利亚是通过财政支付能力和财政需求能力的均等来实施基本公共服务均等化；德国的目标是让全体公民享有相同生活条件的权利。印度尼西亚是以实现全国最低标准为目标的均等化模式。可见各国对公共服务均等化的目标的理解有些差异。

在对公共服务均等化的路径选择上，通过完善财政平衡制度来实现基本公共服务均等化的国家主要有加拿大、澳大利亚、德国、日本等国。澳大利亚财政均衡性转移支付较完善，其转移支付计算公式中考虑的收入因素和支出因素分别多达 30 多项和 60 多项，制度相当复杂，很难为其他国家所效仿；德国是通过纵、横交错的转移支付制度来实现财政平衡的，规范的地方政府间横向转移支付是重要的平衡机制；日本通过地方交付税制度，将中央征税的一部分按照一定标准在各地区之间进行分配的方式来实现财政平衡；加拿大的财政平衡机制主要是纵向转移支付体系，通过自上而下的纵向资金分配方式实现地区间财力缺口的弥补，通过财力均等化进而促进各地基本公共服务提供的均等化。[①] 虽然加拿大主要通过财政能力均等化（实际上，加拿大的财政能力均等化具体来说是人均财政能力均等化）来实现均等化目标，但是联邦对全国范围内的基本公共服务通过专项转移支付的方式，对经济落后地区通过地区常规支持基金来提供基本公共服务。而美国财政转移支付注重专项转移支付和针对个人的转移支付，实行块与点相结合的转移支付政策。

我国基本公共服务均等化目标设置要从我国的经济发展状况、社会状况和文化状况来选择。我国经济发展水平不高，没有充分的财力来满足公民所有的公共服务要求，只能分步骤、分阶段实施；我国的

---

① 张启春：《区域基本公共服务均等化的财政平衡机制——以加拿大的经验为视角》，载于《华中师范大学学报》（人文社会科学版）2011 年第 6 期，第 29～37 页。

社会状况是在让一部分先富起来的战略决策下，在市场经济发展的初期，收入分配差距拉大，再加上我国二元经济结构的特点，造成我国有许多不同的社会阶层，他们经济状况差距大，福利状况也差距很大，要通过基本公共服务均等化的实施让他们在基本公共服务方面享受均等化的制度，就必须在制度层面上打通原有的社会保障制度和福利制度对不同阶层的区别对待，实施统一的制度，便于劳动力在各种身份和不同地域间的流动。归结起来就是我国的基本公共服务均等化目标设置是实现公共服务的人人可及问题，在基本公共服务制度面前，每个人都受到平等对待，每个人都有机会接近基本公共服务。只有这样才能真正通过均等化为人的生存和发展创造条件。

至于实现公共服务均等化的路径，可以根据均等化项目的不同分类实施基本公共服务人人可及这一目标。之所以不将人均财政能力均等化作为实现我国基本公共服务均等化的主要路径，是基于以下方面的考虑：第一，在分税制的框架下，我国各地财力状况千差万别，许多地方积累了大量的地方政府债务，以具有弥补财政缺口为主要目的的财政能力均等化作为实施基本公共服务均等化的工具性手段，那么地方政府就拥有了对转移支付的自由裁量权，在官员政绩考核机制不完善的情况下，会出现拆东墙补西墙的现象，他们不一定会将用于均等化的转移支付资金用于基本公共服务项目，影响基本公共服务均等化目标的实现。这说明，在我国，财政能力均等化不是实现基本公共服务的有效手段，这是分税制主导下我国实现基本公共服务的路径与别的国家不同的地方。实际上别的国家也不都是以财政能力均等化作为实现基本公共服务均等化的必由之路。第二，中国地域广阔、人口众多、社会结构异质化程度高，不同地区对基本公共服务的需求差异大，各地要推行的基本公共服务的具体内容要与当地的具体需求相结合，比如，各地公共卫生要防治的具体的疾病是不同的。第三，"十一五"规划以来，中央已经将推进主体功能区建设问题列入国家的发展战略，在推进基本公共服务均等化的过程中要根据不同的功能区采取不同的转移支付政策，靠人均财政能力均等化显然不适合不同功能区的具体情况。

根据均等化项目的不同分类实施基本公共服务均等化具体路径是：第一，如果均等化项目是全国性、各地无差别的基本公共服务，那么基于市场经济下的劳动力自由迁移的需要，可以参照美国实行的专项转移支付和针对个人的转移支付相结合的政策，在养老保险、医疗保险、义务教育等公共服务项目上由国家统筹，并由国家制定统一的、针对各不同群体之间的制度安排可以相互衔接的制度体系，将国家财政资金通过专项转移支付的路径来拨付，直接通过点对点的转移支付落实居民在社会救助、义务教育等项目上的支出。第二，在推进地域性很强、各地需求具有差异性、跟各地人口密切相关的基本公共服务，如基础设施、饮用水安全等项目时，可以通过专项转移支付加地方配套的路径来实施；只有在专项转移支付无法很好地达到目的时，才通过人均财政能力的均等化来实施，比如各地政府正常运转的经费等项目。因为财政能力均等化以弥补财政缺口和缩小地区间财政差距为目的。第三，根据主体功能区建设战略部署，已将960万平方公里的国土空间划分为优化开发、重点开发、限制开发和禁止开发四类主体功能区。因为限制和禁止开发区的主要职能重点不是发展经济，而是环境生态保护，那么这两类区域的经济发展水平和财政收入较低，因此国家需要制定统一的战略，参照加拿大通过地区常规支持基金的做法来提供基本公共服务。

根据以上目标，我国的基本公共服务均等化中的转移支付就要借鉴美国和加拿大等国的经验，根据不同公共服务的特点分类实行不同的转移支付政策。在提高政府间的财政能力均等化方面，以一般转移支付来解决；在实现个体对基本公共服务的人人可及性方面，实行专项转移支付尤其是针对个人的转移支付。尤其在涉及个人的教育、就业培训、养老保险、医疗救助、社会救助及社会福利方面，尽可能实施针对个人的转移支付。目前我国的国库集中支付制度为针对个人的支付提供了条件。

除此，财政转移支付制度只是实现基本公共服务均等化的一个核心环节，基本公共服务均等化的推行还要考虑中国经济发展状况和政治体制的特点。中国城市化程度不高、城乡体制分割、政府职能还以经济建设为主，非均等化表现在中央与地方的纵向非均等、区域非均等、城乡非均等，以及群体间的非均等。这些特点决定了中国实现基本公共服务均等化不仅是转移支付问题，更需要在财政体制改革、政府职能界定、城乡一体化进程启动、二元体制打破的基础上实现的基本公共服务的人人可及性。因此，在我国现阶段，实现基本公共服务均等化的目标，包含了财政体制的设计、政府职能转型、城乡户籍制度改革等内容。① 由此，我们研究的侧重点不能锁定在基本公共服务均等化的技术设计上，更要从全局出发，打通制度上的"瓶颈"，确保影响基本公共服务均等化实施的各项制度框架先行确立起来。这是目前我国推行基本公共服务均等化的关键点。

---

① 丁元竹：《准确理解和把握基本公共服务均等化》，载于《中国发展观察》2009 年12 月，第 26 页。

第4章 我国基本公共服务均等化的现状分析

对我国公共服务均等化的现状，本书拟从两个维度来考察。一是从区域方面，我国东、中、西部三大区域因经济发展水平不同等原因，造成公共服务提供在这些地区之间不均等。二是从城乡方面，城乡二元模式等造成城乡长期以来发展不均衡，相应也会造成公共服务在城乡之间的不均等。下面我们将分别从区域方面和城乡方面来分析公共服务均等化的现状。

4.1 基本公共服务均等化的区域差异分析

4.1.1 衡量地区间基本公共服务均等化水平指标体系的构建

要缩小我国不同省份之间、东中西部之间，以及城乡之间的公民享有的公共服务的差距，并建立有利于实现公共服务均等化的公共财政体系，使不同地方的居民享有比较均等的教育、医疗、社会保障、就业等公共服务水平，为地区和个人的发展创造一个公平的环境，我们首先要寻找一些指标来衡量各地区之间和城乡之间的现有的公共服

务的差距，并建立衡量地区间和城乡间的基本公共服务水平的指标
体系。

在前文对基本公共服务概念界定的基础上，借鉴学界关于基础教育、医疗、社会保障等基本公共服务的共识，本书拟将基本公共服务的外延界定为义务教育、公共卫生和基本医疗、就业服务以及社会保障四个方面，构建了我国地区间基本公共服务均等化水平评价指标体系，见表4－1。

表4－1　　　　　　基本公共服务均等化水平评价指标体系

一级指标	二级指标
义务教育	普通小学生师比
	教育支出占财政支出的比重
	15 岁及 15 岁以上文盲人口的比重
	普通初中生均预算内教育经费支出
公共卫生和基本医疗	每千人口医疗机构床位数
	每万人拥有的卫生机构数
	每万人口拥有的卫生人员数
	城镇职工基本医疗保险人均支出
	甲乙类法定报告传染病发病率
就业服务	年末每万人拥有职业介绍机构个数
	每十万人城镇登记失业率
	本年职业指导人员数占 15 岁及 15 岁以上人口数比重
	职业指导成功率
社会保障	年末基本养老保险覆盖率
	社会保障和就业支出占财政支出的比重
	年末参加失业保险人数占总人口的比重
	参加新农合人数占总人口比重

4.1.2　运用因子分析法对各地区基本公共服务水平的分析

本书选取了"基本公共服务均等化水平评价指标体系"中的部分指标，通过查找 2010 年的《中国统计年鉴》，得到了 2009 年的我国不同省份之间的 8 个衡量地区间基本公共服务均等化水平指标的原始值，详见表 4 – 2。

表 4 – 2　　　　　各地区基本公共服务 8 个主成分指标值

地区	X_1	X_2	X_3	X_4	X_5	X_6	X_7	X_8
北京	13.14	1.73	6.80	339.89	0.376068	0.049559	0.554149	0.385021
天津	13.37	1.11	4.26	186.96	0.138418	0.056352	0.419091	0.194781
河北	15.21	0.44	2.95	204.71	0.314455	0.016009	0.304	0.068862
山西	15.73	0.42	3.78	281.46	0.082279	0.012225	0.35768	0.085578
内蒙古	13.00	0.64	3.16	358.11	0.575954	0.022867	0.317635	0.094838
辽宁	15.07	0.56	4.09	215.84	0.439222	0.026226	0.559136	0.144774
吉林	11.39	0.55	3.70	258.48	0.481466	0.023431	0.379438	0.088134
黑龙江	12.28	0.49	3.49	243.33	0.302143	0.021164	0.43342	0.123174
上海	15.16	1.85	5.67	221.26	0.255075	0.016063	0.58819	0.272532
江苏	15.55	0.61	3.16	164.65	0.471974	0.036347	0.438426	0.139694
浙江	19.11	0.70	3.35	324.60	0.482819	0.056001	0.509276	0.151441
安徽	19.59	0.32	2.40	195.43	0.313652	0.016583	0.243361	0.061624
福建	15.29	0.46	2.73	320.16	0.292804	0.028142	0.314276	0.095986
江西	20.98	0.33	2.22	239.06	0.4702	0.027449	0.304069	0.062153
山东	16.07	0.49	3.40	115.69	0.222379	0.025498	0.362984	0.094986
河南	21.51	0.30	2.65	330.62	0.167703	0.009002	0.2849	0.072751
湖北	18.13	0.42	2.80	314.03	0.161888	0.025003	0.373223	0.076974

地区	X_1	X_2	X_3	X_4	X_5	X_6	X_7	X_8
湖南	18.74	0.47	2.81	231.94	0.138464	0.018041	0.317654	0.061194
广东	21.22	0.35	2.99	350.01	0.191949	0.083328	0.444552	0.152597
广西	19.78	0.35	2.34	333.75	0.074135	0.014865	0.216082	0.048805
海南	15.93	0.50	2.51	268.81	0.271969	0.013125	0.396421	0.112781
重庆	17.72	0.38	2.65	272.39	0.196222	0.036553	0.334136	0.07552
四川	20.13	0.36	2.88	239.49	0.173366	0.015321	0.371318	0.056629
贵州	22.94	0.28	2.23	338.53	0.100053	0.008523	0.207548	0.038074
云南	19.00	0.43	2.94	188.50	0.371254	0.013194	0.197241	0.04346
西藏	16.33	0.82	2.82	296.28	0.075854	0.014472	0.13376	0.030333
陕西	15.22	0.52	3.26	243.62	0.59438	0.026562	0.27964	0.08774
甘肃	18.05	0.40	2.85	478.33	0.327457	0.018256	0.268355	0.062268
青海	19.90	0.66	3.32	648.47	0.536515	0.108817	0.306204	0.064642
宁夏	20.07	0.55	3.33	317.41	0.476647	0.108923	0.310351	0.071896
新疆	14.70	0.70	4.84	599.49	0.256644	0.019032	0.414914	0.107404

资料来源：国家统计局《中国统计年鉴（2010 年）》①。

其中代表义务教育公共服务水平的指标有：

X_1：普通小学生师比 = 本年普通小学在校学生数/本年普通小学专任教师数

X_2：普通初中生均预算内教育经费支出（万元/生） = 本年普通初中生预算内教育经费总支出/年末普通初中生数

代表公共卫生和基本医疗公共服务水平的指标有：

X_3：每千人口医院和卫生院床位数（张/千人）= 年末医疗机构床位数/年末总人口数

---

① 从 2010 年的中国统计年鉴中，能找到的最新的数据为 2009 年的数据。因为 2011 年的年鉴不齐全，没法拿来分析，本书只好采用 2010 年的年鉴数据。

X_4：甲乙类法定报告传染病发病率（1/10 万）= 甲乙类法定报告传染病发病人数/年末总人口数

代表提供就业服务水平的指标有：

X_5：年末每万人拥有职业介绍机构个数（个/万人）= 年末职业介绍机构个数/年末总人口数

X_6：本年 15 岁及 15 岁以上人口每万人拥有职业指导者（个/人）= 本年职业指导人员数/年末 15 岁及 15 岁以上人口数

代表社会保障公共服务水平的指标有：

X_7：年末城镇基本养老保险覆盖率（%）= 年末参加城镇基本养老保险人数/年末城镇总人口数

X_8：年末参加失业保险人数占总人口的比重（%）= 年末参加失业保险人数/年末总人口数

4.1.3　衡量基本公共服务差距的方法和模型选择[①]

要通过众多指标得出其所反映的公共服务的整体水平，仅仅通过简单的指标间对比是不够的，并且其所反映的内容也不够全面和直观。我们在这里使用在评价地区的综合竞争力、企业经济效益综合水平等方面广为采用的因子分析法，因子分析法的主要思想是降维思想，我们考虑运用 SPSS 统计软件将 2009 年反映基本公共服务水平的 8 个指标降维为少数几个因子，这些因子可以反映上述 8 个指标中所含有的大部分信息，SPSS 统计软件会给出各因子载荷和各因子的贡献率，并且能够对各地区基本公共服务的综合水平打分，从而能够比较各地区基本公共服务的综合水平和分布差异。

具体来说，因子分析模型利用降维的思想，从研究原始变量相关矩阵内部的关系出发，把一些具有错综复杂关系的变量归结为少数几

---

① 参照山东财政学院课题组"基本公共服务均等化研究报告"。

个综合因子的一种多变量统计分析方法。这些少数几个综合因子具有很高的概括性，能代表原来较多的指标，通过提取这些有代表性的因素能比较准确地分析问题，而又不至于使信息丢失，因此该模型在分析研究时具有很高的效率。[①] 被广泛应用在评价企业经济效益综合水平、地区综合竞争力、大学综合实力排名和政府绩效等研究领域。

因子分析的关键步骤之一是确定因子变量，确定因子变量的方法有很多，在众多方法中，使用较广泛的是主成分分析法。假定从相关阵出发求解主成分，设有 p 个变量，我们可以找出 p 个主成分。主成分分析法通过坐标变换手段，将原有的 p 个相关变量 x_i 做线性变换，转换成为另一组不相关的变量 y_i，可以表示为：

$$\begin{cases} y_1 = u_{11}x_1 + u_{21}x_2 + \cdots + u_{p1}x_p \\ y_2 = u_{12}x_1 + u_{22}x_2 + \cdots + u_{p2}x_p \\ \cdots \\ y_p = u_{1p}x_1 + u_{2p}x_2 + \cdots + u_{pp}x_p \end{cases} \quad (4-1)$$

该方程组要求：

$$u_{1k}^2 + u_{2k}^2 + \cdots + u_{pk}^2 = 1 \quad (k = 1, 2, 3, \cdots, p)$$

式（4-1）中，y_1，y_2，$\cdots$，y_p 称为原有变量的第一、第二、$\cdots$、第 p 主成分，y_1 在总方差中占的比例最大，它综合原有变量 x_1，x_2，$\cdots$，x_p 的能力最强，其余主成分在总方差中占的比例依次递减。在主成分分析的实际应用中，为了减少变量个数的目的，一般只选取前几个方差最大的主成分。这样既减少了变量的数目，又能够用较少的主成分反应原有变量的绝大部分信息。

可见，主成分分析中的关键步骤是如何求出上述方程组中的系数 u_{ij}。实际上，每个方程组中的系数变量 u_i 恰好是原有变量相关系数矩阵 R 的特征值对应的特征向量。求解 R 的特征值和特征向量需要

---

① 胡燕京、江涛：《对中国财政收入潜力因素的因子分析及启示》，载于《中国海洋大学学报》2003 年第 4 期。

完成以下几个环节:

首先,将原有变量数据标准化。由于原始指标的量纲不一,数量级不同,故要对原始指标数据进行数据化处理。数据标准化处理的公式是:

$$X_{ij}^* = \frac{x_{ij} - \bar{x}_j}{\sqrt{var(x_j)}} \quad (i=1, 2, \cdots, n; \ j=1, 2, \cdots, p) \quad (4-2)$$

其中,x_{ij} 是第 i 个样本的第 j 个指标的数据;$\bar{x}_j$ 是所有样本的第 j 个指标的平均值;$\sqrt{var(x_j)}$ 是所有样本的第 j 个指标数据的标准差。由此,就可以得到数据针对标准化数据矩阵。

其次,计算标准化数据矩阵的相关系数矩阵 R,并求出相关系数矩阵 R 的特征值 $\lambda_1 \geqslant \lambda_2 \geqslant \lambda_3 \geqslant \cdots \lambda_p \geqslant 0$ 和它对应的特征向量 μ_1,μ_2,$\cdots$,μ_p。

因子分析利用主成分分析得到的 p 个特征值和对应的特征向量,在此基础上,按下列方法计算得到因子载荷矩阵:

$$A = \begin{bmatrix} a_{11} & a_{12} & \cdots & a_{1p} \\ a_{21} & a_{22} & \cdots & a_{2p} \\ \cdots & \cdots & \cdots & \cdots \\ a_{p1} & a_{p2} & \cdots & a_{pp} \end{bmatrix} = \begin{bmatrix} \mu_{11}\sqrt{\lambda_1} & \mu_{12}\sqrt{\lambda_2} & \cdots & \mu_{1p}\sqrt{\lambda_p} \\ \mu_{21}\sqrt{\lambda_1} & \mu_{22}\sqrt{\lambda_2} & \cdots & \mu_{2p}\sqrt{\lambda_p} \\ \cdots & \cdots & & \cdots \\ \mu_{p1}\sqrt{\lambda_1} & \mu_{p2}\sqrt{\lambda_2} & \cdots & \mu_{pp}\sqrt{\lambda_p} \end{bmatrix}$$

$$(4-3)$$

由于因子分析的目的是减少变量个数,因此,在计算因子载荷矩阵时,一般不选取所有特征值,而只选取前 m 个特征值和对应的特征向量,得到下面的有 m 个公共变量的因子载荷矩阵:

$$A = \begin{bmatrix} a_{11} & a_{12} & \cdots & a_{1m} \\ a_{21} & a_{22} & \cdots & a_{2m} \\ \cdots & \cdots & \cdots & \cdots \\ a_{p1} & a_{p2} & \cdots & a_{pm} \end{bmatrix} = \begin{bmatrix} \mu_{11}\sqrt{\lambda_1} & \mu_{12}\sqrt{\lambda_2} & \cdots & \mu_{1m}\sqrt{\lambda_m} \\ \mu_{21}\sqrt{\lambda_1} & \mu_{22}\sqrt{\lambda_2} & \cdots & \mu_{2m}\sqrt{\lambda_m} \\ \cdots & \cdots & & \cdots \\ \mu_{p1}\sqrt{\lambda_1} & \mu_{p2}\sqrt{\lambda_2} & \cdots & \mu_{pm}\sqrt{\lambda_m} \end{bmatrix}$$

$$(4-4)$$

式（4－4）中，m＜p。在这里，对于 m 个数的确定，有的选择 m 等于 λ 而大于 1 的个数，即因子个数的选择以特征值大于 1 为标准。有的以累计贡献率达到一定高度为标准。本书在这里选取因子的标准是根据特征根大于 1，且因子的累计方差贡献率达到一定高度确定，前 m 个公共因子的累计方差贡献率为：

$$C = \frac{\sum\limits_{i=1}^{m} \lambda_i}{\sum\limits_{i=1}^{p} \lambda_i} \tag{4-5}$$

因子变量确定后，我们需要进行因子打分。有了因子得分，后续的分析研究就可以不再针对原有变量，而是简化为对他们各因子得分变量的研究，从而达到降维的目的。因子得分可以通过下列函数计算获得：

$$F_j = \beta_{j1}X_1 + \beta_{j2}X_2 + \beta_{j3}X_3 + \cdots + \beta_{jp}X_p (j = 1, 2, 3, \cdots, m)$$

最后，计算综合评价总得分值。综合得分的加权权数则由每个因子的信息贡献率确定，即每个综合指标的权重由它对综合评价的贡献率确定。其大小取决于指标之间的差异。总得分值越高，说明该区域公共服务均等化水平越高；得分越低，说明该区域公共服务均等化水平越低。

本书的重点是衡量 2009 年度不同地区的公共服务均等化程度，因此，在得出各地区的公共服务的得分后，最后还要用一定的统计指标来反映均等化程度。通过比较，我们发现标准差和极差比较适合用于本书的研究。

标准差，也称均方差，它是一组数据的离差平方和除以数据个数所得商的算术平方根。标准差能反映一组数据的离散程度，是一组数据平均值分散程度的一种度量。它的计算公式是：

$$\sigma = \sqrt{\frac{\sum\limits_{i=1}^{n} (x_i - \bar{x})^2}{n}} \tag{4-6}$$

其中，σ 代表标准差，x_i 代表样本值，$\bar{x}$ 代表样本均值，n 代表样本个数。标准差主要是用来测定样本数据的离散程度，标准差的值大于或等于 0，标准差的值越大，说明数据的离散程度越大，标准差的值越小，说明数据的离散程度越小。

极差是一组数据中最大值和最小值的差，其计算公式如下：

$$R = Y_{max} - Y_{min}$$

其中，R 表示极差，Y_{max} 表示这组数据中的最大值，Y_{min} 表示这组数据中的最小值。由于极差是根据一组数据的两个极值表示的，所以极差表明了一组数据数值的变动范围。R 越大，表明数值变动的范围越大，即数列中各变量值差异大，反之，R 越小，表明数值变动的范围越小，即数列中各变量值差异小。

4.1.4　不同省份之间基本公共服务的差距的实证分析[①]

1. KMO 检验和巴特利球体检验

因子分析前，首先进行 KMO 检验和巴特利球体检验。将标准化的数据导入 SPSS 统计软件，通过运行 SPSS 统计软件，得到运行结果，如表 4 - 3 所示，KMO 的值为 0.712 > 0.5，巴特利球形检验的概率值为 0.000 < 0.05，具有显著性，说明这些变量用因子分析法比较合适。

表 4 - 3　　　　　　　　　　　**KMO 和巴特利的检验**

取样足够度的 Kaiser - Meyer - Olkin 度量		0.712
Bartlett 的球形度检验	近似卡方	145.054
	df	28
	Sig.	0.000

---

① 张文彤：《SPSS 统计分析高级教程》，高等教育出版社 2004 年版。

2. 计算各变量的特征值、贡献率及累计贡献率

通过运行 SPSS 统计软件，得到运行结果，如表 4 - 4 所示，按照特征根大于 1 的原则，选入 2 个公共因子，累计方差贡献率为 66. 951%，也就是说这 2 个因子涵盖了 8 个变量中信息的 66. 951%。随后的分析将用这 2 个因子代替之前的 8 个指标（见表 4 - 4）。

表 4 - 4　　　　　　　　　　　对整体变量的解释

成分	解释的总方差					
	初始特征值			提取平方和载入		
	合计	方差的%	累积%	合计	方差的%	累积%
1	3. 781	47. 260	47. 260	3. 781	47. 260	47. 260
2	1. 575	19. 690	66. 951	1. 575	19. 690	66. 951
3	0. 996	12. 447	79. 397			
4	0. 749	9. 361	88. 759			
5	0. 394	4. 927	93. 685			
6	0. 335	4. 191	97. 876			
7	0. 093	1. 164	99. 040			
8	0. 077	0. 960	100. 000			

提取方法：主成分分析

3. 因子（主成分）提取结果

再次运行 SPSS 统计软件，得到表 4 - 5，表 4 - 5 中的数值表示变量与某因子之间的联系系数，该系数的绝对值越大表示该因子与变量之间的关系越近。

表 4 – 5　　　　　　　　　因子载荷矩阵

成分矩阵ª

	成分	
	1	2
X1	– 0. 632	0. 338
X2	0. 888	– 0. 056
X3	0. 940	– 0. 010
X4	– 0. 014	0. 713
X5	0. 272	0. 506
X6	0. 237	0. 831
X7	0. 833	– 0. 009
X8	0. 941	– 0. 047

提取方法：主成分

a. 已提取了 2 个成分

从表 4 – 5 可以看出，因子载荷矩阵有两个主成分：

$$Z_1 = -0.632 \times X_1 + 0.888 \times X_2 + 0.94 \times X_3 - 0.014 \times X_4$$
$$+ 0.272 \times X_5 + 0.237 \times X_6 + 0.833 \times X_7 + 0.941 \times X_8$$
$$Z_2 = 0.338 \times X_1 - 0.056 \times X_2 - 0.01 \times X_3 + 0.713 \times X_4$$
$$+ 0.506 \times X_5 + 0.831 \times X_6 - 0.009 \times X_7 - 0.047 \times X_8$$

此时得到的未旋转的公共因子的实际意义不好解释，因此，对公共因子进行方差最大化正交旋转，并使输出的载荷矩阵中各列按载荷系数大小排列，使在同一个公因子上具有较高载荷的变量排在一起。运行 SPSS 统计软件，得到表 4 – 6。

表 4 – 6　　　　　　　　　旋转后的因子载荷矩阵

旋转成分矩阵[a]

	成分	
	1	2
X1	– 0.681	0.225
X2	0.884	0.096
X3	0.928	0.150
X4	– 0.136	0.700
X5	0.182	0.545
X6	0.091	0.859
X7	0.822	0.134
X8	0.935	0.115

提取方法：主成分
旋转法：具有 Kaiser 标准化的正交旋转法

a. 旋转在 3 次迭代后收敛

由表 4 – 6 得到的结果可以看出，原变量 X_1 可由两个因子表示为：
$X_1 = -0.681 \times F_1 + 0.225 \times F_2$

X_2 可由两个因子表示为：$X_2 = 0.884 \times F_1 + 0.096 \times F_2$
其余变量可依次类推。

4. 计算因子得分

以各因子的方差贡献率占四个因子总方差贡献率的比重作为权重进行加权汇总，即：$F = (47.26 \times F_1 + 19.691 \times F_2)/66.951$

由此得到运行结果并计算综合得分，结果如表 4 – 7 所示。

表 4 - 7　　　2009 年各地区各因子得分、综合总分及排名

地区	F1	F2	综合得分	排名
北京	3. 21446	0. 71927	2. 480598	1
上海	2. 65864	- 0. 60275	1. 699431	2
天津	1. 30641	- 0. 4046	0. 803184	3
浙江	0. 39997	1. 1824	0. 630091	4
辽宁	0. 94767	- 0. 14336	0. 626786	5
新疆	0. 54114	0. 78716	0. 613497	6
青海	- 0. 67911	3. 59935	0. 579231	7
江苏	0. 48337	- 0. 11161	0. 30838	8
宁夏	- 0. 49492	2. 19035	0. 294846	9
吉林	0. 50793	- 0. 24625	0. 286118	10
内蒙古	0. 16384	0. 3943	0. 231621	11
黑龙江	0. 58284	- 0. 66034	0. 217208	12
广东	- 0. 26043	1. 31223	0. 202106	13
陕西	- 0. 06131	0. 18359	0. 010718	14
海南	- 0. 01978	- 0. 61251	- 0. 19411	15
福建	- 0. 22495	- 0. 12316	- 0. 19501	16
山东	0. 14526	- 1. 03936	- 0. 20315	17
山西	0. 05415	- 0. 96337	- 0. 24511	18
湖北	- 0. 37537	- 0. 29745	- 0. 35245	19
甘肃	- 0. 72713	0. 52131	- 0. 35995	20
河北	- 0. 195	- 0. 77999	- 0. 36705	21
重庆	- 0. 4745	- 0. 19803	- 0. 39319	22
江西	- 0. 88114	0. 23517	- 0. 55282	23
四川	- 0. 5372	- 0. 64085	- 0. 56768	24
湖南	- 0. 48453	- 0. 78987	- 0. 57433	25
云南	- 0. 73947	- 0. 58713	- 0. 69467	26
西藏	- 0. 62088	- 0. 9435	- 0. 71577	27

地区	F1	F2	综合得分	排名
河南	− 0.9016	− 0.37109	− 0.74557	28
安徽	− 0.84605	− 0.58125	− 0.76817	29
广西	− 1.07411	− 0.57833	− 0.9283	30
贵州	− 1.40821	− 0.4503	− 1.12648	31

5. 结果分析

从表4−7可以看出，各地区的综合得分水平有正有负，正的表明该地区的公共服务水平高于全国的平均水平，负的表明该地区公共服务水平低于全国的平均水平。从表4−7中2009年的综合总分数据中，可以看出综合总分排名前五名的地方为北京、上海、天津、浙江、辽宁，说明这几个地方的公共服务的均等化程度要高于其他地方；综合得分最低的五个省份依次是西藏、河南、安徽、广西、贵州，说明这几个地方的公共服务的均等化程度要低于其他地方。

我们在此将各省份进行划分，东部地区包括北京、天津、辽宁、上海、江苏、浙江、福建、山东、广东和海南；中部地区包括河北、山西、吉林、黑龙江、安徽、江西、河南、湖北和湖南；西部地区包括重庆、四川、贵州、云南、西藏、陕西、甘肃、青海、宁夏、新疆、广西和内蒙古。表4−8是按区域划分，对区域内的地区的得分与排名取平均值。从区域来看，东部地区的基本公共服务水平明显高于中、西部地区，西部地区的水平略高于中部地区，可见近些年我国实行的一系列支持西部经济发展、促进西部基本公共服务均等化的战略已取得一定的成效。

得出各区域的平均得分和平均排名后，我们再看看2009年度的全国公共服务水平得分的标准差和极差。通过计算，我们得到：

表 4 - 8　　我国各区域基本公共服务水平评价综合得分情况

区域	平均得分	平均排名
东部地区	0.615	8.4
中部地区	- 0.345	20.56
西部地区	- 0.255	18.92

2009 年全国公共服务水平得分的标准差 = 0.765

2009 年全国公共服务水平得分的极差 = 全国公共服务水平得分的最大值 - 全国公共服务水平得分的最小值 = 3.607

对 2006、2007 年和 2008 年的数据，我们采用类似的数据收集与处理方法，并采用相同的指标得出，见表 4 - 9。

表 4 - 9　　2007 年和 2008 年的全国各地公共服务均等化水平的排名情况

2007 年各地区公共服务情况			2008 年各地区公共服务情况		
地区	综合得分	排名	地区	综合得分	排名
北京	2.217476	1	北京	2.48595	1
上海	1.767296	2	上海	2.160083	2
新疆	0.747006	3	天津	0.814007	3
天津	0.66694	4	辽宁	0.62403	4
辽宁	0.408934	5	江苏	0.592533	5
青海	0.345032	6	吉林	0.577883	6
浙江	0.333424	7	浙江	0.327197	7
江苏	0.194602	8	内蒙古	0.243659	8
内蒙古	0.175197	9	黑龙江	0.233383	9
宁夏	0.08904	10	陕西	0.220473	10
吉林	0.075678	11	山东	- 0.07268	11
广东	0.059586	12	青海	- 0.07693	12
陕西	0.057674	13	广东	- 0.10581	13

2007 年各地区公共服务情况			2008 年各地区公共服务情况		
地区	综合得分	排名	地区	综合得分	排名
黑龙江	0.013864	14	河北	− 0.13066	14
甘肃	− 0.07088	15	宁夏	− 0.13858	15
福建	− 0.21492	16	新疆	− 0.19533	16
河南	− 0.23662	17	福建	− 0.20026	17
山西	− 0.23766	18	海南	− 0.21802	18
河北	− 0.32577	19	山西	− 0.23705	19
江西	− 0.35916	20	江西	− 0.33672	20
湖北	− 0.36263	21	云南	− 0.42921	21
山东	− 0.39366	22	甘肃	− 0.44234	22
重庆	− 0.39851	23	湖北	− 0.48071	23
云南	− 0.45334	24	安徽	− 0.48271	24
海南	− 0.46054	25	河南	− 0.49512	25
安徽	− 0.51379	26	重庆	− 0.5356	26
四川	− 0.51704	27	湖南	− 0.53711	27
湖南	− 0.56039	28	西藏	− 0.57717	28
广西	− 0.641	29	四川	− 0.64994	29
贵州	− 0.66422	30	广西	− 0.87964	30
西藏	− 0.74163	31	贵州	− 1.05762	31

通过计算，我们得到：

2007 年全国公共服务水平得分的标准差 = 0.659

2007 年全国公共服务水平得分的极差 = 全国公共服务水平得分的最大值 − 全国公共服务水平得分的最小值 = 2.959

2008 年全国公共服务水平得分的标准差 = 0.764

2008 年全国公共服务水平得分的极差 = 全国公共服务水平得分的最大值 − 全国公共服务水平得分的最小值 = 3.544

将以上数值进行汇总，得到表 4 - 10：

表 4 - 10　　　　　　　各年综合得分的标准差和极差

年份	标准差	极差
2007	0.659	2.959
2008	0.764	3.544
2009	0.765	3.607

通过表 4 - 10 可以看出：2007 ~ 2009 年，我国地区间公共服务水平差距逐年增大。这一点可以从公共服务综合得分的标准差及极差反映出来。公共服务综合得分是衡量某地区综合公共服务水平的指标，公共服务综合得分的标准差在 2007 年为 0.659，2008 年变大为 0.764，2009 年进一步变大为 0.765。同样，公共服务综合得分的极差在 2007 年为 2.959，到 2008 年变大为 3.544，2009 年又进一步变大为 3.607。

我国区域基本公共服务均等化水平差异较大，是由多方面的因素造成的，有财政体制方面的原因，有经济发展水平方面的原因等等。在后面一章我们会具体分析造成基本公共服务提供不均等的原因。下一节将讨论基本公共服务的城乡差异。

4.2　基本公共服务均等化的城乡差异分析

发达国家工业化的进程表明，城乡关系大致经历三个阶段：依靠农业积累建立工业化基础的阶段、工农业协调发展的阶段以及工业反哺农业的阶段。我国目前处在工业化中期，为统筹城乡经济社会发展提供了物质保障。中央文件表明统筹城乡发展已经提上日程。2002

年中共十六大首先提出统筹城乡发展。2003 年 10 月中共十六届三中全会明确提出"五个统筹"的科学发展观，即统筹城乡发展、统筹区域发展、统筹经济社会发展、统筹人与自然和谐发展、统筹国内发展和对外开放。2006 年中共十六届六中全会提出"以发展社会事业和解决民生问题为重点，优化公共资源配置，注重向农村、基层、欠发达地区倾斜，逐步形成惠及全民的基本公共服务体系"。2007 年 6 月，国务院批准成都市和重庆市成为全国统筹城乡综合配套改革试验区，标志着我国统筹城乡战略进入实施阶段。2008 年 10 月中共十七届三中全会《中共中央关于推进农村改革发展若干重大问题的决定》提出建立促进城乡经济社会发展一体化制度的，要求从城乡规划、产业布局、基础设施建设、公共服务一体化等方面进行突破，还就土地利用、产业发展、基础设施和公共服务、劳动就业、社会管理方面的统筹内容作出具体部署。

尽管中央高度重视城乡统筹问题，但我国城乡差距太大，是长期二元体制导致的结果，从制度到实践，不是短期就可以改变的。

众所周知，中华人民共和国成立以后我国实行非均衡的重工业优先发展的经济发展模式，造成了城乡分割的二元经济结构。伴随着城乡分割的二元经济结构，我国的公共服务在城乡之间也存在着二元特征，城市的公共服务主要由国家财政来保障，而农村的公共服务主要靠农民自己保障，因此造成了城乡之间公共服务水平的巨大差距。2005 年，我国名义城乡收入差距为 3.22∶1，若把基本公共服务，如义务教育、基本医疗等因素考虑在内，其实际收入差距已达到 (5 ~ 6)∶1①。2007 年我国名义城乡收入差距为 3.33∶1②，若把义务教育、基本医疗和社会保障因素考虑在内，城乡实际收入差距估计已

---

① 夏锋：《基本公共服务均等化与城乡差距》，载于《南京人口管理干部学院学报》2007 年第 7 期。

② 陈健生：《城乡公共服务统筹治理的制度分析——以国家统筹城乡试验区成都市为例》，载于《财经科学》2010 年第 2 期，第 107 ~ 115 页。

达 5 ~ 6 倍，其中，公共服务因素在城乡实际收入差距中所占的比重大约在 30% ~ 40%。我国目前的城乡差距可谓中华人民共和国成立以来差距最大的一个时期。

4.2.1　城乡之间义务教育存在的差距

义务教育是公共服务的重要组成部分，义务教育的好坏关系到国家的经济发展和长治久安，义务教育的重要性是不言而喻的。2006年 6 月 29 日颁布的《中华人民共和国义务教育法》中明确规定：国务院和县级以上地方人民政府应当合理配置教育资源，促进义务教育均衡发展。近年来，我国的义务教育服务发展迅速，但是由于农村的义务教育服务基础比较薄弱，我国城乡之间的义务教育服务差距仍然很大。

1. 城乡办学条件的差距

对城乡义务教育办学条件的差距可以从危房面积占校舍建筑面积的比例，生均体育运动场（馆）面积，生均计算机台数，生均图书藏量，生均教学实验仪器数，在校生师比等指标来考察。通过查阅相关资料，我们获得了 2009 年的相关数据，并将县镇数据归入到城市数据中去①，制作出了表 4 - 11。

从表 4 - 11 可以看出，城乡之间小学校舍质量存在差距，城市危房面积占校舍建筑面积的比例为 3.5%，而农村的这一比例却高达

---

①　城市化的"城市"，包括具有城市功能的小城镇，城镇化的"镇"，应该是作为经济中心的小型城市。目前一些小城镇已经发育成为小城市，不少已经具备小城市的雏形，但仍然有一些小城镇还没有发展到具备小城市的雏形，这种小城镇不算作城市。也就是说，城市是一些点，包括大中小城市和具备城市雏形的镇，而其余的都算农村。鉴于此，中华人民共和国教育部网站数据中原本分别给出的是城市、县镇和农村的数据，为了便于比较城乡差距，我们在此将县镇的数据并入到城市数据中去，也就是说，城市数据是包含县镇数据的。

4.1%，说明农村小学校舍存在的安全隐患要比城市小学校舍的大。城市生均体育运动场（馆）面积要比农村的低，这很可能是因为农村的土地比较广阔，城市比较拥挤。就生均计算机数量来说，城市小学生均计算机数明显高于农村小学生均计算机数。生均图书藏书量，城市的为15.60册，农村的为13.80册，城市仍然高于农村。

表4-11　　　　　　　　　　2009年城乡小学办学条件比较

地区	危房面积占校舍建筑面积的比例（%）	生均体育运动场（馆）面积（单位：平方米/人）	生均教学用计算机数（单位：台/人）	生均图书藏量（单位：册/人）
城市	3.5	4.35	0.053	15.60
农村	4.1	9.02	0.027	13.80

资料来源：中华人民共和国教育部网，http：//www.moe.edu.cn/publicfiles/business/htmlfiles/moe/s4962/201012/113211.html（根据相关数据计算得出）。

2006年全国城市初中校均拥有计算机102台，而农村初中校均只有38台；西部农村小学的建网学校比例为3.1%，农村初中建网学校比例仅为18.4%。据对中西部9个省（自治区）的学校数据统计，2006年3万多所农村小学的班师比平均仅为1:1.3，远低于全国小学1:1.9的平均配置水平。如果不将县镇情况并入城市数据计算，2006年，全国城市小学校均拥有计算机71台，而农村小学平均只有6台①；2008年，全国城市小学校均拥有计算机83台，而农村小学平均只有7台。② 由此可见，我国城乡之间义务教育服务存在明显差距。

2. 城乡师资条件的差距

城乡义务教育水平的差距还表现在城乡师资条件的差距上，包括

---

① 国家教育督导团：《国家教育督导报告2008》（摘要），载于《中国教育报》2008年12月5日第2版。

② 中华人民共和国教育部官网，http：//www.moe.edu.cn/edoas/website18/level2.jsp?tablename=1261364838043583。

生师比，中高级职务教师比例和教师合格率等方面。

　　近年来各地政府为在全国实现九年义务教育目标，根据国家中小学教师编制标准，努力降低学生与教师的配置比例。2007 年，小学生师比由 2002 年的 21∶1 下降到 18.8∶1，初中由 19.3∶1 下降到 16.5∶1。从城乡看，小学教师城乡配置水平接近，初中教师城市配置水平较高。小学生师比城市为 19.4∶1、县镇为 19.6∶1、农村为 19∶1；初中生师比城市为 15.6∶1、县镇为 17.9∶1、农村为 17.1∶1。① 2008 年，小学生师比城市为 19.4∶1、县镇为 19.2∶1、农村为 17.8∶1；初中生师比城市为 15.6∶1、县镇为 16.9∶1、农村为 15.4∶1。将 2008 年与 2007 年相比，得出表 4 – 12，可以看出，县镇和农村的普通小学和普通中学生师比均下降了，并且，在 2008 年，农村的普通小学和普通中学生师比均小于城市的。

表 4 – 12　2007 年与 2008 年中国城乡义务教育服务生师比比较

年份	普通小学			普通初中		
	城市	县镇	农村	城市	县镇	农村
2007	19.4∶1	19.6∶1	19∶1	15.6∶1	17.9∶1	17.1∶1
2008	19.4∶1	19.2∶1	17.8∶1	15.6∶1	16.9∶1	15.4∶1

　　资料来源：根据国家教育督导团：《国家教育督导报告 2008》（摘要），载于《中国教育报》，2008 年 12 月 5 日第 2 版，得到 2007 年数据。根据中华人民共和国教育部官网，http：//www. moe. edu. cn/edoas/website18/level2. jsp? tablename = 1261364838043583，网站数据计算得到 2008 年数据。

　　近年来，虽然我国农村的义务教育服务情况有所好转，但是中高级职称教师比例以及教师合格率在城乡、校际之间仍有较大差距。部分地区因财政困难，以较低报酬聘用代课人员，而不是按照编制正常补充合格的新教师。2007 年，全国小学中高级职务教师比

---

　　①　国家教育督导团：《国家教育督导报告 2008》（摘要），载于《中国教育报》2008 年 12 月 5 日第 2 版。

例为 48.2%，城市高于农村 9.5 个百分点以上。贵州、陕西农村小学中高级职称教师比例均低于 30%，城市高于农村 15 个百分点以上。全国初中中高级职称教师所占比例为 48.7%，城市高于农村19.2 个百分点。贵州、甘肃、陕西三省农村初中中高级职称教师比例均低于 30%，城市高于农村 25 个百分点以上。①

2007 年，全国中小学仍有代课人员 37.9 万人。其中，小学代课人员 27.2 万人，87.8% 以上分布在农村地区。20 世纪 90 年代，教师规模迅速扩大，一些低学历人员进入教师队伍。抽样调查表明，小学和初中教师中，"民转公"的比例为 13.2%，在农村，这一比例达20%。另外教师"拔高使用"状况在初中阶段较为突出。在进入教师队伍时，初中教师学历合格率为 68.4%，其中农村为 58.8%。②

所学专业与所教课程不对口的现象亦较为突出。初始学历合格的初中语文、数学、外语、美术、音乐、艺术和体育教师，约有 1/3 是学非所教，其中城市约为 20%，农村则超过 40%；而初始学历不合格的教师，取得合格学历的专业与所教课程对口率更低。抽样调查表明，初始学历不合格的初中教师，取得合格学历的专业与所教课程对口率为 58.2%，农村低于城市，语文为 58%、外语为 50.7%、数学为 20.2%、体育为 8%、艺术类为 5.6%。③

4.2.2 城乡之间公共卫生和基本医疗服务存在的差距

近些年来，我国在公共卫生和基本医疗服务体系的建设中取得了较大的进步，体现在对新型农村合作医疗制度的推广，对传染病预防控制手段运用的加强等方面，较好地改善了农村居民能享受到的公共卫生和基本医疗服务。但是跟城市居民相比，农村居民所能享受到的同类服务还存在着一定的差距。

---

① ② ③ 国家教育督导团：《国家教育督导报告 2008》（摘要），载于《中国教育报》2008 年 12 月 5 日第 2 版。

1. 城乡之间公共卫生费用投入的差距

首先，从总量指标来考察，农村公共卫生费用占政府卫生总费用支出的比重并不高。从下表可以看出，2000~2007 年，农村公共卫生费用占政府卫生总费用支出的比重均低于 45%，从另一面说，城市公共卫生费用占政府卫生总费用支出的比重均高于 55%，说明城市公共卫生费用投入明显高于农村公共卫生费用投入。而我国的现状是城市人口要少于农村人口，较少的城市人口占用较多的公共卫生费用，较多的农村人口占用较少的公共卫生费用，这说明我国卫生费用投入在城乡之间的分配格局极为不合理。从下表还可以看出，我国农村公共卫生费用占政府卫生总费用支出的比重在 2000 年到 2002 年是逐渐上升的，但从 2003 年开始一直到 2008 年是持续下降的，降幅较为明显，2008 年的比重仅为 22.5%。农村公共卫生费用占政府卫生总费用支出的比重持续下降，进一步拉大了城乡之间的公共卫生费用投入水平，使城乡之间公共卫生和基本医疗服务的不均等进一步加剧。

其次，从人均指标来考察，城市人均卫生费用支出高出农村人均卫生费用支出的几倍。从表 4-13 可知，2000 年城市人均卫生费用为 813.7 元，农村的为 214.7 元，城市为农村的 3.79 倍；2005 年城市人均卫生费用为 1126.4 元，农村的为 315.8 元，城市为农村的 3.57 倍；2008 年城市人均卫生费用为 1862.3 元，农村的为 454.8 元，城市为农村的 4.09 倍。城乡人均卫生费用支出的差距呈现出稍微缩小而后迅速扩大的趋势，并且一直存在较大的差距。2008 年，我国城镇居民家庭人均每年医疗保健支出为 786.2 元，农村居民家庭人均每年医疗保健支出为 246 元，城市是农村的 3.2 倍。[①]

---

① 资料来源：《2009 中国卫生统计年鉴》。

表 4 - 13　　　　　　　　城乡卫生总费用及人均卫生费用

年份	城乡卫生总费用（亿元）			人均卫生费用（元）			农村费用与总费用比值
	合计	城市	农村	合计	城市	农村	
2000	4586.63	2624.24	1962.39	361.9	813.7	214.7	0.4279
2001	5025.93	2792.95	2232.98	393.8	841.2	244.8	0.4443
2002	5790.03	3448.24	2341.79	450.7	987.1	259.3	0.4045
2003	6584.10	4150.32	2433.78	509.5	1108.9	274.7	0.3696
2004	7590.29	4939.21	2651.08	583.0	1261.9	301.6	0.3493
2005	8659.91	6305.57	2354.34	662.3	1126.4	315.8	0.2719
2006	9843.34	7174.73	2668.61	748.0	1248.3	361.9	0.2711
2007	11573.97	8968.70	2605.27	876.0	1516.3	358.1	0.2251
2008	14535.4	11255.02	3280.38	1094.5	1862.3	454.8	0.2252

资料来源：《2010 年中国卫生统计年鉴》。

2. 城乡之间公共卫生医疗条件存在的差距

城乡医疗卫生费用的差异直接导致了城乡之间公共卫生医疗条件存在着巨大的差距。这种差距集中体现在城乡医疗卫生服务的可获得性不均等和医疗卫生资源的分布不均匀两个方面。

第一个方面，城市居民与农村居民在医疗服务的可获得性方面存在着差距。从对城乡住户距最近医疗单位的距离和时间调查来看，2008 年，城市住户距最近医疗单位的距离不足 1 公里的占 83.5%，农村住户的占 58%；城市住户距最近医疗单位花费的行程时间在 10 分钟以内的占 80.2%，农村住户的占 65.6%，这说明城市的医疗单位比农村的医疗单位更加密集。[1] 医疗单位的密集度高，在发生紧急医疗事故的情况下，可以起到一个就近保障的作用，能有效地降低意外事件发生的概率。而且在居民的日常生活中，离医疗单位较近意味着居民对医疗服务的可获得性更强，居民进行身体健康方面的咨询、

---

[1]　资料来源：《2009 中国卫生统计年鉴》。

保健和治疗会更为方便。

第二个方面，再对 2008 年的城乡医疗卫生资源分布进行考察。城市居民享受的医疗卫生资源远远多于农村居民，农村缺医少药的现象仍未得到根本的改变。如表 4 - 14 所示，2008 年城市医院床位数所占比重是农村医院的 4.81 倍。城市每万人口拥有的医院床位数是农村的 5.74 倍，拥有的医疗卫生技术人员是农村的 2.74 倍。更多的医疗卫生资源意味着城市居民享受的医疗卫生公共服务水平比农村居民更高，城乡之间的医疗卫生公共服务存在着不可忽视的差距。

表 4 - 14　　　　　2008 年城乡居民医疗卫生资源分布情况

比较项目	城市	农村	城市/农村
医院床位数占总医疗床位数的比例（％）	82.8	17.2	4.81
每万人口拥有床位数（个）	55.12	9.6	5.74
每万人口拥有卫生技术人员数（个）	34.31	12.53	2.74

资料来源：根据《2009 中国卫生统计年鉴》测算得出。

4.2.3　城乡之间社会保障服务存在的差距

改革开放以来，农村经济得到较大发展，与此相应，农村社会保障事业也得到了较快发展，农村社会保障范围也不断加大，基本形成了全国范围的农村社会保障体制。

但长期以来，由于我国城乡二元体制的存在，再加上其他许多历史和客观因素的制约，导致农村社会保障体制的发展明显滞后于城市。农村和城市二者的经济发展水平本来就不同，城市居民的收入总量和增长速度均要高于农村居民，城市居民相比之下，更有能力和条件缴纳社会保障费用。国家社保基金的财政拨款一般是投向城镇，而且城镇也形成了相对来说较为完善的收费和管理制度。就居民素质而言，城市居民的受教育程度一般较高，利于社会保障制度的推进，而农村居民的思想观念较为落后，尤其是信用观念薄弱，导致社会保障制度在农村推进速度相对较慢。

1. 基本医疗保险的差距

我国的医疗保障制度的基本情况是，在城市主要是由城镇职工基本医疗保险和城镇居民基本医疗保险组成；在农村主要实行的是国家组织并且补贴的自愿保险制度，即新型农村合作医疗。此外，还有其他种类的医疗保障模式作为有效补充。下面分别就城乡基本医疗保险的情况加以介绍。

（1）城镇基本医疗保险。根据1998年12月国务院下发的《关于建立城镇职工基本医疗保险制度的决定》，城镇所有用人单位及其职工都要参加基本医疗保险，包括乡镇企业和城镇个体户，原则上以地级以上行政区为统筹单位，实行属地管理。基本医疗保险费由用人单位和职工双方共同负担，用人单位缴费率应控制在职工工资总额的6%左右，个人缴费率为工资的2%。基本医疗保险基金实行社会统筹和个人账户相结合，个人缴费全部计入个人账户，用人单位缴费一部分计入个人账户，其余计入统筹账户，划入个人账户的比例一般为用人单位缴费的30%左右。统筹基金的起付标准原则上控制在当地职工年平均工资的10%左右，最高支付限额原则上控制在当地职工年平均工资的4倍左右。起付标准以下的医疗费用，从个人账户中支付或由个人支付。起付标准以上、最高支付限额以下的医疗费用，主要从统筹基金中支付，个人也要负担一定比例。在参保范围方面，不属于城镇职工基本医疗保险制度覆盖范围的中小学阶段的学生（包括职业高中、中专、技校学生）、少年儿童和其他非从业城镇居民都可自愿参加城镇居民基本医疗保险；在筹资水平方面，各个地方因经济发展水平不同而制定了不同的筹资模式、缴费水平和待遇水平；在征缴模式上，有的地方是由地税部门征缴，有的地方则是由劳动和社会保障部门征缴；在缴费和补助方面，城镇居民基本医疗保险以家庭缴费为主，政府给予适当补助。对试点城市的参保居民，政府每年按不低于人均 40 元给予补助，其中，中央财政从 2007 年起每年通过专项转移支付，对中西部地区按人均 20 元给予补助。在此基础上，对属于低保对象或重度残疾的学生和儿童参保所需的家庭缴费部分，政府原则上每年再按不低于人均 10 元给予补助，其中，中央财政对中西部地区按人均 5 元给予补助；对其他低保对象、丧失劳动能力的重度残疾人、低收入家庭 60 周岁以上的老年人等困难居民参保所需家庭缴费部分，政府每年再按不低于人均 60 元给予补助，其中，中央财政对中西部地区按人均 30 元给予补助。中央财政对东部地区参照新型农村合作医疗的补助办法给予适当补助①；在费用支付方面，城镇居民基本医疗保险基金重点用于参保居民的住院和门诊大病医疗支出，各个地方由于当地情形不同而制定了不同的起付线、封顶线、报销比例和门诊特大病种。

2007 年国家制定了建立城镇居民医疗保险制度的原则，即要坚持低水平起步，根据经济发展水平和各方面承受能力，合理确定筹资水平和保障标准，重点保障城镇非从业居民的大病医疗需求，逐步提高保障水平；坚持自愿原则，充分尊重群众意愿；明确中央和地方政府的责任，中央确定基本原则和主要政策，地方制定具体办法，对参保居民实行属地管理；坚持统筹协调，做好各类医疗保障制度之间基本政策、标准和管理措施等的衔接。

按照符合条件、地方自愿、平稳起步的原则，国务院在 2007 年确定了 79 个城市为城镇居民基本医疗保险试点城市②，在 2008 年又将河北省保定市等 229 个城市和地区列入了城镇居民基本医疗保险扩大试点范围③。截至 2009 年末全国参加城镇基本医疗保险人数为

①　国务院：《国务院关于开展城镇居民基本医疗保险试点的指导意见》。

②　资料来源：http://w1. mohrss. gov. cn/gb/ywzn/2007 – 09/19/content_197213. htm。

③　资料来源：http://w1. mohrss. gov. cn/gb/ywzn/2008 – 02/28/content_226947. htm。

40147 万人，比上年末增加 8325 万人。其中，参加城镇职工基本医疗保险人数 21937 万人，比上年末增加 1941 万人；参加城镇居民基本医疗保险人数为 18210 万人，比上年末增加 6384 万人。在职工基本医疗保险参保人数中，参保职工 16410 万人。全年城镇基本医疗保险基金总收入 3672 亿元，支出 2797 亿元，分别比上年增长 20.8% 和 34.2%。年末城镇基本医疗统筹基金累计结存 2882 亿元，个人账户积累 1394 亿元。①

（2）农村基本医疗保险。2002 年 10 月，《中共中央、国务院关于进一步加强农村卫生工作的决定》明确指出：要"逐步建立以大病统筹为主的新型农村合作医疗制度""到 2010 年，新型农村合作医疗制度要基本覆盖农村居民""从 2003 年起，中央财政对中西部地区除市区以外的参加新型合作医疗的农民每年按人均 10 元安排合作医疗补助资金，地方财政对参加新型合作医疗的农民补助每年不低于人均 10 元"。从 2005 年开始，新型农村合作医疗制度开始在各地构建，在该制度下，每人每年缴费 10 元，其余部分由中央和地方政府共同负担。近年来，我国农村新型合作医疗制度在全国已经基本建立起来。

我国新农合的发展情况见表 4 - 15，从 2004 年开始到 2008 年，开展新农合县（市、区）的数量每年都在大幅增加，由 2004 年的 333 个增加为 2008 年的 2729 个，2009 年略降为 2716 个。参加新农合的人数、参合率、每年的基金支出以及补偿支出受益人次均呈现出稳步增加的局面。总体来说，我国的新型农村合作医疗发展迅猛，参合人数不断增加，为我国广大农村居民建立起了一道初步的医疗保障水平线。

（3）基本医疗保障的城乡差距。制度性的差别直接导致了新型农村合作医疗制度在保障范围、保障内容和保障水平上与城镇职工基本医疗保险存在明显的差距。据统计，2008 年，城镇职工医疗保险人均

---

① 资料来源：《2009 年度人力资源和社会保障事业发展统计公报》。

基金收入为农村新型合作医疗人均基金收入的 26 倍，人均支出前者为后者的 23 倍。[①] 2006 年，城镇参保人员 70% 的医疗费可通过基本医疗保险报销；而新型农村合作医疗制度只报销了参合农民 30% 的医疗费。[②] 表 4 – 16 对 2009 年城乡基本医疗保险支出情况做了对比。从这些年的数据可以看出：一方面，城市与农村在基本医疗保障水平方面差距巨大；另一方面，新型农村合作医疗制度只能做到以大病统筹为主，而在城市，保障对象的看病费用开支均在保障范围之内。

表 4 – 15　　　　　　　　　　新型农村合作医疗情况

年份	开展新农合县（市、区）（个）	参加新农合人数（亿人）	参合率（%）	当年基金支出（亿元）	补偿支出受益人次（亿人次）
2004	333	0.80	75.20	26.37	0.76
2005	678	1.79	75.66	61.75	1.22
2006	1451	4.10	80.66	155.81	2.72
2007	2451	7.26	86.20	346.63	4.53
2008	2729	8.15	91.53	662.31	5.85
2009	2716	8.33	94.19	922.92	7.59

资料来源：《2010 中国卫生统计年鉴》。

表 4 – 16　　　　　　　　2009 年城乡基本医疗保险情况对比

种类	年末参加人数（亿人）	基金支出（亿元）	人均基金支出（元/人）
城镇职工基本医疗保险	2.1961	2797.0	1273.62
新型农村合作医疗保险	8.33	922.92	110.79

资料来源：《2010 中国统计年鉴》。

[①]　杜乐勋、张文鸣：《我国新型农村合作医疗制度的发展》，选自《中国医疗卫生发展报告 NO.3（医疗卫生绿皮书）》，社科文献出版社 2007 年版。

[②]　贡森：《中国农村地区社会保障发展策略研究》。

从表 4 - 17 可以看出，从 2005 年到 2009 年我国城镇和农村居民的人均医疗保健支出均呈现不断上升的趋势，但农村的人均医疗保健支出远远低于城镇的人均医疗保健支出。2005 年，我国城镇居民人均医疗保健支出为 600.9 元，我国农村居民人均医疗保健支出仅为 168.1 元，农村居民的人均医疗保健支出仅占城镇居民的 27.97%；2009 年，我国城镇居民人均医疗保健支出为 856.4 元，我国农村居民人均医疗保健支出仅为 287.5 元，农村居民的人均医疗保健支出仅占城镇居民的 33.6%。由此可见，人均医疗保健支出方面，农村居民远远低于城镇居民。

表 4 - 17　　　全国历年城乡人均医疗保健支出与生活消费支出的比较

年份	城市			农村		
	人均医疗保健支出（元）	人均每年生活消费支出（元）	人均卫生费用占支出的比重（%）	人均医疗保健支出（元）	人均每年生活消费支出（元）	人均卫生费用占支出的比重（%）
2005	600.9	7942.9	7.57	168.1	2555.4	6.58
2006	620.5	8696.6	7.13	191.5	2829.0	6.77
2007	699.1	9997.5	6.99	210.2	3223.9	6.5
2008	786.2	11242.9	7	246	3660.7	6.72
2009	856.4	12264.6	6.98	287.5	3993.5	7.2

资料来源：《2010 中国卫生统计年鉴》。

2. 基本养老保险的差距

中国当前的养老保障制度呈现出城乡分割的特征，城市和农村实行不同的养老保险制度。在城镇，不同人群享受的养老保险也存在差异，总体来说，中国的养老保险制度在城乡之间和城市内部缺少统一性和公平性。

（1）城镇基本养老保险制度。

①城镇企业基本养老保险制度。中国养老保险制度改革主要是针对城镇企业进行的，改革的主要内容有：一是逐渐扩大养老保险的覆盖面，对城镇全体劳动者实行统一的社会化养老保险制度。二是建立社会统筹和个人账户相结合的制度。三是明确政府、企业和个人三方负担养老保险金，建立了个人缴费机制，扩大了养老保险金的来源。

1993 年中共第十四届三中全会《关于建立社会主义市场经济体制若干问题的决定》确立了中国养老保险改革的方向和目标。在确立了基本的改革方向之后，1994 年我国颁发了《国务院关于调整企业离退休人员离退休金的通知》，1995 年又颁发了《国务院关于深化企业职工养老保险制度改革的通知》。1995 年企业职工养老保险改革之后，各地实行养老保险的做法不一，导致企业负担较重、统筹层次低、管理制度不健全等多种问题存在，在此情况下，1997 年，我国又颁布了《国务院关于建立统一的企业职工基本养老保险制度的决定》，其中明确要求建立统一的企业职工基本养老保险制度，并规定了企业和个人缴纳基本养老保险的具体比例，即以工资的 11% 建立个人账户，其中的 4% ~8% 由个人缴纳，其余部分由企业缴纳。该决定规定基本养老金由个人账户养老金和基础养老金组成，同时要进一步扩大养老保险的覆盖范围，以覆盖城镇所有企业及其职工为目标。1998 年国务院又颁布了《国务院关于实行企业职工基本养老保险省级统筹和行业统筹移交地方管理有关问题的通知》，决定将一些行业的基本养老保险移交地方管理，以确保企业离退休人员基本养老金的按时足额发放。

表 4－18 为历年城镇基本养老保险情况对比，从中可以看出，从 2005 年到 2008 年，参加城镇基本养老保险人数占城镇总人口数比重一直在稳步上升，由最初的 31.1% 上升为 36.1%。城镇基本养老保险基金总支出和总收入均在不断增加。

表 4 - 18　　　　　　　　　历年城镇基本养老保险情况对比

年份	参加城镇基本养老保险人数（万人）	城镇人口总数（万人）	参加城镇基本养老保险人数占城镇总人口数比重（%）	城镇基本养老保险基金总支出（亿元）	城镇基本养老保险基金总收入（亿元）
2005	17487	56212	31.1	4040	5093
2006	18766	57706	32.5	4897	6310
2007	20137	59379	33.9	5965	7834
2008	21891	60667	36.1	7390	9740

资料来源：《历年劳动和社会保障事业发展统计公报》，《历年统计年鉴》。

　　从 2006 年到 2009 年，我国企业退休人员基本养老金待遇提高，且全部按时足额发放。表 4 - 19 是历年纳入社区管理的企业退休人员数对比情况，从表中可以看出，2006 年末纳入社区管理的企业退休人员共 2833 万人，占企业退休人员总数的 68.8%，比上年末提高 0.5 个百分点。2007 年末纳入社区管理的企业退休人员共 3136 万人，占企业退休人员总数的 71.2%，比上年末提高 2.4 个百分点。2008 年末纳入社区管理的企业退休人员共 3461 万人，占企业退休人员总数的 73.2%，比上年末提高 2 个百分点。2009 年末纳入社区管理的企业退休人员共 3879 万人，占企业退休人员总数的 75.2%，比上年末提高 2 个百分点。在这四年里，年末纳入社区管理的企业退休人员数和年末纳入社区管理的企业退休人员占企业退休人员总数的比率一直都在提高。

　　②机关事业单位的养老保险制度。20 世纪 90 年代以前，机关事业单位实行与企业一样的养老保险制度，90 年代之后，国家对城镇职工基本养老保险制度进行了改革，建立了统一的企业基本养老保险制度，但对机关事业单位的养老保险一直没有出台统一的办法。随着养老保险制度改革的深入，我国有一些省份在开展机关事业单位养老保险改革试点工作。

表 4 – 19　　　　　　历年纳入社区管理的企业退休人员数对比

年份	年末纳入社区管理的企业退休人员数（万人）	年末纳入社区管理的企业退休人员占企业退休人员总数的比率（%）	比上年末提高百分点数
2006	2833	68.8	0.5
2007	3136	71.2	2.4
2008	3461	73.2	2
2009	3879	75.2	2

资料来源：《历年劳动和社会保障事业发展统计公报》。

在事业单位的养老保障领域，依据的是我国 1978 年由国务院颁布的《关于安置老弱病残干部的暂行办法》和《国务院关于工人退休、退职的暂行办法》，其中对干部和工人的退休制度进行了区分，并在 1982 年正式建立了干部离休制度，干部离休制度主要适用于中华人民共和国成立以前参加过新政权筹建工作的人员。

1993 年我国颁布了《国家公务员暂行条例》，其中对公务员的退休年龄、工作年限、退休待遇以及退休审批等作了详细规定。规定指出退休有法定退休和自愿退休两个方式，公务员不需要为退休缴纳任何费用，退休后的待遇标准是：以在职时的最后一个月工资为基数，职务工资和级别工资按比例发放，基础工资和工龄工资全额发放。

事业单位人员的退休金，按本人职务工资与津贴之和的一定比例计发，改制为企业的事业单位的养老保险按照规定执行当地企业职工基本养老保险制度。在统一的机关事业单位养老保险制度改革方案出台前，对机关事业单位劳动合同制工人，已经参加企业基本养老保险社会统筹的，退休时原则上按照企业的办法计发基本养老金，所属资金由统筹基金支付。2008 年，劳动保障部、财政部、人事部制订了《事业单位工作人员养老保险制度改革试点方案》，并经国务院决定，开始在山西、上海、浙江、广东、重庆等 5 个省市开展事业单位工作人员养老保险制度改革试点准备工作，与事业单位分类改革试点配套推进，未进行试点的地区仍执行现行事业单位退休制度。试点地区基本养老保险费由单位和个人共同负担，单位缴纳基本养老保险费（以下简称单位缴费）的比例，一般不超过单位工资总额的20%，具体比例由试点省（市）人民政府确定，因退休人员较多、养老保险负担过重，确需超过工资总额20%的，应报劳动保障部、财政部审批。个人缴纳基本养老保险费（以下简称个人缴费）的比例为本人缴费工资的8%，由单位代扣。个人工资超过当地在岗职工平均工资300%以上的部分，不计入个人缴费工资基数；低于当地在岗职工平均工资60%的，按当地在岗职工平均工资的60%计算个人缴费工资基数。按本人缴费工资8%的数额建立基本养老保险个人账户，全部由个人缴费形成。做实个人账户的起步比例为3%，以后每年提高一定比例，逐步达到8%。有条件的试点省（市）可以适当提高起步比例。个人账户储存额只能用于本人养老，不得提前支取。参保人员死亡的，其个人账户中的储存余额可以继承。

（2）农村基本养老保险制度。随着经济的发展和城市化进程的加快，农村居民群体中，逐渐出现了两类与普通农民不同的群体，即农民工和失地农民，他们享受的社会保障服务与普通农民存在着差别，也就是说农村的养老保险制度是多元化的。因此，本书相应地将从农村居民养老保险制度、农民工养老保险制度和失地农民养老保险制度三个方面分别进行阐述，以说明农村养老保险制度的现状。

①农村居民养老保险制度的发展情况。1991年，民政部制定了《农村社会养老保险基本方案》，并在山东等地进行了大规模的试点，根据此方案，农村（居民）养老保险基金的筹集以个人缴费为主、集体补贴为辅；采取个人账户累积制，农民个人缴纳的保险费和集体对其补助全部记入个人账户，基金以县级机构为基本核算平衡单位；投保人达到规定年龄之后，根据其个人账户基金积累总额计发养老金。1995年，国务院办公厅转发民政部《关于进一步做好农村社会养老保险工作意见的通知》，要求有条件的地区积极发展农村的社会

养老保险事业。在此过程中，农村的养老保险存在诸多的问题，其中的主要问题是：性质不清，管理不够规范，人员超编，经费无保障；激励政策不足，工作方法简单，计息和给付承诺标准过高，存在严重的支付风险；基金管理安全性缺乏保障，保值增值措施不到位，增值率低，难以满足支付的要求（邓秉文等，2005）。1999 年，《国务院批准整顿保险业工作小组（保险业整顿与改革方案）的通知》中指出，我国农村尚不具备普遍实行社会保险的条件。之后数年，我国农村养老保险的发展更多地表现为整顿和规范。①

从 2006 年起，一种全新的农村养老保险政策即新型农村社会养老保险制度开始在我国部分省区市实行，新型农村社会养老保险是相对于以前各地开展的农村养老保险（老农保）而言。根据这一政策，凡具有农业户口，男从 16 周岁到 60 周岁，女从 16 周岁到 55 周岁的各类人员，均可参加新型农村养老保险。个人缴费以当地县级行政区上一年农民人均收入为缴费基数，原则上费率为 4% ~ 8%，农民自愿多缴不超过 15%，具体标准由当地政府确定。参保人可以在规定的范围内自行选择缴费金额，乡镇及市区政府会在此基础上对其进行相应的补贴。参保人最低缴费年限为 15 年，其间因特殊情况可以间断，只要累计满 15 年即可。根据缴费标准的不同，参保人在年满 60 周岁后每月可以领取到数额不等的养老金，但均高于当地农民月最低生活保障水平。新农保与老农保的区别是：第一，筹资结构不同。过去的老农保主要是农民自己缴费的自我储蓄模式，而新农保有三个筹资渠道，即个人缴费、集体补助和政府补贴，采取三者相结合的模式。第二，支付结构不同。老农保主要是建立农民个人账户，新农保则借鉴了目前城镇职工统账结合的模式，在支付结构上由两部分构成：一部分是基础养老金，另一部分是农民个人账户的养老金。新农保的基础养老金由国家财政全部保证支付，中央和地方财政各分担一

---

① 高培勇：《财政与民生》，中国财政经济出版社 2008 年版，第 153 页。

部分，直接补贴到农民个人，是中央财政首次对农民的养老承担责任。按此政策，长久下去，我国农民 60 岁以后都将享受到国家普惠式的养老金。"新农保制度，使每个有 60 岁以上老年人的农村家庭一年至少增收 660 元"，广东省人力资源和社会保障厅副厅长林应武如是说。由此可见新农保是继取消农业税、农业直补、新型农村合作医疗等一系列惠农政策之后我国的又一项重大的惠农政策。按照规划，我国将于 2020 年前实现将新农保覆盖所有农民。现阶段，新农保试点工作正在我国各地如火如荼地进行。截止到 2009 年末，全国共有 27 个省、自治区的 320 个县（市、区、旗）和 4 个直辖市部分区县列入首批新型农村社会养老保险试点，占全国 3000 多个县（市、区）的 1/10。[①]

　　我国农村的养老保险事业虽然在稳步前进，但是仍然存在着覆盖率低的缺点。下表是我国历年农村养老保险总体情况，从表 4 - 20 中可以看出，从 2005 年到 2008 年，我国农村养老保险占农村总人口的比重一直处于 7% ~ 8%，与城镇基本养老保险 30% 以上的覆盖率相比，农村养老保险的覆盖率并不高。

表 4 - 20　　　　　　　　　历年农村养老保险情况

年份	参加农村养老保险人数为（万人）	农村总人口数（万人）	参加农村养老保险人数占总人口的比例（%）	领取养老金人数（万人）
2005	5442	74544	7.3	302
2006	5374	73742	7.3	355
2007	5171	72750	7.1	392
2008	5595	72135	7.8	512

资料来源：《历年劳动和社会保障事业发展统计公报》，《历年统计年鉴》。

---

① 资料来源：《2009 年劳动和社会保障事业发展统计公报》。

②农民工的社会保障情况。农民工，又叫进城务工人员，兼具农民与工人的双重身份，其特征是属于农村户口，有农村土地承包经营权，但在城市、乡镇企业工作，放弃种地，而以务工为主要谋生手段。1991 年，国务院颁布了《全民所有制企业招用农民合同制工的规定》，将进城务工的农民称为农民合同制工人，简称"农民工"以区别于城市户口的工人。农民工的产生是城市化的结果，是农业人口向非农产业转移的必然结果。我国农民工涌进城市，始于 20 世纪 80 年代初，并在 90 年代以来得到迅速发展。在我国，城市化与工业化进程不同步，一方面由于农村社会保障体系难以为进入城镇的农民工提供有效的社会保障，另一方面由于城市社会保障体系难以接纳农村户籍的广大农民工，导致广大农民工被社会保障制度排除在外，使他们处于城乡二元社会保障体系的"真空地带"。在农民工群体中，社会保障水平低下，保障范围过窄已经成为常态。

a. 农民工参加工伤保险总体情况。当前情况下，农民工的工伤保险工作比其他方面的保险工作开展的要好，相关的法律、法规也较为到位。与此相关的政策法规有：国务院于 2003 年颁布的《工伤保险条例》，此条例从 2004 年开始实施，国务院于 2010 年对此条例进行了部分修改；2004 年，劳动与社会保障部颁布了《劳动与社会保障部关于农民工参加工伤保险有关问题的通知》；2006 年国务院出台了 5 号文件《国务院关于解决农民工问题的若干意见》，其中明确提出要高度重视农民工的社会保障工作，依法将农民工纳入工伤保险范围，要求各地认真贯彻落实《工伤保险条例》，并要求所有用人单位必须及时为农民工办理参加工伤保险手续，并按时足额缴纳工伤保险费。这些政策法规构成了当前农民工工伤保险政策体系，在一定程度上有效扩大了农民工的工伤保险覆盖范围，保障了农民工的基本权利，但是总体来说，农民工的工伤保险参保率还不是很高。

表 4-21 为 2008 年、2009 年城市农民工参与保险情况对比，四种保险中，参与率最高的是工伤保险，医疗保险次之，养老保险再次之，

参与率最低的是失业保险。四种保险中每年农民工参保人数都在增加，增速最高的是2009年农民工的工伤保险参保率，也仅为38.4%。

表4-21　　　　　2008年、2009年城市农民工参与保险情况

保险类型	参保人数（万人）		参保人数比上年增加数（万人）		参保人数占农民工总数的比率（%）	
	2008年	2009年	2008年	2009年	2008年	2009年
养老保险	2416	2647	570	231	17.2	18.2
医疗保险	4266	4335	1135	69	30.4	29.8
失业保险	1549	1643	399	94	11.03	11.3
工伤保险	4942	5587	962	645	35.2	38.4

资料来源：根据相应年份《劳动和社会保障事业发展统计公报》相关数据计算得到。

b. 农民工参加基本医疗保险总体情况。2006年的《国务院关于解决农民工问题的若干意见》中要求各地抓紧解决农民工大病医疗保障问题。主要采取大病统筹的形式，重点解决农民工进城务工期间的住院医疗保障问题。农民工参加基本医疗保险的情况分为两类：一类是部分有条件的地方，可直接将稳定就业的农民工纳入城镇职工基本医疗保险体系内；另一类是农民工也可自愿参加原籍的新型农村合作医疗。

与工伤保险相比，农民工的医疗保险覆盖率较低。从上文的表格中可以看出，2009年农民工参加医疗保险的人数比2008年增加了69万人，但是参保率从2008年的30.4%降为2009年的29.8%，这是因为农民工的总数量增加了，农民工总数量的增加使得农民工群体的社会保障工作更加严峻。

c. 农民工参加养老保险的总体情况。2006年的《国务院关于解决农民工问题的若干意见》中要求各地探索适合农民工特点的养老保险办法。有条件的地方，可直接将稳定就业的农民工纳入城镇职工

基本养老保险。已经参加城镇职工基本养老保险的农民工，用人单位要继续为其缴费。劳动保障部门要抓紧制定农民工养老保险关系异地转移与接续的办法。虽然我国各地农民工的基本养老保险模式不同，但面临的问题却是大体相同的，总的来说，我国农民工基本养老保险情况大体存在着以下两方面的问题：

第一个方面的问题是农民工参加养老保险的比例很低。根据劳动和社会保障部的统计显示，我国 1.2 亿的农民工群体中，养老保险的总体参保率仅为 15% 左右，部分地区如广东、大连的农民工参保率也只有 20% 左右[①]。据国家统计局的调查，2006 年农村外出劳动力参加养老保险的仅占 3.8%，其中在省内务工的参保率为 5.8%，跨省务工的参保率仅为 2%[②]。2007 年末参加基本养老保险的农民工人数为 1846 万人，2008 年末参加基本养老保险的农民工人数为 2416 万人，2009 年末参加基本养老保险的农民工人数为 2647 万人[③]。国家统计局 2010 年 3 月 19 日公布的监测报告显示，2009 年全国外出农民工总量 14533 万人，比上年增加 492 万人，增长 3.5%[④]。通过计算得出，2008 年参加基本养老保险的农民工数占城镇就业的农民工总数的 17.2%，2009 年的这一比例为 18.2%。由此可见，虽然农民工的参保人数在增加，但是参保人数占农民工总数的比例一直很低，大多数农民工仍然没有参加养老保险。

农民工的低社会保障水平，是很多原因造成的。

首先，农民的文化程度低，社会保障意识不强，他们没有足够的动力和积极性去参加社会保险。其次，农民工的工资收入较低，难以承受城镇养老保险的开支。根据 2006 年城市农民工的抽样调查数据分析，2006 年中国平均的农民工生活质量指数为 0.532，表明农民工

---

① 刘声：《农民工为何频频退保》，载于《中国青年报》2005 年 10 月 22 日。

② 韩俊：《中国农民工战略问题研究》，上海远东出版社 2009 年版，第 35 页。

③ 资料来源：相应年份劳动和社会保障事业发展统计公报。

④ 资料来源：http://finance.stockstar.com/SS2010031930289841.shtml。

生活质量的全国总体水平相当于城镇居民平均水平的 53.2%。① 此外，让用人企业为农民工缴费，会增加企业的成本，企业也没有动力和积极性去为农民工缴纳社会保险的费用。最后，农民工具有高流动性，高流动性的特点使得他们参加社会保险无法及时转移与接续。

第二个方面问题是农民工养老保险的退保率高。由于存在转保难、流动性大、就业稳定性差和社保门槛高等原因，我国农民工退保现象较为严重。以东莞和深圳为例，东莞、深圳是我国农民工参保比例较高的地区，而且深圳是最早将农民工纳入社会保险体系的城市，因此这两个城市的农民工"退保"问题具有一定的代表性。资料显示，仅 2007 年一年，东莞有超过 60 万人次办理了退保手续，一天最多时退保现金流达 30 多万元。② 2008 年 2 月 23 日，中央电视台经济频道《经济半小时》栏目报道：2007 年深圳共有 493.97 万人参加了基本养老保险，退保的人数为 83 万人，而成功转保的人数只有 9672人，深圳每 10000 个参保的人中就有 1680 个人退保，而每 10000 个参保人中成功转保的只有 19 人。深圳退保人数占参保人数的比重为16.8%，而成功转保人数占退保人数的比例仅为 1.16%，占参保人数的比重则更低。

针对农民工参保存在参保率低和退保率高的现象，人力资源和社会保障部会同有关部门拟定了《农民工参加基本养老保险办法》和《城镇企业职工基本养老保险关系转移接续暂行办法》。

《农民工参加基本养老保险办法》中规定，用人单位与农民工签订劳动合同时，应按规定为农民工办理参保手续。用人单位和农民工个人共同缴纳基本养老保险费。缴费基数按基本养老保险有关规定确定。单位缴费比例为 12%；农民工个人缴费比例为 4% ~ 8%，由所在单位从本人工资中代扣代缴，并全部计入其本人基本养老保险个人

---

① 中国社会科学院农村发展研究所，《农村经济绿皮书》。

② 资料来源：http：//www.cei.gov.cn/loadpage.aspx? page = ShowDoc&CategoryAlias = zonghe/ggmflm_zh&BlockAlias = zjzjsd&FileName = /doc/zjzjsd/200811072190.xml。

账户（以下简称个人账户）。原来已参加基本养老保险的农民工和用人单位，可按本办法调整缴费标准。农民工离开就业地时，原则上不"退保"，由当地社会保险经办机构（以下简称社保机构）为其开具参保缴费凭证。农民工跨统筹地区就业并继续参保的，向新就业地社保机构出示参保缴费凭证，由两地社保机构负责为其办理基本养老保险关系转移接续手续，其养老保险权益累计计算；未能继续参保的，由原就业地社保机构保留基本养老保险关系，暂时封存其权益记录和个人账户，封存期间其个人账户继续按国家规定计息。农民工参加基本养老保险缴费年限应累计满 15 年（含 15 年）。

《城镇企业职工基本养老保险关系转移接续暂行办法》于 2010 年 1 月 1 日正式生效。其中规定，参保人员跨省流动就业的，养老保险关系应随同转移到就业所在地，在转移养老保险关系和基金后，其流动前后的缴费年限合并计算，个人账户储存额累计计算，保障了参保者在达到法定退休年龄时能够享受养老退休待遇。

以上两个办法主要适用于在城镇就业并与用人单位建立了劳动关系的农民工。此外，在城镇就业的农民工还有一部分是从事个体经营的，由于他们没有用人单位为其缴费，他们要参保的话，将由个人负担全部缴费，经济上压力较大，因此，这部分农民工以及在乡镇就业的农民工可参加家乡的新型农村社会养老保险。

d. 各地对农民工社会保障模式的探索。近几年各地也积极探索农民工社会保险模式，取得了一定成果，大体可分为上海"综合保险式"、浙江"低门槛式"和广东的"捆绑式"三种。下面分别加以介绍。

一是上海"综合保险式"。上海模式侧重综合保险，建立了适合农民工的单独的社会保障制度，是与城镇基本养老保险相独立的。与上海相似的还有成都和大连等城市，在此着重分析上海的情况。上海市人民政府于 2002 年 7 月颁布实施了《上海市外来从业人员综合保险暂行办法》，并于 2004 年 8 月，对该办法的部分内容进行了修改。

其制度基本框架如下。

综合保险适用于上海市行政区内，包括使用外来从业人员的单位及其使用的外来从业人员，以及无单位的外来从业人员，在此制度建立之前已参加了城镇社会保险的外来从业人员，可以不参加综合保险。参加综合保险的人员可以享受工伤（或意外伤害）、医疗和老年补贴等三项。工伤补贴主要按照本市职工工伤保险的待遇，一次性支付。医疗补贴主要解决住院医疗费用，根据外来从业人员参加综合保险时间的长短，可享受的住院医疗补助费最高可达上年度全市职工年平均工资的4倍。老年补贴情况是，缴纳综合保险费累计满一年的外来从业人员，可以享受一份按上年度全市职工年平均工资60%的额度的老年补贴保险，在男年满60周岁、女年满50周岁时，可凭老年补贴凭证在居住地指定机构一次性兑现老年补贴，未达到兑现年龄死亡的，由其直系亲属凭有效证件兑现。有单位的外来从业人员由用人单位缴纳综合保险费，无单位的外来从业人员由自己缴费，缴费基数为上年度全市职工月平均工资的60%，费率为缴费基数的12.5%，费率负担仅为城镇职工的1/4。截至2007年底，全市综合保险参保人数达到333.6万人，有近4万人享受了工伤保险待遇，400多万人享受了医疗保险待遇（其中，2.6万人享受了住院医疗保险待遇），270多万人领到了累计1年以上的养老补贴凭证。[1]

这种模式的优点是，"门槛"低，比较符合农民工实际情况，容易为农民工和用人单位接受，互济性好。不足之处在于，第一，自成体系，缺乏与城镇职工养老保险和参保者之前参加的养老保险的对接。第二，此模式更强调医疗与工伤保险，养老保险则显得薄弱，养老保障水平低。根据该制度，外来农民工不实行养老保险，不设立个人账户，只作养老补贴。而农民工养老补贴仅为当地职工月平均工资的3%，标准过低。

---

[1]　韩俊：《中国农民工战略问题研究》，上海远东出版社2009年版，第35页。

二是北京"双低门槛式"。这种模式的做法概括说来是"进入门槛低，享受标准低"，即根据农民工的情况适当降低"门槛"，将农民工纳入现行社会保险制度框架内。目前采取这种模式的有南京、深圳、厦门和浙江等地方，各地因地制宜，采取不同形式，但都大同小异。下面以北京为例介绍。

北京市于 2001 年制定了《北京市农民工养老保险暂行办法》，其中规定用人单位每月为农民工上缴上年度本市职工月最低工资标准 19% 数额的养老保险金，农民工的缴费率为北京市本市上年职工月最低工资标准的 7%，以后逐步上升为 8%，社会保险经办机构为农民工按缴费基数的 11% 建立养老保险个人账户。个人账户的存储额只有在农民工达到退休年龄或与用人单位解除劳动合同时才能领取，统筹部分的发放按照累加原则，缴费满一年的发一个月相应缴费年度的本市职工月最低平均工资。以后累计缴费年限每满一年的，以此为基数，增发 0.1 个月相应缴费年度本市职工月最低平均工资。

这种模式的优点是，"门槛"低，即低成本进入，低标准享受，它在城镇职工养老保险制度的基础上，主要通过降低缴费基数和缴费比例等方式，降低农民工的参保成本，能吸引更多的农民工参保。基本沿用了城镇职工养老保险的制度框架，使许多新参保者能够为城镇职工养老保险提供资金支持。

这种模式的不足是，由于进入成本低，相对应的养老保险待遇也降低了。而且各地的标准千差万别，缺乏统一性和可持续性。

三是广东"城保式"。"城保式"农民工社会养老保险模式，是将农民工直接纳入到城镇职工基本社会养老保险制度，与城镇职工执行完全统一的政策。目前来看，广东、郑州采取了这种模式，下面以广东为例介绍。

广东省是我国最早探索农民工社会养老保险的省份，在 1994 年，广东省就开始将农民工纳入了城镇职工社会养老保险体系。广东省于 1998 年 9 月颁布了《广东省社会养老保险条例》，又在 2000 年颁布了《广东省社会养老保险条例实施细则》，这两个文件中规定：将农民工纳入城镇职工社会养老保险条例，进城务工人员在保险模式、缴费、待遇享受等方面与城镇职工执行完全统一的标准。被保险人缴纳的养老保险费全部计入个人账户，单位缴纳的养老保险一部分计入个人账户，一部分计入社会统筹，退休时基础养老金月标准为所在市上年度职工月平均工资的20%。个人账户养老金月标准为个人账户存储额除以120。同时规定，个人账户基金只用于本人养老，一般不得用于提前支取，农民合同制职工在终止或解除劳动合同后，社会保险经办机构可以将养老保险个人账户中的资金一次性发给本人，同时终结养老保险关系。

"城保式"社会养老保险的优点是，实现了农民工与城镇职工养老保险的均等化，有利于农村剩余劳动力向城市转移，加快城镇化的进程。社会统筹部分的基金具有社会养老保险的互济功效，个人账户由个人缴费。缴费多的，将来领取的养老金也多，这使得养老保险具有较高效率。

当然，"城保式"社会养老保险也存在着不足。首先，农民工流动性强，养老保险个人账户接续困难。其次，农民工的收入总体看来是偏低的，因此不能很好地加入社会养老保险。

③失地农民的养老保险情况。随着我国城市化进程的加快，城市化不仅表现为人口由乡村向城市转移。失地农民的产生是城市化的必然结果，农民失去了土地，意味着失去了赖以生存的生产资料，失去了传统的生活保障和养老保障。

目前我国对失地农民的安置办法有以下7种模式：①

a. 农业安置模式。从1956年到20世纪80年代以前，我国对失地农民主要采用农业安置办法，办法中规定："对因土地被征用而需要安置的农民，当地乡、镇或者县级人民委员会应该负责尽量就地在

_____

① 部分参考刘海云、刘吉云：《失地农民安置模式选择研究》，来源于http：//www.studa. net/nongcun/100326/13111025. html。

农业上予以安置；对在农业上确实无法安置的，当地县级以上人民委员会、劳动、民政等部门应该会同用地单位设法就地在其他方面予以安置；对就地在农业上和在其他方面都无法安置的，可以组织移民。组织移民应该由迁出和迁入地区的县级以上人民委员会共同负责"。1982 年就安置办法问题首次出台《条例》，规定"因征地造成的农业剩余劳动力由县、市土地管理机关组织被征地单位、用地单位和有关单位分别负责安置"。农业安置的主要途径有：发展农业生产、发展社队工副业生产、迁队或并队、集体所有制企业吸收、用地单位吸收、农转非后招工安置等。

b. 就业安置模式。1986 年《中华人民共和国土地管理法》第三十一条规定："因国家建设征用土地造成的多余劳动力，要通过发展农副业生产和举办乡（镇）村企业等途径，加以安置；安置不完的，可以安排符合条件的人员到用地单位或者其他集体所有制单位、全民所有制单位就业，并将相应的安置补助费转拨给吸收劳动力的单位。被征地单位的土地被全部征用的，经审查批准，可以转为非农业户口。"还规定"政府征用农村土地后，应组织失地农民就业，并安排一定指标将符合条件的失地农民招收为国有企业或集体企业的固定工，享受国家职工的各种待遇，对于未被招工的失地农民，发给安置补助费；政府对村集体和失地农民再发给土地补偿费以及地上附着物和青苗补偿费；同时，将失地农民的户口'农转非'，使之成为城市居民"。这种对失地农民采用招工安置和货币补偿相结合的安置制度，对失地农民增加了农转工的机会，在当时受到了失地农民的极大欢迎。

c. 货币安置模式。1998 年修订的《中华人民共和国土地管理法》，第四十七条规定："征用土地的，按照被征用土地的原用途给予补偿。征用耕地的补偿费用包括土地补偿费、安置补助费以及地上附着物和青苗的补偿费。征用耕地的土地补偿费，为该耕地被征用前三年平均年产值的六至十倍。征用耕地的安置补助费，按照需要安置的农业人口数计算。需要安置的农业人口数，按照被征用的耕地数量除以征地前被征用单位平均每人占有耕地的数量计算。每一个需要安置的农业人口的安置补助费标准，为该耕地被征用前三年平均年产值的四至六倍。但是，每公顷被征用耕地的安置补助费，最高不得超过被征用前三年平均年产值的十五倍。""如果上述安置标准尚不能使需要安置的农民保持原有生活水平的，可以适当增加安置补助费；但补偿费和安置补助费的总和不得超过土地被征用前三年平均年产值的三十倍。"这里除了规定政府在征地后应支付土地补偿费、安置补助费以及地上附着物和青苗补偿费外，对征地农民的就业、社会保障等问题几乎没有涉及。另第五十条规定："地方各级人民政府应当支持被征地的农村集体经济组织和农民从事开发经营，兴办企业。""支持"的提法使地方政府和征地单位对失地农民安置的责任简化了。

d. 土地换保障型安置模式。土地换保障型安置模式是指在规划范围内的农户，将自己所有的土地使用权一次性流转给政府委托的土地置换机构，土地置换机构将根据土地管理部门规定的失地农民的安置费、土地补偿费、水利设施费、撤组转户费等费用，由政府部门根据已有的数据信息，制定出政府、开发单位和失地农民都可以接受的、合理的社会保障标准，并为符合条件的失地农户现有家庭成员统一办理各项社会保障。土地换保障安置方法包括以下内容：一是把失地农民纳入城镇社会保障体系，力求做到全覆盖和与城市社会保障体系接轨；二是按照"政府补贴一部分、集体出资一部分、个人负担一部分"的原则共同筹措养老基金；三是区别不同年龄段失地农民，区别对待。将失地农民根据年龄不同分为扶养人（年龄16周岁以下）、剩余劳动力（女性16~35周岁，男性16~45周岁）、保养人员（女性35周岁以上和男性45周岁以上）和残疾人四种类型，根据不同类型采用不同的安置方法和标准；四是加强就业培训和再就业服务，提升失地农民的就业技能和再就业能力。出现了上海浦东新区模式、江苏模式、杭州模式。

e. 土地入股型安置模式。土地入股型安置模式是将土地征用补偿费或者土地按使用权折合为股份，通过被征地农村集体经济组织与用地单位协商，农村集体经济组织和农户通过合同约定以优先股的方式获取收益。比如广东南海的土地股份制，主要做法是：一是进行"三区"规划，把土地功能划分为农田保护区、经济发展区和商住区，有利于土地资源得到更有效的利用；二是将集体财产、土地和农民承包权折价入股，将集体资产的净值和土地、鱼塘折价入股，按设定的股权比例在有社区农村户籍的农民中进行分红；三是让农民分享土地增值收益。根据不同成员的情况设置基本股、承包权股和劳动贡献股等多种股份，以计算不同的配股档次，按股权比例分红；四是股权可以流转。允许股权在社区范围内流转、继承、赠送、抵押；五是股权设计既有福利性又有差异性。一方面坚持"人人有份"，体现了股份的福利性和公共性。另一方面充分考虑每个成员对集体的贡献大小，把年龄作为股份分配差异的依据。这种方式既实现了土地由农业用地向非农用地的转变，又保留了农民对土地的财产所有权，使农民能够分享城市化和土地增值所带来的收益。

f. 留地和就业相结合的安置模式。该模式指在征地时成立专门部门集中管理土地，统一进行拆迁补偿；集中安置农民住宅，统一进行综合开发；集中使用土地补偿安置费，统一安排农民生产生活的安置模式。比如，咸嘉就业安置模式可以概括为"留地集中安置，综合开发建设"。具实行"三集中、三统一"。一是集中管理全村土地，统一进行拆迁补偿。统一全村范围的征地、拆迁、补偿工作。所有征地拆迁补偿费统一结算给管委会，并由管委会严格按长沙市政府制定的标准核算补偿给农民，拆迁安置的具体工作则由管委会统一组织进行。二是集中安置农民住宅，统一进行综合开发。采取集中用地的形式，对留给农民的安置用地进行统一规划、统一开发、统一建设、由村集体统建统管。三是集中使用土地补偿安置费，统一安排农民生产生活。对安置资金，管委会将一部分存入银行，一部分则用来进行小区综合开发。所得银行利息和开发所得利润、物业收入都以红利的形式发放给农民。同时，广辟就业渠道，安置村民就业，使失地农民都能找到工作。

　　g. 集中开发式安置模式。该模式是土地征用款由村集体统一使用，通过村集体创办企业，实现资金的增值和资本积累。比如河北省唐山市开平区半壁店和石家庄市槐底村利用土地征用款集中综合开发。石家庄槐底村实行"吃区位饭，借优势兴业，走产业升级，发展三产服务城市之路"的战略，投资了一系列高档三产项目，相继建成了怀特大厦、怀特装饰城、怀特美食街、怀特商厦、怀特大海乐园、怀特板材灯饰市场、石家庄外国语学校等项目，并以此带动了一大批实力雄厚的社会资本投资这一区域，使这里成为石家庄投资最活跃、回报率最高、人气最旺、商业最密集的黄金商业区之一。而三产项目的迅速发展，使得全村 3000 多劳动力几乎全部得到安置。目前村民们享受着每年 1500 元的生活补助，村民人均纯收入超过了 1 万元。老人们都有退休金，全村人都入了大病统筹。①

　　根据劳动和社会保障事业发展统计公报，2008 年末我国有 27 个省份的 1201 个县市开展了被征地农民社会保障工作，1324 万被征地农民被纳入基本生活或养老保障制度，2009 年，参加被征地农民社会保障人数有 2500 多万人，约增加 1200 万人。② 有学者推算我国无地失地农民总数在 1.8 亿以上，由此可见，我国失地农民的社会保障参保率是很低的。失地农民的社会保障情况总体上呈现出覆盖范围小，保障水平低的特点。

---

　　① 部分参考刘海云、刘吉云：《失地农民安置模式选择研究》，来源于 http：//www. studa. net/nongcun/100326/13111025. html。

　　② 资料来源：相应年份劳动和社会保障事业发展统计公报。

第 5 章　我国公共服务非均等的原因分析

造成公共服务非均等的原因是多方面的，本书主要是从制度因素、经济发展水平及自然地理因素等方面来探讨公共服务非均等化的原因。

5.1　现行财政体制对公共服务均等化的影响

5.1.1　分税制改革对公共服务非均等的影响

分税制的财政体制在市场经济国家普遍实行，是处理中央政府与地方政府之间税收关系的制度。中共十四大明确提出我国经济体制改革的目标是建立社会主义市场经济体制，为适应市场经济体制对税收提出的新要求，1994 年我国工商税制进行了全面性、结构性的改革。此次改革的指导思想是：统一税法、公平税负、简化税制、合理分权，理顺分配关系。要从分税制方面分析公共服务非均等的原因，首先要了解 1994 年分税制改革的主要内容。

1. 分税制改革的主要内容

根据 1993 年国务院颁布的《国务院关于实行分税制财政管理体

制的决定》，我国分税制改革的主要内容有：

（1）重新调整税收结构，取消某些不合理的税种。从以下方面进行调整：一是建立以增值税为主体的新流转税制度。在保持总体税负不变的情况下，确立了在生产和流通环节普遍征收增值税，并实现价外计税的办法。二是对部分产品开征消费税。三是改革营业税。新的税收体系对提供劳务、转让无形资产和销售不动产保留征收营业税，重新规定了营业税的征收范围和纳税人，合理调整了营业税的税目。由此形成了以增值税为主体、消费税和营业税为补充，以公平、中性、透明和普遍征税为特征的现代流转税体系。四是统一企业所得税制度。对国有企业、集体企业、私营企业以及股份制和各种形式的联营企业，均实行统一的企业所得税制度。同时取消国有企业调节税，取消在国有企业所得税前归还贷款的规定，取消了国有企业上缴国家能源交通重点建设基金和国家预算调节基金的规定。五是简并个人所得税。新的个人所得税法适用于有纳税义务的中国公民和从中国境内取得收入的外籍人员。六是改革农业税。七是其他税收制度的改革和调整，如开征土地增值税，改革资源税，改革城市维护建设税，征收证券交易税，将特别消费税和烧油特别税并入消费税，盐税并入资源税。①

截至 2002 年底，我国税制体系共有税种 24 个，即：增值税、消费税、营业税、企业所得税、外商投资企业和外国企业所得税、个人所得税、资源税、土地使用税、固定资产投资方向调节税、筵席税、城市维护建设税、土地增值税、车辆购置税、耕地占用税、房产税、城市房地产税、车船使用税、车船使用牌照税、印花税、屠宰税、契税、农业税、牧业税、关税。

（2）重新划分中央税，地方税，中央地方共享税。税收收入是财政收入最主要的组成部分。分税制改革根据中央和地方的事权，将

---

① 资料来源：http://www.mof.gov.cn/zhuantihuigu/czgg0000_1/gglc/200811/t20081107_88575.html。

税种划分为中央税、地方税和中央地方共享税。其中，中央税主要是维护国家权益、实施宏观调控所必需的税种；地方税主要是适合地方征管的税种；中央与地方共享税主要是同经济发展直接相关的税种。具体划分如下。

中央固定收入包括：关税、海关代征消费税和增值税，中央企业所得税，非银行金融企业所得税，铁道、银行总行、保险总公司等部门集中交纳的收入（包括营业税、所得税、利润和城市维护建设税），中央企业上缴利润等。外贸企业出口退税，除现在地方已经负担的 20% 部分外，以后发生的出口退税全部由中央财政负担。

地方固定收入包括：营业税（不含银行总行、铁道、保险总公司的营业税），地方企业所得税，地方企业上缴利润，个人所得税，城镇土地使用税，固定资产投资方向调节税，城市维护建设税（不含银行总行、铁道、保险总公司集中交纳的部分），房产税，车船使用税，印花税，屠宰税、农牧业税、耕地占用税，契税，遗产税和赠予税，房地产增值税，国有土地有偿使用收入等。

中央财政与地方财政共享收入包括：增值税、资源税、证券交易税。增值税中央分享 75%，地方分享 25%。资源税按不同的资源品种划分陆地资源税作为地方收入，海洋石油资源税作为中央收入。证券交易税，中央和地方各分享 50%。

（3）设计了一套税收返还制度。以 1993 年为基期年核定中央财政对地方税收返还数额。核定 1993 年中央从地方净上划的收入数额（即消费税 +75% 的增值税 - 中央下划收入），并以此作为中央对地方税收返还基数。从 1994 年开始，税收返还数额在 1993 年基数上逐年递增，递增率按全国增值税和消费税增长率的 1:0.3 系数确定，即全国增值税和消费税每增长 1%，中央财政对地方的税收返还增长 0.3%。

2. 分税制改革对中央政府和地方政府的影响

（1）分税制造成了"财权上移"效应。在我国，税权的划分是由国务院通过行政法规予以规定的。由中央来决定税权的划分，很多收费的种类由中央统一收取和控制，中央出于自身利益的考虑，会强调集权。分税制改革之初，中央与地方共享税仅有 3 个（增值税、资源税和证券交易税），但到目前为止，共享税税种的数量已经达到 4 个，增加了所得税，且中央政府在共享税收入中所占的比例也在不断提高。由此导致中央政府在全国税费收入中的比重提高，地方政府在税收收入中所占的比重降低。

从表 5 – 1 可以看出，通过分税制改革，中央集中了大量的地方财政收入，约占财政总收入的 20% ~ 30%。实行分税制后，地方财政收入在总财政收入中的比重由 1993 年的 78% 迅速下降到 1994 年的 44.3%，此后的十几年间一直在 45% ~ 52% 这个区间徘徊，这就是分税制所造成的"财权上收"的效应。[①]

表 5 – 1　　　　　　　　历年中央和地方财政收入对比

年份	全国财政收入（亿元）	中央财政收入（亿元）	地方财政收入（亿元）	中央财政收入所占的比重（%）	地方财政收入所占的比重（%）
1993	4348.95	957.51	3391.44	22.0	78.0
1994	5218.10	2906.50	2311.60	55.7	44.3
1995	6242.20	3256.62	2985.58	52.2	47.8
1996	7407.99	3661.07	3746.92	49.4	50.6
1997	8651.14	4226.92	4424.22	48.9	51.1
1998	9875.95	4892.00	4983.95	49.5	50.5
1999	11444.08	5849.21	5594.87	51.1	48.9
2000	13395.23	6989.17	6406.06	52.2	47.8
2001	16386.04	8582.74	7803.30	52.4	47.6
2002	18903.64	10388.64	8515.00	55.0	45.0

① 周飞舟：《分税制十年：制度及其影响》，载于《中国社会科学》2006 年第 6 期。

续表

年份	全国财政收入（亿元）	中央财政收入（亿元）	地方财政收入（亿元）	中央财政收入所占的比重（%）	地方财政收入所占的比重（%）
2003	21715.25	11865.27	9849.98	54.6	45.4
2004	26396.47	14503.10	11893.37	54.9	45.1
2005	31649.29	16548.53	15100.76	52.3	47.7
2006	38760.20	20456.62	18303.58	52.8	47.2
2007	51321.78	27749.16	23572.62	54.1	45.9
2008	61330.35	32680.56	28649.79	53.3	46.7
2009	68518.30	35915.71	32602.59	52.4	47.6
2010	83101.51	42488.47	40613.04	51.1	48.9

资料来源：《中国统计年鉴（2011）》。

（2）税种划分"重中央轻地方"。中央政府管辖的税种大都是收入高的、占主要地位的税种，地方政府管辖的税种主要是一些零散的、难以征收的、不稳定的、收入少的税种。比例，增值税是目前覆盖面较大且收入高的税种，增值税收入中，中央政府占75%，地方政府占25%。归地方管辖的税种，如屠宰税、筵席税等13个小税种，在分税制前只占国家财政收入的12%。[①] 从数量上看，虽然地方政府管辖的税种比中央政府管辖的多，但由于地方存在税收税负偏低、收入弹性差、税种老化、税收泡沫多等弊端，使得中央的税收收入呈现税种少而收入高的特点，地方的税收收入呈现税种多而收入少的特点。表5-2是历年中央和地方税收收入，从表中可以看出，历年中央的税收收入都大于地方的税收收入。

---

① 樊继达：《统筹城乡发展中的基本公共服务均等》，中国财政经济出版社2008年版，第243页。

表 5 - 2 历年中央和地方税收收入

年份	国家税收收入（亿元）	中央税收收入（亿元）	地方税收收入（亿元）	中央税收收入所占比重（%）	地方税收收入所占比重（%）
2002	17636.45	10230.29	7406.16	58.01	41.99
2003	20017.31	11604.04	8413.27	57.97	42.03
2004	24165.68	14166.09	9999.59	58.62	41.38
2005	28778.54	16051.81	12726.73	55.78	44.22
2006	34809.72	19576.14	15233.58	56.24	43.76
2007	45621.97	26369.85	19252.12	57.80	42.20
2008	54223.79	30968.68	23255.11	55.11	44.89
2009	59521.59	33364.15	26157.44	56.05	43.95
2010	73210.79	40509.30	32701.49	55.33	44.67

资料来源：历年《中国统计年鉴》。

（3）省级以下分税制改革不彻底。1994 年的分税制改革主要确定的是中央和省政府之间的分税制财政关系，省以下的分税制没有得到明确的落实。

首先考察一下省以下的税收体制状况。分税制以来，省对市县的税收体制主要有：第一，分税加共享型。在分级分税的同时，设立省与市县共享税种。第二，分税加增量分成型。在分级分税的基础上，对市县上划中央"两税"收入增量返还部分进行适当集中。第三，分税加共享及增量分成型。在分税的前提下，既设立省与市县共享税种，又适当集中"两税"增量返还以增加省级财力。第四，分税加增长分成型。就是分级分税，同时对市县财政收入超基数增长部分，省与市县实行比例分成。

市对县的财政体制主要分为：第一，市帮县型。市对县级予以适当照顾，减免原体制定额上解、降低递增上解率等。第二，市"挖"县型。市对县级财力进行再集中以保障本级财力需求。第三，市县平衡型。地市对县不集中财力，也不给予照顾。

　　其次，县对乡镇的财政体制分为三种：第一，相对规范的分税制。县级财政在界定乡镇财权与事权的基础上，对一些财政收入能够满足自身支出需要的乡镇实行比较规范的分税制。第二，原包干型财政体制。县与乡镇按照税种划分收入，收支均由县财政核定，实行超收分成或留用、短收不补或补助的财政管理体制。第三，统收统支型财政体制。撤销乡镇国库，县财政统一管理乡镇财政收支，乡镇运转经费以及专项经费等，由县财政按统一标准安排。

　　分税制改革的不彻底及省以下财政体制改革不到位造成县乡财政困难，农村税费改革更使县乡财政雪上加霜。取消屠宰税、乡统筹费、农业特产税，直至取消农业税，造成以农业税为主要来源的县乡财政收入大幅度减少，特别是粮食主产区财政收入极为匮乏。除掉中央划走的税收部分，地方政府所剩余的资金减去各项行政事业单位的刚性支出后，剩下的财力常常无法维持正常运转，许多地方不得不举债度日。当勉强维持政府运转的基层财力用来偿还债务时，必然挤占用来保工资、保运转、保稳定的资金，甚至诱发专项资金的违规挪用。

　　（4）预算外收入没有算到财政收入里面。我们通常所说的财政收入仅限于预算内收入，事实上，我国每年存在大量的预算外收入（包括罚款、收费、彩票、矿山拍卖、土地出让、国企收入、社保收入等），这部分收入游离于分享范围之外，因为没有纳入预算，缺乏有效的监督，这部分预算外资金的收支并不规范，从而影响了正常的分配秩序。预算外的收入有多少，目前还没有统一的计算方法。据中共中央党校周天勇教授测算，2007 年的预算外收入共有：社保收入8000 亿元，土地收入 1.2 万亿元，罚款收入 1.67 万亿元，国企利润1.62 万亿元，仅此几项合计达到 5.29 万亿元。另据中国社科院财贸所估算，2009 年我国有 6600 亿元的预算外收入。

3. 分税制改革对公共服务均等化的影响

　　财权是指在合法的范围内，各级政府筹集和支配其财政收入的权力，其中主要包括税收权、收费权和发债权。事权是指各级政府的支出管理责任，在公共服务的视野下，是指各级政府提供公共服务的能力和责任。

（1）事权划分的不合理导致基本公共服务供给总量不足。

①政府与市场之间角色不清。我国政府的行为存在"越位"与"缺位"的现象，即政府与市场的事权划分不清。具体说来，"越位"是指本应由私人或企业承担的竞争性项目，政府却介入承担，没有完全下放和落实企业自主权，甚至有些部门还对企业行为进行直接干预。而一些具备进入市场条件的经营性事业单位，如由行政事业单位开办的杂志社、出版社等，仍占用财政拨款获取经费，它们不但享受到财政拨款的好处，而且可以得到市场带来的利益。另外，"缺位"是指一些本该由政府来管的事情，政府却没有好好管，比如政府对社会保障，义务教育，医疗卫生等方面的支持远远不足。政府的这种"越位"与"缺位"，使政府不能统筹安排好自己提供公共服务的能力，从一定程度上造成某些地方或某些方面的公共服务供给不足。

②中央与地方政府支出责任划分不规范。我国各级政府之间对事权范围的界定和划分不严谨，随意性和变动性很大，缺乏统筹规划和必要的协商，从而导致中央与地方在执行中支出责任划分不规范，造成上下级政府之间出现"小马拉大车"和"大马拉小车"的现象。我国目前公共服务的事权主要是由下级政府承担，尤其是义务教育、公共卫生、社会保障等基本公共服务项目大部分都由基层级政府来承担，公共服务的事权下放得很厉害。以义务教育经费为例，中央承担不足2%、省级政府承担10%，县级政府承担11%左右，而余下的77%都由乡镇政府来承担。[1][2] 预算内公共卫生支出中，中央政府仅

---

[1]　孔凡河、袁胜育：《困境与进路：我国推进基本公共服务均等化的思考》，载于《贵州社会科学》2009年第3期，第21页。

[2]　安体富：《完善公共财政制度　逐步实现公共服务均等化》中的调查，我国的义务教育经费78%由乡镇负担，9%左右由县财政负担，省负担11%，中央财政负担不足2%。

占卫生预算支出的2%，其他均为地方政府支出，而在地方政府，县、乡共支出了预算的55%～60%。近年来我国政府的财权层层上移，省级政府的部分税收权利上收到中央，地级政府部分权利上收到省里，县乡的上收到地市，导致县乡政府的财政力量大大削弱。同时，中央又将部分公共服务提供责任下放到省里，省里下放到地市，地市下放到县乡。各级政府的财政能力和公共服务的提供能力不相称，据统计，中国近70%的公共支出发生在省及省以下，其中，有50%的支出发生在市、县、乡三级，尤其是县乡级政府担负着沉重的支出责任。① 而目前拥有占全国人口70%以上的县乡财政组织的收入仅占全国财政收入的20%左右。② 这就是我国政府在转轨中存在的问题，基层政府承担了较多应具有较高财政能力的政府级别应承担的职能，而对应的基本的公共服务职能却没能很好地实行。③

（2）财权与事权的不匹配导致公共服务提供不足。由于分税制改革的不到位，导致财权与事权不能配合好发挥作用，主要原因是财权逐层上收而事权逐层下放。分税制改革导致中央的税收比重增大，财权层层上移，但却没有根本改变中央和地方的事权划分格局。上级政府拥有税收的立法权、举债权等，而下级政府没有这些权利，那么下级地方政府的财政收入只有固定的税收收入和上级政府的转移支付收入。从表5－3可以看出，历年中央和地方财政支出情况，在地方政府财政收入下降的同时（见前文），地方财政支出的比重从1993年以来，变化幅度很小，并且近年来有增高的趋势。1993～2004年，地方政府的财政支出比重一直在70%左右徘徊，从2005年开始，这一比重明显上升，从2005年的74.1%上升为2010年的82.2%。

---

① 樊继达：《统筹城乡发展中的基本公共服务均等》，中国财政经济出版社2008年版，第240页。

② 安体富：《完善公共财政制度 逐步实现公共服务均等化》，载于《财经问题研究》2007年第7期。

③ 熊波：《财政分权、转移支付与公共服务均等化》，载于《学习月刊》2009年第3期，第15页。

表 5 - 3   历年中央和地方财政支出对比

年份	全国财政支出（亿元）	中央财政支出（亿元）	地方财政支出（亿元）	中央财政支出比重（%）	地方财政支出比重（%）
1993	4642.30	1312.06	3330.24	28.3	71.7
1994	5792.62	1754.43	4038.19	30.3	69.7
1995	6823.72	1995.39	4828.33	29.2	70.8
1996	7937.55	2151.27	5786.28	27.1	72.9
1997	9233.56	2532.50	6701.06	27.4	72.6
1998	10798.18	3125.60	7672.58	28.9	71.1
1999	13187.67	4152.33	9035.34	31.5	68.5
2000	15886.50	5519.85	10366.65	34.7	65.3
2001	18902.58	5768.02	13134.56	30.5	69.5
2002	22053.15	6771.70	15281.45	30.7	69.3
2003	24649.95	7420.10	17229.85	30.1	69.9
2004	28486.89	7894.08	20592.81	27.7	72.3
2005	33930.28	8775.97	25154.31	25.9	74.1
2006	40422.73	9991.40	30431.33	24.7	75.3
2007	49781.35	11442.06	38339.29	23.0	77.0
2008	62592.66	13344.17	49248.49	21.3	78.7
2009	76299.93	15255.79	61044.14	20.0	80.0
2010	89874.16	15989.73	73884.43	17.8	82.2

资料来源：《中国统计年鉴（2011）》，中国统计出版社 2011 年版。

地方政府因财力有限，为了增强其财政能力，再加上有税收返还和以 GDP 为考核指标等制度的存在，会把有限的财政收入用于经济建设。而在对财政收入和绩效考核没有直接影响或影响很小的领域，如提供基本公共服务，则采取忽视甚至是放任的态度。同时地方政府在财政收入极其有限的情况下，即使想增加基本公共服务的供给，也没有能力。

另外，1994 年的分税制改革，主要侧重于调节中央政府与省级地方政府的关系，对于省级以下各级地方政府职能的界定、收入的来源却没有明确规定。在实际操作中，省、市级政府参照分税制模式处理与下级政府之间的关系，形成了财力层层集中、事权逐级下放，财权与事权严重失衡的局面。据统计，全国县乡财政供养人员占地方财政供养人员的 70%，但县乡财力却仅占全国地方财力的 40%。越到基层，政府的财政自给率越低。1999 年，地（市）本级和县本级政府的财政自给率分别为 0.72 和 0.64，占全国人口 70% 以上的地区县乡级政府的财政收入只占全国总体财政收入的 20% 左右。[①] 基层政府难以提供足够多的基本公共服务，必然会导致基本公共服务的纵向不均等。

由此可见，财权与事权的不匹配会直接导致基层政府出现财政困难，并进一步导致基层政府基本公共服务的提供能力不足。如果这样的情况不能从根本上得到改变，长此以往，发达地区和欠发达地区之间的基本公共服务供给的差距将会越来越大。

5.1.2　转移支付制度对公共服务非均等化的影响

1. 我国现行转移支付制度

在 1994 年实行分税制改革前，我国做了大量的财政转移支付的工作，1994 年实行分税制改革后才从西方引进了转移支付的概念。财政转移支付也称财政转移支出，本意是财政资金转移或转让。根据 IMF《政府财政统计手册》中的支出分析框架，政府转移支付有两个层次：一是国际间的转移支付，包括对外捐赠、对外提供商品和劳务、向跨国组织交纳会费；二是国内的转移支付，既有政府对家庭的

---

① 安体富、任强：《公共服务均等化：理论、问题与对策》，载于《财贸经济》2007 年第 8 期，第 21 页。

转移支付如养老金、住房补贴等，又有政府对国有企业提供的补贴，还有政府间的财政资金的转移。一般我们所称的财政转移支付，是指政府间的财政资金转移。

转移支付制度是分级预算体制的重要组成部分，是财政体制的重要组成部分和核心内容。根据分级预算管理体制，上下级预算主体间、同级预算主体间的收支规模是不对称的，转移支付制度就是均衡各级预算主体间收支规模不对称的预算调节制度。

转移支付主要是为了平衡不同政府间收入差距，以使各地区的政府能够有大体相当的能力提供公共服务。转移支付是实现公共服务均等化的有效手段，通过转移支付，提高了财政收入困难政府的财政能力，只有提高他们的财政能力，才能使他们有能力提供公共服务。分税制改革以来，中央对地方的转移支付构成了地方财政支出的重要来源。由此可见，转移支付制度实行的好坏直接关系到公共服务均等化的水平。要探寻公共服务非均等化的原因，我们势必要从现行的转移支付体系中出发，去寻找症结所在。

2. 我国现行转移支付体制存在的问题及其影响

（1）我国转移支付形式过多，相互之间缺乏统一的协调机制。我国的转移支付种类很多，按照转移支付形式的项目划分，中央对地方的转移支付主要包括税收返还、专项转移支付和财力性转移支付等形式。其中的财力性转移支付又包含一般性转移支付、体制补助与上解、民族地区转移支付、缓解县乡财政困难奖励及补助、调整工资转移支付、农村税费改革转移支付、资源枯竭城市转移支付、县乡机构改革转移支付、农村义务教育转移支付、农村义务教育化债补助和结算补助及其他补助等。

①税收返还。税收返还制度是在1994年实行分税制改革时，为了保障分税制改革的顺利进行，以保证地方的既得利益为目的确定的财政资金的分配方法。中央财政对地方税收返还数额以1993年为基

期年核定，按照 1993 年地方实际收入以及税制改革和中央地方收入划分情况，核定 1993 年中央从地方净上划的收入数额（即消费税 + 75% 的增值税 – 中央下划收入），并以此作为中央对地方税收返还基数。从 1994 年开始，税收返还数额在 1993 年基数上逐年递增，递增率按全国增值税和消费税增长率的 1∶0.3 系数确定，即全国增值税和消费税每增长 1%，中央财政对地方的税收返还增长 0.3%。

按照这种返还制度，越贫穷、经济越落后的地区，得到的税收返还就越少，越富裕、经济越发达的地区，得到的税收返还就越多。税收返还制度对均衡地区间的财力起到阻碍的作用，因此，税收返还对公共服务均等化起到逆向作用。

②专项转移支付。专项转移支付根据特定用途，主要用于社保、教育、医疗等方面，并根据地方的特殊情况，实行专款专用，由中央财政掌管，拨付给地方，以实现中央特定的政策目标。专项转移支付主要是为解决地区间具有外溢性的公共物品或公共服务的提供问题。[1] 我国的专项转移支付现存在的问题是，政府限制了专项转移支付的结构和方向，并且没有明确专项转移支付的准入机制和运行模式，从而使部分项目设置存在交叉和重复现象。专项转移支付由于管理不善，容易导致大部分资金被浪费。

③一般性转移支付。财政部于 1995 年颁布了《过渡期财政转移支付办法》，开始实施过渡时期的转移支付，到 2002 年，过渡期财政转移支付改为一般转移支付。一般性转移支付是根据各地标准财政收支的差额乘以转移支付系数来确定的，转移支付系数基本是固定的，因此财政收支差额越大，能获得的一般性转移支付额也越大；财政越困难，能获得的一般性转移支付额越大。

④体制性补助与体制上解。体制性补助包括延续下来的定额补助和事业单位下划补助，体制上解指经济发达的地区每年要上缴一部分

---

① 　孔凡河、袁胜育：《困境与进路：我国推进基本公共服务均等化的思考》，载于《贵州社会科学》2009 年第 3 期，第 22 页。

收入给中央。具体的办法是：中央对地方的补助继续按原体制规定补助；实行递增上解和定额上解的地区按照原规定，继续递增和定额上解，中央财政于 1995 年起取消了各地区体制上解中央的递增率，实行定额上解；实行总额分成的地区和原分税制试点地区，暂按递增办法，即按 1993 年的实际上解数，并核定一个递增率，每年递增上解。

⑤民族地区转移支付。民族地区转移支付是中央政府为支持少数民族地区（包括少数民族省区和非少数民族省区的少数民族自治州）的发展，对少数民族地区实行的财力性转移支付。具体的做法是：将少数民族地区的增值税环比增量 80% 平均分为两部分，一部分直接按照来源地返还给少数民族地区，另一部分连同中央财政划拨的资金按照因素法分配。

⑥缓解县乡财政困难奖励及补助。2005 年，财政部印发了《关于切实缓解县乡财政困难的意见》，提出了缓解县乡财政困难的措施，争取用三年左右的时间，使县乡财政困难的现象得到改善。其中规定，中央财政要进一步加大对地方的财力性转移支付力度，不断增强财力薄弱地区的财政保障能力；省级财政及有条件的市（州、地）财政新增财力中要安排一定比例用于加大财力性转移支付力度，继续向财政困难县乡倾斜。同时，要积极采取完善财政体制、调整支出结构等方式，加大对财政困难县乡财力性转移支付力度。

⑦调整工资转移支付。1998 年以来，为应对亚洲金融危机，我国实行的一系列积极财政政策中包括提高中低收入者收入水平的相关政策，例如发放一次性年终奖金、对偏远地区实行津贴政策以及多次增加事业单位职工工资和离退休人员工资等。由于各地的财政能力不一，实行这些政策增加的支出，中央决定区别对待：对沿海经济发达的地区，如北京、上海、江苏、浙江、广东、福建等，这些支出由当地政府自行解决；对经济较落后、财政较困难的中西部地区以及老工业基地，由中央财政给予一定的补助。

⑧农村税费改革转移支付。农村税费改革转移支付是在农村税费

改革以后，考虑到地方税收会减少，中央通过转移支付给予地方适当的补助，重点向一些财政困难地区、民族地区、农业大省和粮食主产区倾斜。2003 年以来，随着农业税减征范围的扩大，我国的农村税费改革转移支付力度不断加大。

⑨资源枯竭城市转移支付。资源枯竭城市在为中国经济发展做出贡献的同时，随着资源的耗尽，现在面临着经济发展活力不足，环境污染严重、再就业压力大等问题，资源枯竭城市转移支付制度为这些城市经济转型，实现可持续发展给予了财力支持。中央财政下达了对首批 12 个资源枯竭城市 2007 年财力性转移支付 8.32 亿元。①

可以看出，我国转移支付的形式过多，缺乏统一的协调机制，各种转移支付形式在促进公共服务均等化的过程中存在交叉现象。

（2）当前的转移支付体系结构不合理。一般性转移支付属于财力性转移支付，一般性转移支付占全部转移支付的比重较低；专项转移支付所占的比重虽高但只用于特定用途。

从表 5-4 中可以看出，我国专项转移支付占转移支付的比例从 2002 年开始到 2008 年一直是上升的，2008 年达到 42.39%。财力性转移支付所占比重最高出现在 2007 年，2008 年有所下降，从 40.50% 降为 38.30%。可见，一般性转移支付比专项转移支付少得多。

（3）各项转移支付制度对缩小地区间基本公共服务差异的效应分析。通过中央对地方转移支付使得欠发达地区的基本财力得到初步保障，特别是近几年来中央财政转移支付力度持续增强，困扰欠发达地区的工资拖欠与基层政权运转困难等突出问题得到了缓解。但是由于现行转移支付制度为了维护既得利益而保留了体制性转移支付，税收返还与当地税收收入的增长挂钩，这对均衡各地财力来说实际上起到了逆向调节的作用，客观上拉大了东西部的差距。目前的转移支付制度对缩小地区间基本公共服务差异的效应较小。

----

① 这 12 个城市分别是焦作、萍乡、大冶、阜新、伊春、辽源、白山、盘锦、石嘴山、白银、个旧、大兴安岭。

表 5 - 4　　　　**2001 ~ 2008 年中央转移支付分项目补助收入情况统计**

	2001 年		2002 年		2003 年		2004 年	
	收入（亿元）	比重（%）	收入（亿元）	比重（%）	收入（亿元）	比重（%）	收入（亿元）	比重（%）
返还收入	2308.9	37.74	3006.8	40.89	3425.3	42.51	4051.0	39.63
财力性转移支付	1604.8	26.23	1944.1	26.44	2241.2	27.81	2933.7	28.70
专项转移支付	2203.5	36.03	2401.8	32.67	2391.7	29.68	3237.7	31.67
合计	6117.2		7352.7		8058.2		10222.4	
	2005 年		2006 年		2007 年		2008 年	
	收入（亿元）	比重（%）	收入（亿元）	比重（%）	收入（亿元）	比重（%）	收入（亿元）	比重（%）
返还收入	3757.3	33.79	3930.2	28.92	4121.0	23.79	4282.2	19.31
财力性转移支付	3715.7	33.41	5024.9	36.98	7017.2	40.50	8491.0	38.30
专项转移支付	3647.0	32.80	4634.3	34.10	6186.9	35.71	9397.3	42.39
合计	11120.1		13589.4		17325.1		22170.5	

①税收返还不符合均等化目标。税收返还制度的出发点是保护地方的既得利益，以推进分税制改革的顺利进行。

根据税收返还制度，东部地区上缴的税收额多，得到的返还也多；西部地区财政收入增长缓慢，得到的税收返还较少。实行这种转移支付的调控机制不仅不能解决区域之间的财政能力和公共服务提供能力差异较大的现状，反而进一步拉大了区域之间的差异，实际上起到"逆均等化"① 作用，不利于我国公共服务均等化的推进。

②专项转移支付分配不合理。专项转移支付的初始目标是加强中央对地方经济发展和事业发展的项目补助，如增加农业、教育、文化、社会保障、支援贫困地区扶贫及特殊情况的补助。理论上专项转

---

　　① 樊继达：《统筹城乡发展中的基本公共服务均等》，中国财政经济出版社 2008 年版，第 257 页。

移支付具有均等化的积极效应，但在实践中，专项转移支付存在如下缺点。

一是专项转移支付的核定不规范，缺乏客观的判断标准和明确的分配程序，结果对资金的分配没有科学依据，透明度低，随意性大，规范性差，出现了一些不合理的补助项目。二是结构和投向受上级政府制约。目前对于中央的专项转移支付一律由地方政府负责落实配套资金，往往给落后的地方财政带来较大压力，影响落后地方其他财政支出项目，而且富裕地区往往能拿出较高的配套资金，得到的拨款就相应较多，导致大多数拨款都流向了富裕地区，产生了均等化负效应，使东西差距扩大。三是拨款项目的评估、审核和确定缺乏规范的程序和规则，未将考虑地区差异因素的公式化方法纳入拨款额和配套率的计算中，整体上缺乏区域间的经济均衡效应。四是转移支付资金往往被层层截留和被挤占、挪用。

可见，不是专项转移支付本身无法担纲起实现基本公共服务均等化的重任，而是专项转移支付的核定、计算、分配程序不科学、不透明，需要地方政府配套资金、转移支付过程中没有直接拨付到对应的项目账户上造成的跑冒滴漏，这些因素导致无法更好地发挥专项转移支付的基本公共服务均等化功能。而这些因素本身并不是专项转移支付固有的缺陷，是可以克服的。

③一般性转移支付规模较小。在许多国家，一般性转移支付是中央或联邦政府向下级政府转移支付的主要形式，一般占到全部转移支付的50%甚至更多，这样可以给予下级政府更大的财政支配权。我国一般性转移支付占比较低。

（4）省级以下财政转移支付制度不完善。1994年的分税制改革主要解决的是中央和省级的财政关系，没有设置具体的省级以下的财政转移支付制度。省对市县的转移支付办法是参照中央对省级的转移支付办法建立的，由于缺乏法律法规的制度保障，市县的基层政府没有得到足够的转移支付，财政困境得不到切实的改善，为公共服务均等化的顺利进行设置了障碍。

3. 省以下转移支付制度本身存在问题

（1）省以下转移支付制度具有非法制化、非规范化和缺乏透明度的缺点。就规范性来说，省以下的一般性转移支付和专项补助，均不是按照因素法转移支付公式来测算分配的。前者实际上是一市（县）一率，后者更无章可循。下级财政获得多少补助，靠的是讨价还价及寻租，资金的分配与公共产品提供的数量与质量并无多大的相关性。不规范的转移支付方式还造成分配额度的不确定性，使下级政府无法正常预算；财政转移支付的非规范化还会使地方政府产生依赖和推卸责任的心理，将公共服务的不到位归咎于上面没有拨款，而放弃了增加本级财政收入的努力。

就法制化来说，转移支付需要以法制化来规范。世界上许多国家普遍以法律形式、甚至通过宪法对有关政府间转移支付事宜做出明确规定，使其有严格的法律依据。相比之下，目前中国尚无规范转移支付的法律。1994 年颁布的《中华人民共和国预算法》对转移支付制度没有规定，由此一方面使转移支付制度无法律依据，另一方面对地方政府间转移支付的分配方式和分配程序缺少法律制约，对许多不合理现象无法有效遏制，如申请转移支付中的寻租行为、市级政府截留挪用省财政对县财政的拨款，等等。

另外，转移支付资金分配办法缺乏规范性和公开透明性。科学、合理、规范的财政转移支付必须体现为高度的公开透明性，这有利于监督分配方式和分配程序，确保财政资金拨付的公正性。而中国目前的转移支付制度从中央到省，透明度显然很差。比如金融危机中中国出台了四万亿投资计划，这四万亿如何分配、资金投到哪些项目上、是否经过论证，在这些问题上都谈不上公开透明。可见，缺乏法制化、规范化和透明度的转移支付制度，是导致寻租及财权与事权不对称的主要原因。

（2）"因素法"在执行中未知因素过多，操作难以规范。目前中国省以下转移支付有的开始依照"因素法"的基本原理设计转移支付制度，而在测算标准收入和标准支出时出现许多问题：一是常用的以财政供养人口作指标测定对一个地区的转移支付的数额，忽视了地区总人口的影响，使得农业人口较多的落后地区难以得到上级财政的转移支付，加大了贫富差距；就公共服务均等化这一目标来说，标准支出需要对城市化程度、自然条件、人口密度、贫困人口比重等因素考虑在内。二是影响因子的权重确定不合理。三是标准收入无法准确计算，因为其中的增值税、营业税等税基没有一个科学的测定办法，无法建立回归模型，只能将实际支出数视为标准支出数；而且以基数法测算标准收入，忽视了产业结构调整、地域差别、经济波动等因素的影响。

（3）缺乏适当的激励机制与监督机制。由于转移支付每年都存在，下级财政对上级财政就产生一个预期，相应就会降低自身的财政努力程度。为了遏制地方财政对转移支付资金的等、靠、要心理，激励地方政府增收，大部分的地方政府间转移支付制度都引入了激励机制。各个省的激励系数一般都是这样规定的：

$$激励系数 =（上年度本地区财政收入增长率 - 上年度本省$$
$$财政收入平均增长率）× 一定比例$$

公式中影响激励系数的因素只有财政收入这一项，就是说大多数省份的激励机制只鼓励基层政府增收，却忽略了鼓励基层政府减支以及对经济增长影响的评估。在这种激励机制下，一些贫困地区为了多得到转移支付可能会不断加大征收力度，结果导致企业负担过重，财源枯竭。

有的地方设计的激励型财政转移支付制度，其中一项是奖励县域经济发展快、财政任务完成好的县级领导班子。如广东省对获得上划省"四税"返还奖励的县，由省财政按其所得返还奖励额的50%给予县级领导班子成员，这种政策是不合理的。尽管领导干部"分享"

财政资金的做法有政策做依据，但是把纳税人的钱奖励给领导干部个人是不合理的。可见，在合理性方面，激励性财政转移支付还有待完善。

更为严重的问题在于，激励性财政转移支付是有局限性的。如果其目的仅仅是为了实现基层的财政增收、从体制上解决县乡财政困难，而忽视了财政增收本身对经济发展的影响，那么这种制度设计会导向很坏的结果。由于超额完成财税任务可获重奖，领导班子成员在巨额奖金的诱惑下，或许会"一致同意"通过出台一些滥罚款乱收费，低价出售、野蛮强征土地的政策，以此促进财政收入增加；或者为了获得奖励，贫困地区可能会不断加大征收力度，增加财政努力程度，只重视企业缴税，而不培养财源，导致企业负担过重、财源提早枯竭。

（4）1994 年改革的指导思想是保"既得利益""存量不动，增量调整"，这种思想一直延续下来。许多省财政对市县一般性转移支付实行"基数不动，提高递增比例"的办法，虽然随着经济的增长提高了返还比例，并且建立了激励机制，但偏离了公共服务均等化的目标，从长远来看，保既得利益，维持原来分配格局必然造成财力分配的持续不公，加剧了地区差距和贫富悬殊，使转移支付制度的目标发生扭曲。要真正实现基本公共服务均等化目标，必须打破目前财政分配格局中"既得利益"不可动的禁锢，重新调整利益分配格局。

（5）转移支付制度总体设计存在缺陷，结构不合理。目前，世界上大多数国家采用两种类型的财政转移支付形式，即一般性转移支付和专项转移支付。而我国的转移支付形式在 6 种以上，各项支付占比不合理，而且各种支付形式之间缺乏良好的协调，甚至重复交叉。

其中最不合理的就是税收返还，这种转移支付形式不仅保护各地区的既得利益，是影响地区间财力均等化的重大障碍，而且按基数法确定，形成了一省区一种返还办法，非常不规范、不公正。税收返还作为中国财政转移支付的主要形式，数额通常数倍于一般性转移支付数额，而东部地区在全部税收返还数量中所占比重在 50% 以上，并且逐年增长，因此，尽管中央财政的一般性转移支付在向中、西部地区倾斜，但在中央财政向地方财政转移的全部财力中，经济发达的东部地区所占数量仍具明显优势，根本无法通过转移支付缩小东部与中西部地区差距。

专项转移支付问题也非常严重，专项转移支付政出多门，立项审批程序不透明，项目的确定和范围选择不尽合理；拨款办法不规范，拨款的依据和标准不明确，具有随意性；省以下财政层级和中间层次较多，专项转移支付资金存在严重的跑冒滴漏现象，在地方财力紧张的情况下，部分专项转移支付资金甚至变成了地方政府的"吃饭"钱被截留、挪用，致使相当一部分资金无法全部到达预定的地方去；缺乏对专项拨款使用的监督机制，没有具体部门负责核查专项拨款的使用。另外，有些专项资金下达地方后，不仅不能增加地方政府的可支配财力，还需要地方政府额外增加配套资金，这使落后地方财力更加紧张，而发达地区更容易获得这类专项资金，结果加剧地区间财力的不平衡，背离了转移支付制度设计的初衷。

5.1.3　我国现行财政支出结构不合理

财政支出也称公共财政支出，是指在市场经济条件下，政府为提供公共产品和服务，将通过各种形式筹集上来的财政收入进行分配和使用，以满足社会共同需要而进行的财政资金的支付。随着经济社会的发展，我国财政支出的种类越来越多，支出的数量也在逐年增加。

1. 财政支出的分类[①]

在各国的预算编制中，大都采用政府职能这种分类方法，将财政

---

① 王玉华：《我国财政支出结构研究》，东北财经大学博士论文，2007 年。

支出与政府职能联系起来，方便用于各类经济分析。为此，我们在此将财政支出按照政府职能分类，即按政府支出的费用类别分类。在我国预算编制体系中，财政支出按照政府职能分类如下：

（1）基本建设支出：指按国家有关规定，属于基本建设范围内的基本建设有偿使用、拨款、资本金支出以及经国家批准对专项和政策性基建投资贷款，在部门的基建投资额中统筹支付的贴息支出。

（2）企业挖潜改造资金：指国家预算内用于企业挖潜、革新和改造方面的资金。包括各部门企业挖潜改造资金和企业挖潜改造贷款资金，为农业服务的县办"五小"企业技术改造补助，挖潜改造贷款利息支出。

（3）地质勘探费用：指国家预算用于地质勘探单位的勘探工作费用，包括地质勘探管理机构及其事业单位经费、地质勘探经费。

（4）科技三项费用：指国家预算用于科技支出的费用，包括新产品试制费、中间试验费、重要科学研究补助费。

（5）支援农村生产支出：指国家财政支援农村集体各项生产的支出。包括对农村举办的小型农田水利和打井、喷灌等的补助费，对农村水土保持措施的补助费，对农村举办的小水电站的补助费，特大抗旱的补助费，农村开荒补助费，扶持乡镇企业资金，农村农技推广和植保补助费，农村草场和畜禽保护补助费，农村造林和林木保护补助费，农村水产补助费，发展粮食生产专项资金。

（6）农林水利气象等部门的事业费用：指国家财政用于农垦、农场、农业、畜牧、农机、林业、森工、水利、水产、气象、乡镇企业的技术推广、良种推广（示范）、动植物（畜禽、森林）保护、水质监测、勘探设计、资源调查、干部训练等项费用，园艺特产场补助费，中等专业学校经费，飞播牧草试验补助费，营林机构、气象机构经费，渔政费以及农业管理事业费等。

（7）工业交通商业等部门的事业费：指国家预算支付给工交商各部门用于事业发展的经费，包括勘探设计费、中等专业学校经费、技术学校经费、干部训练费。

（8）文教科学卫生事业费：指国家预算用于文化、出版、文物、教育、卫生、中医、公费医疗、体育、档案、地震、海洋、通信、电影电视、计划生育党政群干部训练、自然科学、社会科学、科协等项事业的经费支出和高技术研究专项经费。主要包括工资、补助工资、福利费、离退休费、助学金、公务费设备购置费、修缮费、业务费、差额补助费。

（9）抚恤和社会福利救济费：指国家预算用于抚恤和社会福利救济事业的经费。包括由民政部门开支的烈士家属和牺牲病残人员家属的一次性、定期抚恤金，革命伤残人员的抚恤金，各种伤残补助费，烈士军属、复员退伍军人生活补助费，退伍军人安置费，优抚事业单位经费，烈士纪念建筑物管理、维修费、自然灾害救济事业费和特大自然灾害灾后重建补助费等。

（10）国防支出：指国家预算用于国防建设和保卫国家安全的支出，包括国防费、国防科研事业费、民兵建设以及专项工程支出等。

（11）行政管理费：包括行政管理支出，党派团体补助支出，外交支出，公安安全支出，司法支出，法院支出，检察院支出和公检法办案费用补助。

（12）价格补贴支出：指经国家批准，由国家财政拨给的政策性补贴支出。主要包括粮食加价款，粮、棉、油差价补贴，棉花收购价外奖励款，副食品风险基金，市镇居民的肉食价格补贴，平抑市价肉食、蔬菜价差补贴等以及经国家批准的教材课本、报刊新闻纸等价格补贴。

2. 我国财政支出结构现状

按支出项目的职能，我们把财政支出分为经济建设支出、社会文教支出、国防支出、行政管理支出和其他支出五类，具体数据部分如表 5-5 所示。其中，经济建设支出主要包括：（1）基本建设拨款；

（2）国有企业挖潜改造资金；（3）科技三项费用；（4）简易建筑费；
（5）地质勘探费；（6）增拨国有企业流动资金；（7）支援农村生产
支出；（8）工商部门事业费；（9）城市维护费；（10）国家物资储备
支出等等。

表 5 - 5　　　　我国按政府职能划分的财政支出结构部分数据

年度	财政支出（亿元）	经济建设（亿元）（%）	科教文卫（亿元）（%）	国防支出（亿元）（%）	行政支出（亿元）（%）	其他支出（亿元）（%）
1978	1122.09	719.0（64.1）	147.0（13.1）	167.8（15.0）	52.90（4.7）	35.4（3.2）
1990	3083.59	1368.0（44.4）	737.6（23.9）	290.3（9.4）	414.6（13.4）	273.1（8.9）
2000	15886.50	5748.4（36.2）	4384.5（27.6）	1207.5（7.6）	2768.2（17.4）	1777.9（11.2）
2006	40422.73	10734.6（26.6）	10846.2（26.8）	2979.4（7.4）	7571.1（18.7）	8291.5（20.5）

资料来源：《中国统计年鉴（2007）》，中国统计出版社 2007 年版。

从 2007 年起，我国对财政结构进行了重大调整，将财政支出结
构按照政府主要职能进行分类，一般分为公共服务、外交、国防、公
共安全等六大类。表 5 - 6 是 2007 年以来公共服务的支出数据。

表 5 - 6　　　　2007 ~ 2010 年我国公共服务的支出比重　　　　单位：%

	2007 年	2008 年	2009 年	2010 年
财政支出（亿元）	49781	62593	76300	89575
其中：一般公共服务	17.10	15.65	12.01	10.44
公共安全	7.00	6.49	6.22	6.12
教育	14.31	14.40	13.68	13.90

续表

	2007 年	2008 年	2009 年	2010 年
科学技术	3.58	3.40	3.60	3.60
社会保障和就业	10.94	10.87	9.97	10.13
医疗卫生	4.00	4.40	5.23	5.30
环境保护	2.00	2.32	2.53	2.71
城乡社区事务	6.52	6.72	6.69	6.68

资料来源：《中国统计年鉴（2010）》，中国统计出版社 2010 年版。

从表 5-5、表 5-6 可以看出从 1978～2006 年财政支出结构变化轨迹。1978 年我国的财政支出中，经济建设支出占 64.1%，表现出明显的"生产财政"的特点。此后，这项支出迅速下降。经济建设费在我国财政支出中的比重从 1980 年到 2002 年一直处于下降趋势，从 2003 年到 2006 在 27% 左右波动，从 2007 年到 2009 年有所上升。在体制转轨阶段，为实现计划经济体制向市场经济体制的顺利过渡，政府要保持一定的政策连贯性，这就造成了财政性支出中，经济建设支出所占的份额较大。同时，我国经济建设支出的结构也不合理，政府参与的竞争性、经营性项目过多，用于生产性的支出偏多，而用于基础设施建设、公用事业方面的支出不足。

值得注意的是行政支出费用一直呈上升趋势。行政管理费支出膨胀严重，但增长势头得到遏制。随着事业的发展、政府活动的增加、必要的新增人员扩充，使得行政事业管理经费支出上升，这有其合理的一面，但又存在着机构臃肿、财政供养人员过多以及普遍存在的行政事业部门公用经费支出的浪费，以至于增长过快、比重过大。1998 年以后年年高于 10% 的国际平均水平，到 2005 年，我国各级行政机关用于公车、接待的费用已经高达 6000 亿元，占当年国家财政收入的 20%，相当于全民教育投入的 5 倍。随着国家反腐倡廉力度和公车治理力度的加大，行政管理费增长势头得到遏制，从 2006 年到

2009 年在全国财政支出中的比重趋于下降。

国防费用支出稳中有降。国防费占全国财政支出的比重相对稳定，且呈下降趋势，从 1980 年的 15.8% 下降到 2009 年的 6.5%。由于实行精兵简政的政策，国防费支出一直处于下降趋势。

社会文教支出缓慢上升。社会文教费用占全国财政支出的比重一直处于缓慢上升趋势，从 1980 年的 16.2% 上升到 2009 年的 26.9%，这说明，伴随着我国的经济体制从计划经济模式向市场经济模式转变，财政生产性支出的功能不断弱化，市场配置资源的功能不断增强。我国财政支出结构已突破生产财政模式，特别是进入 21 世纪以来，财政支出范围、项目发生了很大变化，明显加大了对文化、教育、科学、卫生和保障性住房等方面的支出，加到了对三农的支出力度。尤其是 2006 年以来，国家这些方面的投入力度明显加大。2009 年国家财政安排保障性住房资金 725.97 亿元。

3. 我国财政支出结构存在的问题

（1）财政对教育、基本医疗和公共卫生、社会保障等公共服务方面的支出仍然偏低。教育方面，目前世界平均的教育支出占 GDP 的比重约为 7%，其中发达国家达到了 9% 左右，经济欠发达的国家也达到了 4.1%，从 2002 到 2005 年，我国财政对教育的投入占当年 GDP 的比重分别是 2.90%、2.84%、2.79%、2.82%（如表 5 - 7 所示），远低于 1993 年中央《中国教育改革和发展纲要》所确定的 4% 的目标，距离国际一般水平更有很大差距。另外，世界许多国家教育投资的增长都快于经济增长，公共教育经费占 GDP 的比重逐年提高，而我国的情况则恰恰相反，从教育支出占财政总支出的比重来看，我国 1995 年的这一比重为 15.54%，2002 年降为 11.99%，而韩国（1997 年）为 20.5%，泰国（2000 年）为 22.44%，墨西哥（1999 年）为 25.54%。[①]

---

① 安体富：《完善公共财政制度，逐步实现基本公共服务均等化》，载于《财经问题研究》2007 年第 7 期。

表 5 - 7　　国家财政性教育经费及其占 GDP 的比例 (1992~2007 年)

年份	国家财政性教育（万元）	预算内教育经费（万元）	GDP（亿元）	国家财政性教育经费占 GDP 的比例（%）	预算内教育经费占 GDP 的比例（%）
1992	7287506	5387382	26923	2.71	2.00
1993	8677618	6443914	35334	2.46	1.82
1994	11747396	8839795	48198	2.44	1.83
1995	14115233	10283930	60794	2.32	1.69
1996	16717046	12119134	71177	2.35	1.70
1997	18625416	13577262	78973	2.36	1.72
1998	20324526	15655917	84402	2.41	1.85
1999	22871756	18157597	89677	2.55	2.02
2000	25626056	20856792	99215	2.58	2.10
2001	30570100	25823762	109655	2.79	2.35
2002	34914048	31142383	120333	2.90	2.59
2003	38506275	34538583	135823	2.84	2.54
2004	44658575	40278158	159878	2.79	2.52
2005	51610759	46656939	183217	2.82	2.55
2006	63483648	57956138	211924	3.00	2.73
2007	82802100	76549100	249530	3.32	3.07

资料来源：国家统计局《中国统计年鉴（2008）》，中国统计出版社 2008 年版。2007 年教育经费数据来自教育部《2007 年全国教育经费执行情况统计公告》，载于《中国教育报》，2008 年 12 月 1 日第 2 版。

尽管近几年我国财政收入的增长速度超过了经济增长速度，但从 2007~2010 年的四年期间，财政用于教育方面的支出没有明显增加。以 2010 年为例，2010 年我国的 GDP 达到 397983 亿元，而当年我国的教育财政支出为 12450 亿元，占当年 GDP 的比重 3.1%，与世界平均 5.1% 的水平和发展中国家 4.0% 的水平相比，我国财政教育支出水平偏低。

政府在公共卫生提供上也存在着责任缺失。我国的医疗卫生总费用的绝对值在不断增加，但公共卫生支出占财政支出的比例却不断降低。1996 年为 5.89%，2001 年为 4.23%，而美国在 2000 年该比例为 20.5%，德国在 1998 年为 18.89%；2000 年我国人均卫生支出在世界 191 个国家中居 141 位，属低下水平；我国政府预算卫生支出占总费用比重过低，1997～2001 年一直徘徊在 15%。2002 年新华社公布的数据表明，约占我国总人口 70% 的农村人口享用不到 1/3 的医疗卫生保健服务。[①]

社会保障方面，无论是与国际上同等发达程度的国家相比，还是与广大人民对社会保障的需求相比，我国社会保障事业的发展还是相当落后的。社会保障支出总量不足、资金缺口大和历史欠账多等问题相当严重。我国财政用于抚恤和社会福利的支出虽然从 1952 年的 2.95 亿元增长到 2004 年的 563.46 亿元，但是这项支出占财政总支出的比重，除了 1965 年达到 2.35% 以外，五十多年来始终徘徊在 1%～2% 之间，2000 年、2001 年和 2004 年分别为 1.34%、1.41% 和 1.97%。近年来，虽然我国的城市社会保障体系和农村社会保障体系都在不断完善中，部分发达地区也在进行城乡一体化社会保障体系的试点，但是从目前我国财政支出用于社会保障支出的比重达到 10% 左右的水平来看，与发达国家达到 30% 的比重甚至更高的事实相比，我国用于社会保障方面的财政支出还很低。

（2）行政管理费急剧膨胀。从 1978～2006 年财政支出结构数据表可以看出，行政管理费支出占财政支出的比重从 1978 年的 4.7% 上升到 2006 年的 18.73%，行政管理费开支规模呈扩大趋势。长期行政管理费增速过快，有时甚至超出同期财政收入和 GDP 的增速，暴露出行政机构膨胀、公车消费、公款吃喝、会议消费、公款出国等方面的问题。

---

① 刘明慧：《我国农村医疗卫生融资机制的选择》，载于《财政研究》2004 年第 7 期，第 9 页。

（3）经济建设支出逐步下降，但比例仍然很高。从财政经济建设之初和社会发展支出的结构看，经济建设占财政支出的比重呈下降的趋势，从1978年的64.08%下降到2005年的27.46%，但仍占财政支出的较大比重，财政过度介入到那些本应由市场力量发挥主要作用的领域，负担了应由市场承担的支出，负担了应由市场调节的一些企业的基本建设支出、流动资金和挖潜改造资金和科技三项费用，这说明财政支出"越位"的现象没有得到根本改善。另外，我国经济建设支出的内部结构也不尽合理。由于政府过多参与竞争性、经营性项目，使得用于生产性的支出偏多，而用于能源、交通、农业等基础设施方面的支出明显不足。这种支出结构势必造成国民经济发展的"瓶颈效应"，阻碍经济的发展。

5.1.4 以GDP为主的政绩考核对公共服务均等化的影响

政绩观是指对领导干部施政成绩的总体看法和根本观点。

十一届三中全会以来，我国将工作的重心转移到经济建设上来，各地借着改革开放的春风也大力发展本地经济。政府普遍不惜一切代价以换取当地的GDP快速增长，结果往往是，经济虽然发展了，但是当地环境污染了，资源枯竭了，不能实现可持续发展。出现这种状况的原因是，我国是一个投资主导经济增长的国家。只有投资上去了，GDP和税收收入的增长才能有保证。而民生问题的解决需要一个较长的周期，不能"立竿见影"，对它的投入既不能直接拉动GDP和税收收入的增长，也凸现不了本届政府任期内的政绩。所以很长一个时期以来，我国官员的政绩考核体系中对公共服务投入的考核有所忽略，这就决定了地方政府重视GDP和税收收入的增长，而疏忽基本公共服务的投入。而在没有财政民主化和财政透明度的情况下，财政支出这种公共决策行为就很容易演变为个别领导的"随意"安排，政府预算支出不是以纳税人的偏好来进行，而是取决于领导的个人偏好，基本公共服务在预算支出中难以得到有效的保障（夏杰长，2008）。湖北宜城市委组织部常务副部长余大水说过："干部实绩考核评价内容的设置体现了一种导向，设置了什么内容，干部们就会关注什么，就会去做什么。所以，考核评价内容的设置具有'风向标''指挥棒'的作用。"目前我国各级政府具有投资偏好，原因在于，一方面，经济增长成为地方官员政绩考核体系中的一个硬指标；另一方面，地方财政收入主要依赖于地方经济增长，因此地方政府会将精力主要放到增加地区经济总量上，财政支出也就自然更倾向于经济建设支出。同时，由于政府机构及其人员的利益需求，导致行政管理支出的快速增长。这两部分支出的增长，挤占了公共服务方面的支出。

在以 GDP 为重的政绩观下，各地政府都将精力放在经济建设上来，加大对经济发展的投资力度，财政支出用于经济建设方面的比重较大。在此情况下，各地政府往往忽视了对公共服务产品的提供，进而造成公共服务供给不足。

近年来，我国政府也意识到以 GDP 为重的政绩考核指标体系的种种弊端，开始了政绩考核指标体系的改革。党的十六届四中全会明确指出，要"抓紧制定体现科学发展观和正确政绩观要求的干部实绩考核评价标准"。要实现公共服务均等化，必须改革以 GDP 为重的政绩考核指标体系，并将有关公共服务的指标纳入到考核体系中。

5.2　城乡二元体制对公共服务均等化的影响

5.2.1　城乡差距的成因

1. 城乡自然属性不同导致城乡差距必然存在

王钏认为，城市和农村是人类社会两种不同的社会聚居方式，形成了两种完全不同的资源分布方式。农村面积广，居民分散；农业领域宽、资源松散，在农业和农村难以实现资源的集中从而难以产生聚集效应；而城市人口集中、产业集中、资源集中，很容易形成聚集效应，这种自然因素使城乡差距客观存在。[①] 在城市，由于容易形成聚集效应，能够使企业降低生产成本，促进分工与合作，享有区域与品牌优势，进而促进这一区域经济的快速发展。在聚集经济的效应下，城市和农村本来存在的差距被进一步扩大了。

2. 重工业优先发展战略是形成城乡差距的根源

蔡昉、杨涛（2000）认为，在中华人民共和国成立初期计划经济体制下，政府选择和推行重工业优先发展战略是形成城乡差距的根源。这一战略通过吸收农业剩余，为工业提供资本积累和对城市进行补贴，意图迅速达到工业化。其相对应的体制使资本过度集中于城市产业，劳动力过度集中于农业，城市职工劳动生产率和报酬水平远超过农村劳动力。其结果是产品和要素市场的扭曲，并形成对城市居民的倾斜。陈斌开、林毅夫通过理论模型推导证明，重工业优先发展战略将导致较低的城镇化水平和更高的城乡工资差距。重工业部门低就业需求的特性，是城乡收入差距扩大的主要原因；同时，不符合比较优势的重工业部门生产效率低下直接导致城乡收入差距难以缩小。[②]

3. 城乡二元结构使城乡差距进一步扩大

马宇文认为，城乡二元经济长期分隔，造成农村经济发展基础薄弱，所能利用的资源稀少，劳动生产率及创造的财富总量无法迅速提高，农民收入增长缓慢。城市二元结构使城市工业与其他非农产业在经济体制改革中受益较大，而农业投入相对减弱，农用生产资料价格

---

① 王钊：《城乡居民收入差距的成因及破解》，载于《改革》2002 年第 6 期，第 11 页。

② 陈斌开、林毅夫：《重工业优先发展战略、城市化和城乡工资差距》，载于《南开经济研究》2010 年第 1 期，第 3~14 页。

上涨较快，工农产品价格剪刀差不断扩大，农业比较利益下降，城乡收入差距拉大。

4. 向城市倾斜的经济政策加剧了城乡差距

（1）城乡有别的财政投入政策。政府实施城乡有别的财政投入政策，国家财政在公共产品支出方面存在城乡不均，这是导致城乡差距进一步扩大的又一原因。我们从下面的分析可以看出城乡有别的财政支出在一定程度上推动了我国城乡差距的扩大。

我国农业支出占财政支出的比重低。1978 年我国财政对农业的支出为 13.43%，1991 年下降到 10.26%，并且一直持续下降。1998 年有所增加，这是因为，为了刺激经济发展，国家实行积极的财政政策，加大了对农业基本建设的投资。2003 年下降到 7.12%。[①] 2008 年这一比例为 7.26%。[②] 我国农民占了人口的绝大多数，但是财政对农业的支出却不到 10%。此外，在公共财政下，政府的一个重要责任就是提供公共品，我国对城市公共品的投入力度要远远大于农村。2003 年主要针对城市居民日常生活的粮、棉、油、肉等各项财政性补贴支出，就超过了国家财政用于农业基本建设支出。[③] 这些充分说明了我国财政支出向城市倾斜，再加上对农业支出的比重本来就处在一个很低的水平，这无疑会促进我国城乡差距的进一步扩大。

（2）城市化进程中的农民失地问题突出。现行的征地补偿机制存在诸多的不合理，由于土地收益向城市和非农部门倾斜，农民受益太少，并且在征地补偿过程中存在征地补偿办法不合理，征地范围过宽，征地程序忽视农民意愿等问题，使失地农民的长远生计缺乏应有的保障。

据统计，2004～2005 年一年多的时间里，全国就有 5600 多万亩

---

①③　钟宁宁：《财政支出对缩小我国城乡差距的影响》，载于《合作经济与科技》2007 年 3 月号下（总第 317 期）。

②　根据 2009 年中国统计年鉴相关数据计算得出。

土地被占用，造成 4000 万农民失地，据测算，在有些地方，被征土地收益，地方政府占 20% ~ 30%，开发商占 40% ~ 50%，村级组织占 25% ~ 30%，失地农民只占 5% ~ 10%。①

5.2.2　城乡二元结构的构成因素

在我国，城乡二元结构可以由这样的几个因素构成。

1. 城乡之间的户籍制度

户籍制度是造成城乡二元结构的重要的制度因素。1951 年，公安部公布了《城市户口管理暂行条例》，这是我国第一部有关户籍管理的法律法规。1957 年政府实行了控制户口迁移的政策。1958 年 1 月，全国人大常委会第 91 次会议讨论通过《中华人民共和国户口登记条例》。该条例第 10 条第 2 款对农村人口进入城市做出规定："公民由农村迁往城市，必须持有城市劳动部门的录用证明，学校的录取证明，或者城市户口登记机关的准予迁入的证明，向常住地户口登记机关申请办理迁出手续。"这一规定标志着中国以严格限制农村人口向城市流动为核心的户口迁移制度的形成，根据这一规定，农村人口不能自由到城市找工作、安家落户。在这一制度框架下，拥有非农户口的人可以享受国家给予的各种福利待遇，如住房、医疗、教育、养老等，这些福利待遇是农村户口享受不到的。在改革开放以后，国家开始允许农民进入城市经商或打工，但农村居民仍然没有在城市定居的权利，而是实行暂住证制度。暂住证制度可以看作是这种城乡壁垒存在的标志。以户籍制度为基础的城乡分割体制，将城乡居民分割成了两个社会地位和发展机会严重不平等的社会阶层。

2. 粮食统购统销体制

由于大规模的工业化建设需要强大的粮食供应做后盾，中华人民

---

①　王谦：《城乡公共服务均等化问题研究》，山东人民出版社 2009 年版，第 149 页。

共和国成立后，我国的粮食生产难以满足工业化建设的需要，粮食供应出现紧张的局面。为消除这种紧张的局面，国家推行了粮食统购统销的政策。这一政策使农民失去了自主支配其生产成果的权利，限制了其社会流动和区域流动，并且造成了工农业产品的价格"剪刀差"，国家以抽取农业的大量剩余来支持工业的发展，"肥了工业，苦了农业"。据统计，1952 年到 1990 年，农民为工业提供资金贡献9516 亿元，其中，通过工农业产品"剪刀差"提供资金贡献为 6990亿元，占资金贡献总额的 73.5%。[①] 1953 年以后，随着粮食统购统销政策的实行，中国开始实行粮油计划供应制度。这一制度原则上规定国家只负责城市非农业户口的粮油供应，不负责农业户口的粮油供应。这项制度基本上排除了农村人口在城市取得口粮的可能性。

3. 就业制度

在计划经济以及以后的很长一段时期，我国的就业分配制度主要面向城市社会，农民并不享有这一权利，农村的劳动力受户籍制度、就业制度的限制，不能去城市工作，必须由农村自我消化。同时，国家给予城市居民的各种福利待遇都是通过工作单位实现的。城乡分割的就业制度导致城乡居民在就业政策扶持、就业准入、劳动保障、社会福利等方面存在极大的不平等。我国长期以来把就业工作的重心放在城市，没有列支专门的资金、项目扶持农村劳动力转移与就业。与城镇职工享受系统的职业培训相比，农村劳动力在相当一段时间里享受不到国家扶持的职业技能培训。与城镇职工享受良好的劳动待遇和工作保障相比，农村劳动力在就业过程中往往受到不公正对待：一是劳动合同不规范；二是同工不同酬。通过前面的分析，我们知道，外出务工农民的医疗、工伤等社会保障较城镇职工相比，保障水平低，参保率低。

---

① 王谦:《城乡公共服务均等化问题研究》，山东人民出版社 2009 年版，第 150、152 页。

5.2.3　城乡二元结构下的公共服务供给制度的变迁

1. 中华人民共和国成立后至改革开放前城乡公共服务供给制度

新中国成立后，城市公共服务供给制度依赖于城市工业制度，政务院在 1951 年 2 月发布了《劳动保险条例》，1953 年又进行了修改。该条例详细规定了城市国营企业职工所享有的各项劳保待遇，主要包括职工病伤后的公费医疗待遇、公费休养与疗养待遇，职工退休离职后的养老金待遇，女职工的产假及独子保健待遇，职工伤残后的救济金待遇以及职工死后的丧葬、抚恤待遇等。条例甚至规定了职工供养的直系亲属享受半费医疗及死亡时的丧葬补助等。国家以病假、生育、退休、死亡等单项规定的形式规定了国家机关、事业单位工作人员的劳保待遇。城市集体企业，大都参照国营企业的办法实行劳保。除此之外，20 世纪 50 年代城市人口还可享有名目繁多的补贴，就业人口可享有单位近乎无偿提供的住房等。这些条例和政策标志着政府对城市职工在吃、穿、用、住和医疗等方面担负着保障责任。

在农村，公共服务供给制度依赖于农村土地制度，农村居民在吃、穿、用、住和医疗等方面主要依靠农民自身，农民生老病死伤残几乎没有任何保障。

2. 改革开放后和农村税费改革前城乡公共服务供给制度

改革开放后，城市的公共服务供给制度变化不大。在农村，国家强化了地方政府供给地方公共服务的责任，乡镇一级的办学、计划生育、优抚、民兵训练和交通灯 5 项公共事业所需要的费用在全乡统筹中解决，而不是纳入到公共收支制度范围。[①] 此时的公共服务提供所

---

① 王谦：《城乡公共服务均等化问题研究》，山东人民出版社 2009 年版，第 151、152 页。

要的成本以农户作为基本核算单位，进行分摊。村级组织可以对农民收取公积金、公益金和管理费三项"提留"。农村公共服务提供所需的资金主要是通过乡统筹、村提留、义务工和积累工的形式，由农民来负担。例如，在农村税费改革前，农村中小学的相当一部分开支要由人民公社或生产大队来负担。民办教师的报酬，也要由农民来承担。与城市的公共服务由国家来负担不同，城乡之间公共服务的供给制度的差异仍然很大。

3. 农村税费改革至今城乡公共服务供给制度

在这一时期，国家对城市公共服务的供给体制进行了一些改革，对教育、医疗等一些具有准公共服务性质的社会性公共服务采取了市场供给的形式。总体上来说，城市的公共服务供给比农村的要充足，公共服务的供给制度也比农村的要完善，供给主体仍然是政府，公共服务的资金来源主要来自财政拨款。

在农村，国家实行税费改革后，在一定程度上减轻了农民的负担，但并未建立相应的制度来保障农村公共服务的有效供给。在经济落后的地区，由于县乡财政困难，当地农村公共服务的供给仍然不足。尽管在有些经济发达的地区，当地农村已经参考城市公共服务的提供方法由县乡财政来负担当地公共服务，但是由于农村人口相对较多，县乡财政资金有限，这种公共服务的覆盖范围毕竟有限。因此，现阶段农村公共服务供给的制度建设仍然滞后于城市。

归结起来，中华人民共和国成立后，我国在工业化进程中，对城市和乡村、工业和农业、市民和农民实行不同的经济社会发展政策，包括"以农补工"的资金积累政策、"三大差别"的城乡隔离政策、不平等的权利义务政策和"重工轻农"的投资政策等，使资金、资源、技术的配置长期向城市、工业、市民倾斜。这一发展战略，使城乡二元经济结构固化，城乡差距扩大，农村中教育、医疗、社保、基础设施等长期投入过低，我国基本公共服务的供给也呈现出明显的二元特征：城市中的基本公共服务主要由政府提供，由国家财政作保障；在广大的农村，大部分基本公共服务则主要依靠农户自筹资金解决，政府仅是给予一定的补贴。基本公共服务的二元供给体制使城乡居民长期以来在基本公共服务的享用方面存在着严重的非均衡现象，直接造成农村基本公共服务滞后。

5.3 地区间经济发展水平对公共服务均等化的影响

地区间经济发展水平的差异会导致各地财政收入的不同，进而导致各地区公共服务提供能力的差异。我们可以通过分析地区间经济发展水平差异的原因得出区域间公共服务非均等化的原因。造成各地经济发展水平不同主要有以下几方面的原因。

5.3.1 区域经济非均衡发展战略

1. 区域经济发展战略的演变

新中国成立以来，我国区域经济发展战略的演变经历了三个阶段：

（1）从20世纪50年代初到70年代末的区域经济均衡发展战略。从20世纪50年代初到70年代末，我国采取了区域经济均衡发展战略，以内地为投资建设的重点，以缩小沿海与内地之间的差距，实现生产力的均衡布局为基本目标，追求地方经济的同步发展和自成体系。在中华人民共和国成立后的25年中，国家先后在大西南、大西北地区投入资金支持当地经济的发展，特别是在三线建设时期，东、西部的工业差距得到了进一步的平衡。区域经济均衡发展战略的实施，改变了以往的不合理的生产布局。但是由于资本短缺、基础设施落后等因素使"均衡"的发展战略难以为继。"三五"时期，沿海地区的投资额在全国基本建设投资总额中仅占30.9%，比"一五"时期下降了10.9个百分点，轻工业投资仅占全国基本建设投资总额的4.4%，"四五"期间，仅占5.8%，造成很长时期的轻工业产品的严重短缺。

（2）20世纪80年代初期到20世纪末的非均衡发展战略。十一届三中全会以后，国家把工作重心移到经济建设上来，实行改革开放。邓小平指出："在经济政策上，我认为要允许一部分地区、一部分企业、一部分工人农民，由于辛勤努力成绩大而收入先多一些，生活先好起来。一部分生活先好起来，就必然产生极大的示范力量，影响左邻右舍，带动其他地区、其他单位的人们向他们学习。这样，就会使整个国民经济不断地波浪式的向前发展，使全国各族人民都能比较快的富裕起来。"[①] 1988年，邓小平又提出"两个大局"的构想，回答了如何分阶段有步骤地实现中国区域经济协调发展，最终实现共同富裕的问题。

由此，我国在20世纪80年代初期率先在东部沿海地区实施以对外开放为特征的非均衡发展战略。1980年五届人大第十五次常委会批准了在深圳、珠海、汕头、厦门设置经济特区并通过了《广东省经济特区条例》。1984年5月，在总结经济特区经验基础上，国家决定进一步开放从东北沿海一直到广东南海的14个沿海港口城市，同时在这些城市逐步兴办起经济技术开发区。1985年初，又确定将长江三角洲，珠江三角洲，闽南厦门、漳州、泉州三角地区，以及胶东半岛、辽东半岛开辟为经济开放区，1988年，决定兴办海南经济特区；同时，国家加大了对东部的资金投入。至此，以加快沿海地区开放为特征的区域经济非均衡发展战略已基本形成。

（3）20世纪末至今的区域经济互动协调发展。江泽民总书记于

---

①　邓小平：《解放思想、实事求是、团结一致向前看》，载于《邓小平文选》（第二卷），人民出版社1994年版，第140页。

1999 年 6 月 17 日发表了重要讲话，正式提出了"西部大开发战略"。江泽民指出："逐步缩小全国各地区之间的发展差距，实现全国经济社会的协调发展，最终达到全体人民的共同富裕，是社会主义的本质要求，也是关系我国跨世纪发展全局的一个重大问题，要把逐步缩小东部与中西部地区的发展差距作为一条长期坚持的重要方针。加快西部地区的经济发展是保持国民经济快速健康发展的必然要求，也是实现我国现代化建设第三步战略目标的必然要求。"① 西部大开发战略总体上是用一种新的均衡战略来平抑、弥合东西部之间过大的差距，从而保持国民经济的稳定、协调发展。这一均衡发展战略取得了较大的成就。

2. 区域经济非均衡发展战略导致地区间公共服务不均等

如上所述，在区域经济发展战略的第二阶段，非均衡发展战略是造成地区差距扩大的重要原因。

我国在 20 世纪 80 年代初期率先在东部沿海地区实施以对外开放为特征的非均衡发展战略。首先创办了改革开放试验田，建立经济特区，随后又将沿海、沿江、沿边开放，形成了多层次、全方位、宽领域的对外开放格局；其次，国家实行了一系列的向东部沿海倾斜的优惠政策、投资布局和体制改革。改革开放以来，区域经济非均衡发展战略的实施使得我国在整个 80 年代国民经济以超过 12% 的速率增长，90 年代也未低于 8%，而这主要得益于东部地区更高的增长水平。与此同时，由于国家经济发展重心的"东移"，使得东部地区与中西部地区的绝对和相对差距迅速扩大。蔡昉、杨涛（2000）分析，从 20 世纪 80 年代中期开始，中央政府逐步形成并实施了对东部地区提供优惠和鼓励的发展政策，使经济改革和发展的中心东移。以牺牲中西部地区发展为代价的这种政策，导致区域间经济增长和收入水平

---

① 江泽民于 2000 年 6 月 17 日，在西北五省区国有企业改革和发展座谈会上就加快中西部地区发展的讲话。

差异的扩大。1982～1989 年，全国重点项目投资比例东部、中部、西部分别为 1:0.59:0.24，近半数重点项目集中在东部。全国基本建设投资累计 9000 多亿元，其中投放在东部的占 50.1%，中部 26.6%，西部 16.3%。[①] 杨（Yang，1990）认为，我国改革开放实行的"非均衡发展战略"，使得内陆地区在资本积累和基础设施发展方面与沿海地区的差距逐步拉大，而政府推行的一系列政策又对扩大地区差距起到了一定作用。

在此我们用地区生产总值和地区人均生产总值来衡量地区经济的发展水平。2004 年我国地区生产总值的平均数为 5578.89 亿元，2008 年我国地区生产总值的平均数为 10894.13 亿元，可以看出我国地区经济发展水平整体呈现增长趋势。但是我国不同省份经济发展的差距还是很明显的，2008 年广东省的地区生产总值最大，青海省的地区生产总值最小，前者是后者的 37.12 倍。[②] 从区域角度来看，按照前面我们对东、中，西部的划分，我们将 2004 年度和 2008 年度各区域的生产总值对比情况在表 5-8 中列出。

表 5-8　　　　2004 年和 2008 年各区域的生产总值情况对比

区域	2004 年		2008 年	
	平均生产总值（亿元）	区域生产总值约占全国生产总值的比率（%）	平均生产总值（亿元）	区域生产总值约占全国生产总值的比率（%）
东部	9101.709	55	17485.252	58
中部	5329.622	30	10456.74	31
西部	2383.623	15	4854.715	11

资料来源：根据 2009 年中国统计年鉴相关数据计算得到。

从表 5-8 可以看出，无论是 2004 年还是 2008 年，东部区域生

①　高伯文：《中国共产党区域经济思想研究》，中共党史出版社 2004 年版，第 329 页。
②　资料来源：根据 2009 年中国统计年鉴相关数据计算得到。

产总值占全国生产总值的比例很大，均在 55% 以上，中部地区的比重均在 30% 左右，西部地区的生产总值比重都是最低的。将 2004 年的数据和 2008 年的数据横向比较，发现东、中、西三个区域的生产总值均在增加。结合两年的数据，进行纵向比较，发现虽然经济总量在增长，但是东、中、西三个区域的经济发展差距没有缩小，东部地区一直处于高位发展，中部居中，西部最落后，而且能看出差距有逐渐扩大的趋势。再从各地区人均情况比较，2004~2008 年东部和东北地区的人均生产总值是高于全国平均水平的，中部和西部的人均生产总值低于全国平均水平。[①]

由此可见，我国区域经济发展的差距明显，东部地区较中西部地区更为发达。结合前文分析的基本公共服务提供现状，东部地区的基本公共服务水平明显高于中部地区，中部地区的水平高于西部地区，这说明现阶段的经济发展水平与基本公共服务的提供有着密切的关系。其中的关联是，各地经济发展水平的差异直接影响各地的财政收支能力，致使各地财政提供基本公共服务的能力呈现巨大差距。而基本公共服务供给财力不足与政府间财政支出体制又有很大的关联性。经济发达地区征税和筹集非税收入的能力较强，因此能向本地区居民提供高于全国平均水平的基本公共服务；而落后地区往往收不抵支，更不用说提供基本的公共服务了。所以，区域经济发展的非均衡战略造成的地区之间的经济发展不均衡也是区域间基本公共服务非均等化的主要原因。

以上内容可以归结如下：改革开放后按照"两个大局"的发展思路，优先发展东部地区，在产业布局、固定资产投资、财税政策上给予倾斜、优惠政策强化了东部地区特别是沿海地区的"积聚效应"，加大了东西部地区的经济与财力差距。财力状况决定了公共服务水平，贫富不均的财力必然使得各地对基本公共设施建设、公共服

---

① 解怡：《地区间基本公共服务均等化问题研究》，吉林大学硕士论文，2010 年。

务改善和其他相关投入存在较大的差异，致使各地区的公共服务水平
进一步拉大、均衡难度增大。

5.3.2　地区资源禀赋不同导致公共服务不均等

各地区的经济发展水平受地区资源禀赋的影响很大，地理环境和
区位优越的地区经济发展比其他地区快，从而地区生产总值也比其他
地区大。这样经济发达地区的政府较落后地区的政府就有更加充足的
资金提供基本公共服务。

东部地区与中、西部地区相比，自然条件、资源条件、区位条
件、社会经济基础等方面都存在差异。我国东部地区省份大部分地处
沿海，其中有些城市也是最先对外开放的地区，经济发展起步早。这
些发达地区的交通，社会环境也相对更好，进一步促进了这些地区的
经济发展。

自然地理环境对经济发展的影响可以通过外商投资水平来衡量。
表5-9是我国2009年和2010年各地区利用外资的情况，从表中可
看出，2010年外商投资企业投资总额排名前9名的企业均为东部地
区的省份。

表5-9　　　　　**各地区外商投资企业年底注册登记情况**

地区	企业数（户）		投资总额（亿美元）		按2010年投资总额排名
	2009年	2010年	2009年	2010年	
江苏	50241	51666	4444	5081	1
广东	90189	93756	3939	4213	2
上海	52278	55666	3084	3394	3
浙江	28252	28769	1640	1832	4
辽宁	19893	18377	1318	1476	5
福建	23609	23463	1175	1248	6

续表

地区	企业数（户）		投资总额（亿美元）		按2010年投资总额排名
	2009 年	2010 年	2009 年	2010 年	
山东	30579	29486	1120	1245	7
北京	23293	24853	1066	1192	8
天津	12288	12918	977	1096	9
四川	11521	12050	461	544	10
江西	6822	7574	369	439	11
湖北	7237	7486	377	429	12
河北	9559	9531	370	403	13
河南	10676	10254	347	379	14
重庆	4447	4827	278	349	15
湖南	5220	5410	280	324	16
安徽	5579	5633	279	303	17
广西	4391	5327	272	280	18
海南	4531	4171	903	259	19
内蒙古	3675	3693	240	232	20
山西	3535	3665	205	229	21
吉林	4203	4309	193	223	22
黑龙江	5957	5814	181	196	23
陕西	5097	5378	162	180	24
云南	3880	3833	159	179	25
甘肃	2045	2116	49	63	26
新疆	1639	1751	48	52	27
贵州	1966	1936	36	41	28
宁夏	669	529	25	40	29
青海	495	499	28	23	30
西藏	243	264	6	5	31

资料来源：《中国统计年鉴（2011）》，中国统计出版社2011年版。

目前，虽然各地区都在进行经济开放，但外资的主要投资方向仍为东部地区，2008 年东部地区外商投资额占全国外商投资额的61.9%，可以看出东部地区的固有自然条件对其经济的率先增长提供了有力支持。[①] 东部沿海地区因为自身的地理环境优势，吸引了更多的外资，有力地促进了东部地区的经济发展，相应地这些地区的基本公共服务提供状况也较好。而自然地理环境相对劣势的省份，如中西部省份，由于这些地区深居内陆，交通不发达，对外开放程度低，信息闭塞，外商投资水平较低，限制了这些省份的经济发展，从而影响其对基本公共服务供给的能力。所以自然地理环境因素也是影响基本公共服务发展的又一因素。

自然条件在很大程度上影响着基本公共服务均等化的程度，还表现在：一是自然条件恶劣，对基本公共服务需求大，成本高。举例：以人畜饮水为例，甘肃全省大部分地区干旱少雨，在 1900 万农业人口中有 1295.5 万人饮水存在困难，到目前为止，全省尚有 230 多万人饮水极度困难；而在初步解决饮水困难的地区，水质不合格率达到50%，饮水安全得不到保证。而要全面解决农村饮水困难问题，在农村基本普及自来水化的标准，则需要长期巨额投入，地方政府（包括省级）根本无力承担。类似的由于自然条件影响使一些地区在最基本的公共服务提供方面都存在巨大困难。二是由于地理区位因素，使公共服务效率低，制约了公共服务有效提供。甘肃地形狭长，戈壁、沙漠和山地居多，人口相对分散，交通运输成本高，资源利用率低。东部沿海地区由于经济基础较好和人口稠密等原因，完成同等社会服务的单位成本较小，而像甘肃这样的欠发达地区提供大致相等的社会服务水平，需要更大的财力投入，并且由于自然环境、人口等因素，公共服务成本还有边际递增趋势。因此，欠发达地区行政成本高于全国平均水平，政府提供公共服务的难度更大。

---

① 周俊：《我国基本公共服务非均等化的原因探析》，载于《学会》2009 年第 10 期。

一般来说，越是边缘、欠发达的、地广人稀的区域，提供公共服务的单位成本越高，财力缺口越大。这种地区之间的不均衡是自然条件差异决定的。

5.3.3　地区间市场化程度差异

市场化程度差异助推了地区间经济发展差距扩大。杭行等提出，市场化带来的马太效应使我国居民收入分配的地区差距逐渐扩大。不同的地区经济市场化进程不一致，东部地区的市场化程度明显高于中部，中部又高于西部。一个地区的经济体制改革越彻底，市场化程度越高，则这个地区的资源配置效率越高，经济发展越快；而在逐利动机的驱使下，周围市场发育水平较低地区的人才、资金等生产要素也源源不断地流向这一地区，从而进一步加快这一地区的经济发展。东部、中部、西部的市场发育不同步，在一定程度上对东部、中部、西部三大地带之间经济发展水平差距的持续扩大起到了助推作用。[1]

---

[1]　杭行：《中国居民收入分配差距扩大的原因及对策分析》，载于《复旦学报》（社会科学版）2002 年第 2 期，第 96～99 页。

第6章 我国推进基本公共服务均等化的制度路径

6.1 我国推进基本公共服务均等化的思路

6.1.1 基本公共服务均等化首先指制度上的平等

基于发展型社会理念，当我们以公民的生存和发展为基本公共服务均等化的目标时，就不能再将公民分为三六九等区别对待，这注定必须消除附加到公民身上的身份、阶层的差别，赋予他们均等化的公共服务制度。这体现在制度设计上就表现为各个制度模块之间互相衔接，让各种身份的人所享受到的公共服务首先从制度上打通。比如，将农村的社会保障制度与城市居民的社会保障制度衔接、与城市在企业就业的人口衔接、与事业单位就业的人口和政府部门公务员的社会保障福利衔接；具体到农村，各项社会保障制度和救助制度、社会福利制度也要衔接。不仅如此，各项制度的平台也要整合或衔接。具体到全国，不同区域的基本公共服务也要均等化。实际上，我们要设计的制度是突破了区域差别、城乡差别和阶层差别，成为一体化（均等化）的制度安排。

6.1.2 消除制约基本公共服务均等化的制度"瓶颈"

第四章分析的我国城乡之间、区域之间基本公共服务的非均等的"瓶颈"主要不在于经济实力，而在于均等化的制度供给不足，缺乏与市场经济相适应的公共服务的体制机制。主要体现在体制内和体制外的相关问题：

（1）从历史上看，由于城乡户籍制度的分野及由此形成的二元经济体制将社会分成不同的利益群体，俗称体制内和体制外，体制内和体制外享有的公共服务提供的制度安排是不同的。公共服务提供的体制机制改革就是要消除附着在户籍制度背后的针对不同群体的公共服务制度的不同，并且使不同群体享有的公共服务制度不再隔阂，而使其衔接；

（2）区域基本公共服务提供能力的差别。从历史上看，存在的另一个问题是由于区域经济发展战略不平衡，造成东部、中部、西部的经济发展不均衡，因而公共服务提供的能力也不相同，这势必影响公共服务提供的水平，只有通过改革财政体制、完善转移支付制度，才能实现为经济落后地区的公共服务提供必要的经济支撑；

（3）经济实力的强大，并不必然带来公共服务提供的均等化，提供公共服务的主体主要是政府及官员，只有适当的考核机制，才能起到有效的激励和约束作用。这还不仅是考核机制问题，从体制上深究，这涉及政府职能的转型，而考核机制只是政府职能转型的一个衡量尺度和导向标；

（4）从横向上看，基本公共服务均等化的推行还涉及多部门的、多项制度的协同改革。推行基本公共服务均等化的各项目是一个非常复杂的系统，涉及方方面面的利益，如果没有一套有效的合作、协商、对接和制约的体制机制，就很难有行之有效的操作方案，即使根据科学的模型、公式，提出一些建议，也会因为制度的"瓶颈"而无法实施；

（5）由于政治体制改革滞后于经济体制改革，使得既得利益者的权利呈现集中化的趋势，所以，研究基本公共服务均等化中的体制机制问题，理顺方方面面的利益，打通各个计划经济遗留下来的制约基本公共服务均等化推行的制度，是极其重要的问题。

综上所述，归结起来，就是要从制度安排上消除影响公共服务提供的区域发展不平衡、城乡发展不平衡的制度因素、使各利益集团享受的基本公共服务不均衡的制度因素，并从财政体制及转移支付制度、政府职能的转型与考核制度、提供基本公共服务的既有制度、平台的整合、完善和衔接等方面为基本公共服务均等化的推行扫清道路。

6.2　我国推进基本公共服务均等化的制度框架

理顺了基本公共服务均等化的目标之后，我们在制度设计上就可以有的放矢地设计相应的制度体系，以确保基本公共服务目标的实现。

6.2.1　基本公共服务均等化的制度目标

这个制度体系应该是针对学前阶段、学龄阶段、就业阶段、退休以及老年等不同阶段人群制定不同的政策。（1）对学前儿童来说，社会政策的目标是社会投资，特别是要降低儿童贫困，使他们有最好的生活起点和公平的机会。达成这一目标的步骤包括普及一年学前教育，逐步向普及三年学前教育迈进，逐步实现学前义务教育。同时可以有计划有步骤地向前一阶段延伸，在孕、产、婴、幼各个阶段都辅之以必要的措施，使所有儿童都有最好的生命起点和公平机会。（2）对学龄阶段的孩子来说，要普及九年制义务教育，逐步向普及高中阶段义务教育过渡。（3）对于就业人群来说，对失业人口的救助不仅限于领取失业保险金，社会政策的目标还包括克服就业障碍，保证他们不被排斥在主流社会之外。如就业支持政策（welfare-to-work）和工作支持政策（welfare-in-work），前者为失业者提供就业培训和寻找工作，后者则是在失业者重新就业后，还会继续得到政府的帮助，直到他们能够保住这份工作，并获得恰当的收入。（4）对已退休的老年人来说，社会政策的目标是通过完善的医疗保障制度和养老保险制度提高他们生活质量。对于以上制度安排下仍然贫困的人，再有针对性地施以必要的救助措施或纳入到某种社会福利中。这个基本公共服务均等化的制度框架比较完整、系统。限于篇幅，本论文主要研究义务教育、养老保险、医疗保险等几项主要的基本公共服务加以研究，对其他问题偶有涉及。

6.2.2　基本公共服务均等化制度的内在衔接

从制度体系内部层次性上讲，应该是相互衔接的、自洽的体系。我们的基本公共服务特别是社会保障制度在制度设计上应该是各个模块之间互相衔接的，成为一个自洽的体系。比如，将农村的社会保障制度与城市居民的社会保障制度衔接、与城市在企业就业的人口衔接、在事业单位就业的人口和在政府部门工作的公务员的社会保障福利衔接；具体到农村，各项社会保障制度和救助制度、社会福利制度也要相互衔接。以便确保任何一个公民一生中能顺利地在不同身份之间切换而不必为自己的选择会不会降低退休后的养老保险和医疗保险的水平担忧。不仅如此，要整合政策的运行平台，改变目前各部门单兵作战的现状，使预防、扶持和生活救助等政策工具在同一平台上协调运行。

6.2.3　基本公共服务均等化制度的内容

从制度内容上来讲，推行基本公共服务均等化应该设计或重构的制度包括哪些内容呢？如前所述，如果对公共服务均等化的研究停留在微观层面上，就基本公共服务均等化问题谈问题，缺乏一个统观全局的对有效实施基本公共服务均等化的体制机制的把握，那么制度上的路径依赖，会使计划经济时代残留下的制度阻碍基本公共服务均等化的实施。

本书的目前旨在打破这种制度上的路径依赖，设计一套以市场经济为导向的、与推行基本公共服务均等化相适应的制度安排，其内容主要包括：一是政府职能转型问题；二是户籍制度问题。推行基本公共服务均等化关键是要打破附着在户籍上的那套与计划经济相适应的对城乡人口采取不同福利待遇的制度；三是财政体制改革；四是转移支付制度改革；五是监管体系和考核制度的完善；六是关于各项基本公共服务内部的制度衔接问题；七是弱势群体问题；由于户籍制度的长期牵制，农村劳动力向城市转移受到种种限制。在城市中谋生的农民工虽然从农村转移出来，但只要他们的户籍不改变，附着在户籍上的各项公共服务的内容就不会改变，农民工在就业、子女上学、医疗保障上就都处于不利的地位。

6.2.4　基本公共服务均等化制度框架

在前文阐述的基础上统筹安排设计出一套基于发展型社会理念之上的统筹全局的制度框架具体包括：

第一，政府职能转型；

第二，不同阶层社会保障制度的对接；

第三，财政支出结构优化；

第四，转移支付制度改革；

第五，城乡一体化和户籍制度改革；

第六，基本公共服务的法律法规体系完善问题。

第7章　推行基本公共服务均等化的制度设计与重构

7.1　制度设计一：转变政府职能，建设公共服务型政府

目前，在我国市场经济体制基本确立的情况下，行政管理体制改革已成为全面深化改革的攻坚环节。我国公共服务供给不足，特别是在教育、医疗、住房、社会保障等领域，供需矛盾十分突出，这除了归因于生产力发展水平较低之外，还要归因于行政管理体制，尤其是政府职能定位的制约。提供公共服务实际上是服务型政府的主要职责之一。

以构建服务型政府为目标的政府改革思路是逐渐明晰起来的。2002 年中共十六大首次把政府职能归纳为经济调节、市场监管、社会管理、公共服务四项内容。2006 年中共第十六届六中全会通过的《关于构建社会主义和谐社会若干重大问题的决定》明确提出"建设服务型政府，强化社会管理和公共服务职能"。2007 年 10 月中国共产党第十七次全国代表大会报告中再次把"加快行政管理体制改革，建设服务型政府"作为发展社会主义民主政治的重要内容。这说明，建设服务型政府已成为政治体制改革的重要内容，是全面深化改革的关键。

7.1.1　服务型政府概念的形成

服务型政府是指把公共服务职能作为主要或核心职能、以公民利益为本位的政府。

20 世纪末，随着政府机构改革的推进，促使服务型政府的相关理论渐趋成熟。大致可归纳为四种维度①：

第一，政府与公民关系转变的维度。刘熙瑞教授将服务型政府定义为"在公民本位、社会本位理念指导下，在整个社会民主秩序的框架下，通过法定程序，按照公民意志组建起来的以公民服务为宗旨并承担服务责任的政府"。他指出服务型政府与以往的管理型政府的区别在于民本位和官本位、社会本位和政府本位、权利本位和权力本位之间的取向差别。

第二，政府职能历史演进的维度。认为政府的行政模式从历史上的"统治行政"向近代的"管理行政"再向现代的"服务行政"转变，这是从统治到管理、再到服务的演变过程。

第三，政府职能调整的维度。强调政府职能是提供公共服务，具体从经济层面上来说就是要纠正市场失灵，提供公共产品；从政治层面上来说就是要提供安全、民主、平等的制度环境；从社会层面上来说就是要处理社会面临的公共问题，促进社会健康发展。

第四，行政机构建设维度。即通过调整具体行政机构向服务型政府的目标靠拢。

7.1.2　服务型政府提出的背景

迟福林认为，随着改革开放的发展，中国逐步形成"经济建设

---

①　内容部分参照燕继荣：《服务型政府的研究路向——近十年来国内服务型政府研究综述》，载于《学海》2009 年第 1 期。

型政府"模式。政府长期主导资源配置，并将掌握的资源主要运用在经济领域，这使政府充当了经济建设主体和投资主体的角色。经济建设型政府有几个严重的误区：一是政府长期作为经济发展的主体力量，起主导作用；二是解决不了政府、国有企业与国有商业银行的结构性矛盾，致使政企分开一直成为改革的难点；三是重视经济建设的投入回报，严重忽视社会事业投入的巨大经济、社会效益；四是不恰当地把一些本应由政府提供的公共物品和公共服务推向市场、推向社会。实践证明，经济与社会发展失衡、经济发展和生态的失衡等，都与这种政府模式有直接、内在的联系。

他认为，从"经济建设型政府"转向"公共服务型政府"，是中国市场化改革的必然选择。公共服务型政府抛弃了政府把主要精力用来直接搞投资建设的思维，主张政府主要为微观经济主体创造良好的竞争环境，以实现经济社会协调发展。所以，建设服务型政府是政治体制适应市场经济体制的要求进行的相应的调整和变革；建设服务型政府是廉政的需要；建设服务型政府是市场机制配置资源本身的要求。

7.1.3　政府改革的趋向

20世纪80年代以来，基于对传统集权政治的反思，我国开始实行"放权让利"。90年代，在国家与社会、政府与市场关系上，精简官僚机构、"小政府、大社会"被视为政府改革的目标。进入21世纪，中央文件明确提出，市场机制应该在资源配置中发挥决定性作用，政府的职能定位在提供公共服务上。由此，转变政府职能、构建服务型政府，便成为政府改革的目标。有关政治统治型政府、经济建设型政府和公共服务型政府的比较如表7-1所示。

表 7 - 1   关于三种政府范型的比较分析

比较的向度	政治统治型政府	经济建设型政府	公共服务型政府
理论认识基础	统治理论和集权理论	经济发展理论和企业管理理论	公共服务理论和公共管理理论
政府行为模式	政治权威为中心，以政府机构和官员为本位，把人作为控制目标，政治统治是根本目的	以政府和官员为本位，把经济事务作为管理对象，以经济发展为根本目标	以社会和公民为本位，提供公共服务和产品，以公共服务为根本目标
组织权力体制	层级制、封闭制、垂直式结构	官僚制、封闭式结构	职能制、扁平结构
政府主导职能	政府统治为主导	经济发展为主导	公共服务为主导
公共利益概念	自身利益占超强地位	自身利益占主导地位，兼以实现社会公共利益为基础	社会公共利益占绝对地位
政策主体、手段	道德自律、行政手段，政府是唯一主体	制度规范、行政手段、政府是唯一主体	市场化、社会化，与非政府公共机构甚至私人部门合作
行政自由裁量	无限裁量权	自由度大，存在随意性	有限性、责任性
公职人员激励	终身制、等级特权	以工资和公职保障为主要形式的利益驱动	社会价值和公共责任
与社会的关系	非良性	非良性，社会结构蜂窝状	良性，网状社会结构

资料来源：燕继荣：《服务型政府的研究路向——近十年来国内服务型政府研究综述》，载于《学海》2009 年第 1 期。

7.1.4 服务型政府的理论基础

服务型政府的理论源自政府职能的相关理论。政府职能是指政府承担的主要经济和社会职责。政府职能基本理论经历了以下发展阶段。

第一阶段，从 18 世纪亚当·斯密开始到 20 世纪 30 年代的大危机。古典经济学将政府职能定位为"守夜人"角色，认为通过市场这只"看不见的手"，自然会在实现个人利益最大化的同时也实现了公共利益最大化；最好的政府是自由放任的政府，只承担三项职能：一是保卫个人的安全，使其不受他人的侵害；二是保卫国家安全，使其不受外敌的侵犯；三是提供公共设施与公共服务。

第二阶段，从 20 世纪 30 年代到 60 年代。大危机使人们认识到，市场会失灵，需要政府干预。凯恩斯认为"看不见的手"本身存在收入水平差距过大、经济外部性以及垄断等弊病，这些是市场本身不可能克服的，只有通过"看得见的手"的干预才能解决。政府必须灵活运用财政政策和货币政策对市场进行积极干预。

第三阶段，20 世纪 70 年代到 90 年代之前。美国 70 年代的经济滞涨，使得公共选择学派发现政府同样会失灵，而且政府的积极干预导致政府职能的过度扩张和机构膨胀，扭曲市场对资源配置的调节作用。公共选择理论认为：第一，政府同样会失灵；第二，国家机器的执行者可能追求自身的利益而不是公共利益。第三，认为市场失灵并不必然导向政府干预。结论是，政府职能应确定为为市场机制发挥决定性作用创造各种有利条件，只有在单靠市场机制无法解决的问题上，才存在政府干预的必要性。

第四阶段，自 20 世纪末开始，出现了"新公共管理理论""新公共服务理论"和"治理理论"等新理论。

（1）新公共管理理论。新公共管理理论的代表人物是美国的戴维·奥斯本和特德·盖布勒，他提出政府改革的目标是建立"企业家政府"。其主要观点是：私营企业的管理在绩效和顾客满意程度方面比政府部门好得多，把私人部门的管理理念和方法应用于政府部门是重塑政府的必要途径；可以考虑公共服务方式的市场化，包含：第一，将决策和执行分开；第二，打破公共服务的垄断性，实现公共服务供给者多元并存，竞争发展；第三，公共服务的消费者有在多元供给者之间做出选择的权力和用以选择的资源。在公共服务的具体提供方式上，新公共管理理论主张以市场为基础，通过合同出租、公私合作、使用者付费和凭单制等具体形式，根据市场需求对公共服务部门的产出状况实施有效控制。

新公共管理理论上的缺陷是：会混淆政府与公民、政府与社会之间的关系，忽视政府服务的公共性和服务性，甚至对公民的主人地位构成负面影响。

（2）新公共服务理论。在对新公共管理理论反思的基础上，以美国著名公共行政学家罗伯特·B. 登哈特为代表的"新公共服务"理论认为，公共行政在以公民为中心的治理系统中扮演这样一些角色：一是服务于公民；二是追求公共利益；三是重视公民权和公共服务胜过重视企业家精神；四是思考要有战略性，行动要有民主性。五是公务员应该关注法令和宪法、社区价值观、政治规范、职业标准以及公民利益，而不仅仅是关注市场；六是服务而不是掌舵；七是重视人而不只是重视生产率。

新公共服务理论为服务型政府的构建提供了重要的思想资源。

（3）治理理论。针对新公共管理理论损害了现代民主制度所倡导的宪政主义与公共精神，治理理论强调政府职能的有限性，强调公私合作、共管共治的共同治理国家的模式。

治理理论的主张可以概括为：第一，治理主体的多元化；第二，治理过程的互动性；第三，治理对象的参与性；第四，治理手段的多样化。

7.1.5　服务型政府的内涵

迟福林认为，服务型政府是为社会提供基本的、有保障的公共产品和有效的公共服务，在此基础上形成政府治理的制度安排。政府需要提供三种公共服务：一是通过有效的宏观经济调控和管理、严格规范的市场监管、及时公开地向全社会提供经济信息、提供最基本的基础设施等，为企业、社会创造良好的市场环境；二是提供最紧迫的社会性公共产品和公共服务；三是在经济转轨的过程中，为社会提供制度性的公共服务。

可见，服务型政府从根本上来说是以公民为本位的政府，为了确保公民的利益和意志在整个公共管理中具有决定性地位，需要做到公共政策反映公民的意志、公民参与公共政策的执行并且把公民是否满意作为评估政府绩效的最终标准。服务型政府的所谓服务应该包括：经济调节、市场监管、社会管理和公共服务。

7.1.6　构建服务型政府的基本路径

迟福林、方栓喜认为，建设公共服务型政府要做到以下几点：（1）以人为本，为社会提供最基本的公共产品和公共服务，着眼于解决当前最突出的经济社会矛盾。（2）建设公共服务型政府要统筹规划，加快解决政府转型中事关全局的重大体制问题。这些问题包括：第一，加快由投资型财政向公共服务型财政的转变；第二，深化投融资体制改革，为各类市场主体提供平等、高效的投资和融资环境；第三，根据社会经济发展需要，重新界定中央和地方的财权和事权；第四，要关注和解决地方政府的债务问题；第五，加快公共事务的相关立法。（3）建设公共服务型政府，需要进行现代政府理念的宣传和教育，首要的前提是树立以人为本的新发展观，需要深刻理解政府管理的本质，需要构建新的政府文化。①

7.1.7　构建服务型政府的突破口

目前，我国政府应从如下方面着手构建服务型政府：

---

①　本节部分内容参照 http://www.aisixiang.com/data/28974.html。

（1）转变政府职能，强化政府基本公共服务职责。要建设人民满意的服务型政府，就要树立"以人为本"的理念，实现从"管理型政府"向"服务型政府"理念的转变；就政府职能的越位、错位、缺位问题，把不该由政府管理的事项移交出去，把属于社会公共领域的事物，公民、社会组织和市场不能解决的，要管到位，尤其要强化政府的经济调控、市场监管、社会管理和公共服务职能；依法行政。

需要从以下方面加强政府的公共服务职能：

①公共政策的制定和实施要充分体现公平正义。公共政策的制定和实施必须把公共利益作为首要价值，把维护社会公平正义作为公共政策制定和实施的基本原则，强化政府为农村、欠发达地区和困难群体提供基本而有保障的公共服务的责任。

②确立基本公共服务的任务范围。加强义务教育、公共就业服务、卫生服务和基本医疗、基本社会保障等领域的基本公共服务建设，努力使全体国民学有所教、劳有所得、病有所医、老有所养、住有所居。

③制定全国性的基本公共服务均等化战略规划。主要涉及：制定全国统一的基本公共服务均等化的最低标准；先制定全国统一的制度安排，解决不同省市、不同部门各自制定政策，口径不统一、条块分割，以及跨地域、跨层级对接难的问题；通过制度创新，逐步缩小基本公共服务在区域之间、城乡之间和社会群体之间的差距；明确实施进度和保障措施。

④整合、优化公共行政资源，提高政府的公共服务能力。从纵向看，应建立中央地方规范的公共服务分工体制，合理划分上下级政府在基本公共服务上的事权与财权，努力形成权责一致的体制、机制；从横向看，推进大部门体制改革，克服同级政府中职能相同或相近部门在基本公共服务上分工过细、职能交叉、推诿扯皮的问题，提高基本公共服务的供给效率。

　　⑤构建公共服务体系的规范要求，统筹设计和推进事业单位改革。中国（海南）改革发展研究院 2006 年改革调查问卷显示，79.78% 的专家认为事业单位改革有赖于行政管理体制改革的整体推进。事业单位改革的基本目标是建立统一、有效的公共服务体系。在公共服务体系总体设计方案没有出台前，事业单位改革在实践中难免以"减少开支、缩减人员"为目标。如果把事业单位改革置于公共服务体制建设框架下统筹设计和安排，这项改革就有可能取得实质性突破。[①]

　　（2）优化政府结构，推行省直管县制度。要建立健全决策权、执行权、监督权既相互制约又相互协调的权力结构和运行机制；按照一件事情原则上由一个部门管理和权责一致的原则，解决上级政府权大责小、下级政府权小责大以及财权事权不对称问题；遏制行政成本增长过快的势头，推进大部门制改革，将相似的职能集中在一个大部门中以减少机构；试点省直管县（市）改革，将地方行政层级从四级制压缩为三级制，促进地方政府治理结构扁平化，以提高效率、降低成本。

　　政府层级过多，不仅人为地增加了信息传递层次、拉大了中央与基层的距离、造成了大量的机构重叠和行政开支，还影响政府的行政效力，目前我国实施行政管理扁平化构想在经济市场化、信息网络化、管理现代化的基础上，可行性已经很强。行政机构的扁平化管理不仅可以减少管理层次，降低信息失真程度，避免官僚主义，还有利于调动基层的积极性，从而有效降低行政成本。全面推行行政扁平化将大大提高转移支付的效率。

　　（3）建立政府基本公共服务绩效评价与监测体系，提高政府绩效。

　　①科学决策、民主决策、依法决策机制，建立决策的中枢系统、参谋咨询系统、信息情报系统、监督反馈系统，建立和完善决策的公

────────────────

　　① 　中国（海南）改革发展研究院课题组：《基本公共服务体制变迁与制度创新——惠及 13 亿人的基本公共服务》，载于《财贸经济》2009 年第 2 期。

开听证制度和社会公示制度，使政府决策真正反映民众的需求，同时还要将政府决策纳入法制化轨道；

②增加基本公共服务在政府政绩评价体系中的权重。主要以考核GDP 经济发展指标的地方政府政绩考核评价办法助长了单纯追求地区经济增长和唯经济指标论的倾向，长此以往将会严重影响地方公共服务的提供和城乡基本公共服务均等化的实现，因此，必须从制度上加以改变。要将义务教育、基本医疗和公共卫生、失业保险、养老保险、最低生活保障、社会救助、公共就业服务等基本公共服务的内容纳入到政府绩效评价体系，把政府公共服务提供的绩效和基本公共服务均等化程度作为考核地方政府政绩的主要指标。

③建立健全基本公共服务绩效评价体系。绩效评估体系应包括单项和综合评估。同时，还需要完善评估程序，严格规范目标制定、执行、评估等环节。要引入多元化的评估机制，坚持透明性、公开性的原则，以公民为中心，积极引入外部评估机制，建立多元化的绩效评估体系。

④推行政务公开，建立公共服务严格的问责制。将基本公共服务绩效评估与干部选拔任用和内部激励相联系，结合人事制度改革，把公共服务指标纳入干部考核体系，在此基础上建立相应的问责机制，加强政府对基本公共服务供给的监管职责。[①] 改变干部考核中事实上仍然把 GDP 视为重要的刚性指标，把公共服务供给当成软指标，对上负责而忽视社会成员实际需求的倾向，建立以公共服务为导向的干部考核制度。

问责制的本质在于对公共权力进行监督以及对过失权力进行责任追究，体现了"责任政府"（Responsible Government）的原则，目的在于保证政府系统的正常运行、遏制权力腐败以及保障公众利益不受损失。

---

① 中国（海南）改革发展研究院课题组：《基本公共服务体制变迁与制度创新——惠及 13 亿人的基本公共服务》，载于《财贸经济》2009 年第 2 期。

7.2　制度设计二：不同阶层社会保障制度的衔接问题

7.2.1　现存社会保障制度中存在的问题

审计署上海特派办审计人员在对安徽省两县的新农合审计中，曾发现有这样奇怪的现象——两个县共有超过 1.5 万人同时参加了新农合和城镇居民医疗保险。经过身份证对比发现，重复参保的主要是学生。

由于新农合系统和城镇居民医保系统不对接，出现了同一参保人分别在两个系统报销的情况。审计组对第一次生病报销人的统计显示，有 100 人重复报销，其中 50 多人在两边重复报销后，报销金额竟然超过了看病本身的费用总额，以一名意外伤害患者报销为例，该患者在新农合和城镇居民医保共获得报销 4000 多元，超出其实际治疗费 1700 多元。

学生重复参保缘于制度交叉，农村的学生既在农村以家庭为单位参加了新农合，又在学校参加了城镇居民医保。以一县 4000 余人重复参保计算，新农合各级财政对参保人的补助达 120 元，农民个人缴费 30 元；城镇居民医保财政补助水平和新农合相同，但个人缴费 40 元。重复参保使财政多补助了 40 多万元。①

农民工中也有重复参保问题。他们一方面在家乡以家庭的形式参与新农合、新农保，另一方面，在打工的城市还要以个人为单位加入一份新的养老保险和医疗保险。这种制度交叉的现象，一旦他们两边

---

① 杨华云：《新农合审计发现重复参保现象：参保人看病赚钱》，载于《新京报》2010 年 6 月 7 日。

都加入了，是不是财政也要给他们双重补贴呢？这显然是现有的制度框架下无法解决的问题。

在被征地的农民中也存在农村居民的社会保障制度由新农保和新农合向城镇居民的社会保障制度的转型问题。这一问题和重复参保问题一样，实际上反映的是现有制度在各个不同阶层之间的不连贯性，这是计划经济的残留，而市场经济要求劳动力要素不仅可以在不同地区之间流动，而且可以在不同的社会阶层中流动，由此势必要解决劳动力流动过程中的社会保障制度的衔接问题。为此，我们必须整合现有的制度模式，设计出一个全国统一的制度，既解决不同省市、不同部门各自制定政策、口径不统一、条块分割严重的问题，又解决跨地域、跨身份对接难的问题，使得个人流动到任何地方、流动到任何身份上都可以很方便地、不缩水地与自己原有的待遇相衔接。

7.2.2　对我国社会保障的目标定位

首先需要对社会保障的政策目标进行定位。

按照 Stiglitz 的提法，社会保险一方面是对收入进行再分配的一种很好的工具，另一方面是对贫困人口提供的一种补助，社会保险可以为整个社会提供一个安全网。

从欧美发达国家的情况看，即使在养老保险市场化趋势日益加强的背景下，政府基本养老保险也广泛存在，这一基本养老保险的目的是为最贫困的老年人提供基本生活保障，保证社会所有老年成员有一个最低的生活水平，不至于生活在贫困线以下。而在养老保险市场化很缺乏的地区，如拉美国家，政府也为贫困老年人口提供最基本的养老保险，并且承担个人账户养老达到最低生活水平的担保责任。在养老保险领域是如此，在医疗保险领域，政府也要为最贫困的人口解决医疗保险问题。

从中国的情况看，计划经济向市场经济转型过程中出现的收入分配不均和大量失业人口的产生，以及由此带来的一系列问题，如贫困、养老、医疗等都对国家和政府提出了新的挑战。从我国现阶段的收入分配状况以及发展趋势看，高收入阶层和低收入阶层的收入水平、生活状况之间的差距越来越大，而政府提供的低覆盖、不公平的社会保险制度不但不会对缓和收入分配带来的社会矛盾起到缓解作用，相反会加大这种矛盾，因此，有必要把公共社会保险促进收入再分配和应对风险的功能放在首位，同时还要在减轻贫困，缓解社会矛盾、抵御市场风险及其他风险方面承担起重要的责任。最后，适应市场经济中人们需求多样化的客观情况，还要建立起多层次的保险体系，以养老保险为例，包括公共养老保险模式、企业年金模式和个人商业保险模式等。

归结一下，我国当前的社会保险定位是：一是要为全体公民提供公共社会保险以应对各种风险；二是为贫困人口提供最基本的生活保障；三还要减轻收入分配的不公平程度。按照公共服务均等化的理念，对全体公民提供的公共服务要有均等性，就是说个体之间可以有差异，但是同样的缴费情况应该享受大致相同的公共服务和财政补贴，这就要求作为一个制度安排应该面向所有公民都具有一致性；按照为贫困人口提供最基本的生活保障的理念，对最低档次缴费者的财政补贴要适当高于其他档次，并且，最低档次缴费者所享受的社会保障要与社会救助、社会扶持等衔接起来。就是说，整个社会保障应该是在整个社会福利制度的大框架下安排的与其他福利制度相衔接的制度；同时，社会保障制度内部又针对各个不同群体的制度安排之间实现了无缝衔接与整合。

7.2.3　对我国社会保障制度设计分析

以农民工为例：目前的制度安排是农民工既可以选择进入新型农村合作医疗制度，又允许他们参加专门针对农民工的综合保险（如上海、成都等地），但是却不能进入城镇职工医疗保障制度体系，而基本医疗保障改革的目标是，通过城乡统筹治理，把城乡之间原来分割运行的不同医疗保障制度加以有效整合，形成一个覆盖全民的、相对统一且标准较为一致的医疗保障制度，城乡居民便能够获得基本一致的医疗保障水平。因此，通过对城市化和人口流动带来的土地、劳动力等生产要素空间配置的动态变化，特别是针对城乡一体化导致的农民身份转变，统筹治理城乡各类公共服务供给制度，使其形成相对统一的公共服务供给体系，让原来分散的制度安排尽可能实现有机衔接，并随之完善与此相关的社会管理制度。这样做的结果，既能够缩小城乡居民公共服务的差距，又可以减少不同人群在城乡之间流动时因为身份转变带来的社会制度成本。①

实际上，不仅是农民工，从事业单位流动到企业的人员要按照企业人员的养老保险制度退休，造成原为事业单位的人员不愿意流动到企业中去，这是事业单位改革过程中的难点所在。如果真的像目前正在酝酿中的政策设计的那样，按照企业人员的待遇改革事业单位，势必造成巨大的社会不稳定因素。这又从另一个层面说明：事业、企业、公务员中不同身份人员的社会保障制度不衔接，人员无法在保证自己原有待遇不缩水的前提下流动，这与市场经济对劳动力流动性的要求也很不相符。

那么如何进行制度设计才能打通不同制度板块之间的分割，实现劳动力的正常流动呢？鄂州市的做法给我们以有益的启发。

以湖北鄂州市为例。鄂州2008年就启动了城乡医保一体化试点。鄂州市人保局局长余争鸣介绍，鄂州市将新农合和城镇居民医保统一，设定两个档次的缴费标准和待遇标准，一档筹资标准150元/年，其中个人缴费30元，财政补贴120元，报销封顶线4万元；二档筹资标准270元/年，其中个人缴费150元，财政补贴120元，报销封

---

① 陈健生：《城乡公共服务统筹治理的制度分析——以国家统筹城乡试验区成都市为例》，载于《财经科学》2010年第2期，第107~115页。

顶线在五年内逐步提高到 12 万元。不论农民还是市民，均可在这两档中自由选择。鄂州模式的关键在于突破了机构整合问题——鄂州将卫生部门下属农合办整体移交给人保局下属的医保局。①

参照这个模式设计全新的社会保障模式，还要打通个体在任何情况下的参保情况，比如既要融合他在农村参加的新农合和新农保，又要融合进他在融入城市变成市民之后（比如拆迁之后的情况）的城市居民社会保障或者城市职工社会保障（比如农民工的情况）；既要融合进城市里企业职工的社会保障，又要融合进事业单位、政府机关公务员的社会保障，就是说，不管个体在一生中有多少身份上的变迁，都要将他生活的各个阶段的社保状况纳入到一个统一的社会保障制度体系中来。

本着这样的思路，我们设计的制度安排就以人口的高度流动性为前提，逐渐将社会上所有的人都剥离了他的身份和特权，享受统一的社会保障待遇。这个统一的社会保障待遇不再根据个人身份的不同分为农民、农民工、学生、城市无工作的居民、城市职工、事业单位职工、公务员等等。当将他们视作无差别的平等的个体时，他们应该享有的基本公共服务模式就应该是一视同仁的。这里的差别只是由于个体处于不同的社会职业划分中，收入不同，因而自己能承担起的缴费部分不同，那么，按照个人出资、单位出资与政府财政出资（在企业中表现为企业和个人因为交纳养老保险享受的税收优惠）的比例，能享受到的财政补贴也就不同。假设，按照现有的城市职工社会保障标准，如果个人、单位、财政的出资比例分别是 2∶4∶1，那么如果你是高收入者，你交 2000 元，则相应享有的保险支付总额是 7000元；如果你是农民，你缴纳的是 200 元，相应享有的待遇总额是 700元。按照这个统一的制度安排，根据各个社会阶层所能够缴纳的费用的标准的不同分为若干档，不同档享受不同的待遇。当然这只是一个

---

① 杨华云：《新农合审计发现重复参保现象：参保人看病赚钱》，载于《新京报》2010 年 6 月 7 日。

比方，用以说明制度设计的思路，具体的比例要具体测算。

如果生活在农村的农民，在经济条件允许他们缴纳较高档费用的时候，他们可以自己选择参加较高档次的保险，享受较高档次的服务。

需要注意的是，作为市场经济社会，每个劳动力一生都处于流动状态。如果他们做了 N_1 年农民，交了 N_1 年最低档次的费用 M_1；后面又交了高一档次的费用 M_2 共 N_2 年，再后面又交了 N_3 年最高档次的费用 M_3。那么，相应的，社会保障服务中就应该相应规定，假定每个人要交 30 年可以领到全额 100% 的社会保障，那么每交 1 年就可以享受 1/30 × 该档次的待遇，那么 30 年后，这个人每年应该享受的服务标准应该是（$1/30 \times M_1 \times N_1 + 1/30 \times M_2 \times N_2 + 1/30 \times M_3 \times N_3 + 1/30 \times M_4 \times N_4 + \cdots$）/30 × 统筹指数。M 包括了单位缴费、个人缴费和财政补贴。

另一种值得考虑的替代思路是，不需要个人自己另外缴费，将个人缴纳的工资税的一定比例转入个人退休账户，同时政府从一般性税收收入中转出同等数额存入个人退休账户中，这与以上思路的原理是一样的。

作为以上制度设计的补充，政府应该给缴费最高者一个最高的缴费标准，给缴费最低者一个最低的缴费标准。对于超过最高标准的人，让他们参加企业年金计划或者购买商业保险，而不能加入两份保险，套取两份财政补贴；同时设立"最低养老金"制度，其资金均来自政府的一般税收，此项制度设计的目的是为了能够确保那些工资很低、没有达到缴费年限的工人及没有工作的人可以获得一个最基本的养老金给付。它的标准是统一的，与最低工资配套，大约是平均工资的一个比例，例如吉尔吉斯斯坦将这个比例规定为 29%，没有工作经历或达不到最低缴费年限的男性 60 岁、女性 55 岁均可获得。而在其领取养老金时的给付标准应该达到当地的最低居民生活水平。如果因为别的什么原因，比如身体残疾等，按照最低居民生活水平给付的养老金不足以维持他的生活的话，还要辅之以社会救济或社会福利措施，以维持其基本生存条件。

7.2.4　直接支付到个人头上在技术上成为可能

个人的这份公共社会保障要与个人的身份证联网，每个身份证都对应一个公共社会保障账号（用这个账号在某一个时间点上只能参加一份公共养老保险和公共医疗保险，以避免重复参保的现象）。个人在任何情况下，都知道自己可以享受的待遇，如可以享受的养老金支付标准、医疗保险标准等。而且，在支付时，可以直接划拨到他个人的账户上。

我国国库已经初步建成了财税库银横向联网系统、国库会计数据集中系统和国库管理信息系统，这三大系统既可以使纳税人足不出户，几秒钟内就把税款直接缴入国库，也可以使国家的财政补贴几秒钟内直接到农民的账户里。它的好处就是没有中间环节，非常快捷而且非常安全，可以检查，每一笔账都是很清楚的，不容易出现错误，不容易出现其他各方面的问题，既有利于对于财政资金的管理，又有利于老百姓及时拿到资金。央行副行长苏宁表示，两年内（2010 年）国库将在全国所有省市与财政、税收、海关、商业银行全面联网，税款当天入库，国家补贴直接从国库进农民账户。

7.2.5　具体实施过程中存在的问题

政府机关、事业单位员工的养老退休制度，是适应计划经济条件的一种高福利的国家养老制度，不参加社会养老保险统筹，主管单位是人事部门，资金全部来自财政拨款，与个人缴费没有任何关联，财政承担个人需求的全部资金负担，而且养老金的替代率比社会统筹的企业员工的养老金要高出许多。从表 7－2 的统计资料可以看出，

2003 年，政府机关员工的人均养老金是 14882.84 元，比事业单位员工高出 1383.33 元，企业单位员工 6661.75 元，相比之下每月比企业员工多领 555.15 元。山东省 2005 企业人均领取月养老金为 808.9 元，平均替代率是 82.6%；而机关事业单位同年人均月养老金为 1497.3 元，平均替代率为 119.5%，机关事业单位的退休人员比企业退休人员每月多领 688.4 元，如果考虑机关事业单位养老保险的广覆盖和企业养老保险的低覆盖，养老金分配的人群差距将会更加显著。

表 7 - 2　　　　　我国人均离休、退休、退职费的人群差距　　　　单位：元

统计年份	全国平均值	企业单位员工	事业单位员工	政府机关员工
1990	1712.76	1663.78	1889.50	2006.08
1995	4194.75	5163.24	3869.82	5612.40
1999	6455.29	5841.47	8587.42	8532.80
2000	7000.00	6200.81	9614.08	10035.90
2001	7579.89	6472.14	11020.78	11920.02
2002	8591.04	7411.54	12379.37	13494.15
2003	9092.45	8221.09	13499.51	14882.84

资料来源：吴湘玲：《我国区域基本养老保险协调发展研究》，武汉大学出版社 2006 年版。

养老保险制度的人群差异和结构差异必然造成结构顶端的福利过度以及结构底层的福利不足，从而形成效率损失和公平缺失，而且这种养老保险的人群差异累积到一定程度会引发社会矛盾，影响社会稳定，也不利于职工在部门间的合理流动，近些年来大学生毕业都往公务员里挤，不愿到企业，已经成为影响社会和谐稳定的重要因素。而那些已经有所建树的专业技术人员不安于事业单位的低工资，想流动到企业中去更好地发挥特长，但考虑到企业退休后的低工资，也就只好待在原地，不敢轻易流动，造成人力的浪费。

针对这种既有的情况，作为过渡性办法，在实际执行过程中，先

根据个体所处的不同的社会阶层，在社会保障上分别对待。为此，在设计新的制度的时候，要在现有的制度条件下，加上一些衔接因素。比如"老人老办法，新人新办法"①；比如针对事业单位和公务员、企业职工、城市居民和农民工、农民等不同的社会阶层，在过渡期内，财政补贴的部分可考虑分别设定不同的系数等等，目的是将差距控制在一定的幅度内。但这只是一种过渡办法。因为这种模式，仍然会出现不同制度板块，由于不同制度板块的不衔接，劳动力在从一种职业向另一种职业流动时，无法公平合理地领取养老金。这种过渡办法最终要趋向于前文所涉及的制度模式。如下事实就很能说明问题。

2010年1月1日起实施的《城镇企业职工基本养老关系转移接续暂行办法》意在鼓励农民工踊跃参保，没想到却引发了退保潮。2009年12月31日，深圳市近两万名参保者办理退保手续，人数创深圳历史新高。2010年1月4日，佛山市佛山两千工人为退保堵厂门。为什么会出现这种情况呢？

从2010年1月1日起施行《城镇企业职工基本养老保险关系转移接续暂行办法》，包括农民工在内的参加城镇企业职工基本养老保险的所有人员，其基本养老保险关系可在跨省就业时随同转移；在转移个人账户储存额的同时，还转移部分单位缴费；参保人员在各地的缴费年限合并计算，个人账户储存额累计计算，对农民工一视同仁。

理论上来说，不能异地续转的铜墙铁壁终于打破了，农民工可以

---

① 养老金待遇上，体现"老人"老办法，"新人"新办法和"中人"过渡办法的差别。新人的养老金由社会统筹基金提供的基础养老金和个人账户养老金两部分组成，基础养老金的月标准为地区上年度职工月平均工资的20%，个人账户养老金月标准为本人账户储存额除以120。"中人"养老金除了基础养老金和个人账户养老金外，为兑现新制度建立前职工积累的养老金权利，增加了过渡性养老金部分。过渡性养老金＝"中人"退休时当地上年职工平均工资×历年缴费工资平均指数×计发系数×中人个人账户之前的缴费年限。历年缴费工资平均指数＝∑第 i 年缴费工资/第 i 年社会平均工资/缴费和视同缴费年数，计发系数的取值范围是1.0%～1.4%。

直接把自己在谋生的城市里缴纳的社会保险费带回家乡了。但是"地方统筹、归所有参保人共有"的那部分养老金 A 是"锅里的肉"，个人缴纳的部分 B 算"碗里的肉"。他们能带走的只有碗里的肉，而锅里的肉是带不走的，这样势必造成退休后养老保险的给付标准降低。这实际上与《社会保险法（草案）》相比是个退步。

《社会保险法（草案）》中关于"转移接续"是这样规定的："个人跨地区就业的，其基本养老保险关系随本人转移。个人退休时，基本养老金按照退休时各缴费地的基本养老金标准和缴费年限，由各缴费地分段计算、退休地统一支付。"如果按《社会保险法（草案）》的规定去实施，就非常接近于"通存通兑的一卡通"。具体制度设计如下：

（1）把社保缴费比作定期存款，你可以在任何地方缴费（存入）。

（2）和存款不同的是，全国的存款利率基本上是统一的，而目前各地具体的缴费和领取时的计算办法是有差异的，这可以理解为各地的利率不一。以后也要统一利率，以消除区域差异。

（3）那就按照你的缴费（存款）记录，分段计算。为简化操作，可以根据相关指标做一个综合指标，将各省（市、区）再来个合并同类项，划分几类地区。

（4）到最后可以领取的时候，可以在任何地方领取。

如果全国 600 多个市、3000 多个县全不一样，计算起来的确很麻烦。但是，现在马上就要实行省级统筹了，要考虑的不一致已经缩小到 31 个单位。为了实现基本公共服务的均等化，以后还要实行全国统筹，实现全国统一标准。

只有按照这样的思路进行制度设计，才能跳出"碗是碗，锅是锅"的固有思路，真正实现"社保跟着人流动"，每人一盘子，走哪儿吃哪儿。

譬如，一个人 20～22 岁在中西部某地的家乡参加工作并开始缴费，23～27 岁流动到了北京，28～44 岁在沈阳，44～51 岁在上海，

51~59岁回了家乡。按《城镇企业职工基本养老保险关系转移接续暂行办法》的规定：他要到沈阳去办理退休手续，并按沈阳的待遇水平领取养老金。这还有个前提，他离开家乡时一定要把社会保险关系转出来，如果没转，那就要回到家乡办理退休手续，并按那里的待遇领取养老金。但是，如果按"各缴费地分段计算"，那么他退休以前工作过的地方都按他的缴费时间及他退休时当地的平均标准给他计算养老金（时间短的可以打个折扣），然后由"退休地统一支付"，就是由退休地都把他各地的领取标准汇总起来，形成一个标准，并根据这个标准来给付，钱直接发到他的银行账户上。①

在中央，建立一个结算中心，各省（市、区）根据流动就业职工的数据资料，到这个中心去进行结算，而流动就业职工和农民工则可以任意选择和变更退休养老的地方。这就是"通存通兑的（社保）一卡通"。

这样去设计政策思路，现在的计算机技术完全可以提供一个可靠的操作平台。这里存在的问题就是上文说的制度上的不衔接。而上文设计的旨在打通不同阶层之间的社会保障制度安排会为劳动力在农民、农民工、城市居民、事业单位、公务员等不同层次上流动提供了条件。

这里只是以公共养老保险制度为例来设计制度模式，与其他社会养老保险制度并不排斥。个人的医疗保险也可以参照以上思路设计方案。总之，养老保险、医疗保险在转移支付上可以采用点对点的形式将专项转移支付直接由国库支付到个人社保一卡通上。不需要经过过多环节层层拨款。

义务教育则可以实行教育凭证计划，或称教育券计划，农民工子女可以凭政府提供的教育券在全国任何一个地区就学，国家按照学校提供的教育券进行财政拨款支持。或者，按照近年当地义务教育实际

---

① 部分内容参照 http：//view. news. qq. com/zt/2010/liba/index. htm。

入学学生数对地方进行专项财政转移支付；在农民工流入地公办教育资源不足的情况下，降低民办学校准入"门槛"，采取政府向民办学校购买服务等多种方式解决义务教育的供给问题；地方政府应加大对农民工子弟学校的帮扶力度，在办学场地、教学设备和办公经费等方面给予必要的财政补贴，以降低其办学成本。[①]

这种公共服务的提供方式实际上也是点对点的支付，只是对根据身份证上的出生日期判断的适龄儿童的义务教育经费（支付到个人的部分）转换成教育券的形式支付给家长了。如果不是采用教育券的形式，而是采用教育经费财政开支的形式，就会出现这种情况：农民工子女的义务教育经费拨给 A 地，他随父母在 B 地上学就无法享受到这笔经费，这样势必造成流入地和流出地义务教育经费衔接困难，农民工子女无法正常上学；学校收到的拨付经费会存在短缺或虚多，因为所需经费只是根据当地适龄人口匡算出来的；层层拨付，增大了行政成本，降低了效率。

可见，像社会保障、义务教育这些能具体到人头上的公共服务，以点对点的针对个人的专项转移支付来解决财政经费的拨付问题，是准确、高效的，也方便了这些公共服务的接受者。

7.3　制度设计三：财政体制改革
——优化财政支出结构

7.3.1　优化财政支出结构的突破口

党的十七大报告指出，要围绕推进基本公共服务均等化和主体功

---

① 中国（海南）改革发展研究院课题组：《基本公共服务体制变迁与制度创新——惠及 13 亿人的基本公共服务》，载于《财贸经济》2009 年第 2 期，第 27 页。

能区建设，完善公共财政体系。其中，加快财政支出结构转变是实现基本公共服务均等化的根本保证。目前，我国的财政支出结构中，经济性支出和行政管理支出的比重依然偏高，公共服务领域支出的比例依然偏低，不同地区基本公共服务水平差距过大。要实现公共服务均等化，必须努力转变财政支出结构。

优化财政支出结构的导向必须要根据国民经济和社会发展的中长期目标以及公共财政下政府职能的调整而设置。目前，优化财政支出结构必须从两方面入手：

第一方面是公共财政支出要围绕调结构来规范财政资金介入领域，纠正财政支出职能的"越位"。我国现有的财政支出结构是从计划经济时期的大财政、供给制发展来的，财政支出范围过宽。向市场经济体制的转轨需要改变这种局面，但转变的程度有限，一些本应由市场解决的问题仍然被纳入财政分配的范畴，这种财政支出的越位，阻碍了经济体制的根本性转变。优化财政支出结构必须将应由市场解决的部分从财政支出中分离出来，重新规范市场经济条件下公共财政的支出范围。

首先，根据公共财政理论与市场经济的要求，将财政从对竞争性领域的投资中渐行退出，转向民生和公共产品的供给。2010 年中央政府两次出台了民间资本准入的两个"36 条"就已经是在朝向将这些垄断性行业推向市场迈进。对与国计民生有关的支柱产业等领域，财政支出还应当采取有针对性的政策，促进其升级。

其次，深化行政事业单位的改革，规范和严控财政经费供给范围。一是要控制财政经费和人员编制、规范事权，监督财务，将人、车、会、话等削弱下来的财政经费补给"缺位"的事项。二是事业单位改革的路径应按其性质，分为公益、准公益和经营类三类。对于公益性的事业单位财政支出上采用全额拨款，严控编制；对于准公益性的事业单位则差额拨付，固定编制；对于经营性的事业单位则要企业化。

最后，加速垄断国企的市场化进程，理顺市场价格关系，以减少和规范财政补贴性支出。而对于一些涉及社会公益事业的民用水、电、城市交通、环境保护等行业的企业产品的价格和收费仍由国家进行管理。

第二方面是优化财政支出需要强化对民生项目的投入力度：一是要加强安全网建设，包括社会保障（医疗、养老、失业）、卫生、基础教育、住房保障、生育保险、社会救济等方面。二是要加大对社会公益事业的财政支出，包括社会公共基础设施建设。三是要加大"三农"投入，强化战略储备供给机制。应建立稀土、石油、粮食等战略物资的储备机制，加大财政对构建这些战略储备供给机制的支持力度。在近期国际油价上涨、物价攀升、国际粮食危机的情况下更显得迫切。四是要加大对中小企业发展的财政支持。由于中小企业规模小、风险大，政府要加大财政支出力度，切实落实各项扶持政策，还要成立专门机构加以扶持。只有将中小企业当作国民经济发展的基础命脉来给予财政支持，才能真正发挥他们的优势，惠及民生。①

7.3.2 目前优化财政支出结构必须抓住的重点领域

（1）教育支出。截至 2010 年，国家财政性教育投入较低，支出占 GDP 的比例只达到 3.13%，仍然低于 4.5% 的世界平均水平。同时，教育资源的配置不公平，不仅反映在高等教育支出扩大，而基础教育支出相对减少，教育支出的层级结构出现了严重颠倒；而且还表现在教育支出在城乡和区域间的分配不平衡。为此，一方面需要加大教育投入力度，另一方面需要健全义务教育的经费保障机制，真正实现全国城乡免费义务教育。

（2）医疗卫生支出。目前，我国医疗卫生事业发展不均衡，医

---

① 许安拓：《调结构惠民生：优化财政支出的导向》，载于《人民论坛·学术前沿》2011 年 3 月（中），第 8~11 页。

疗资源过分集中于大城市、大医院。同时，医疗卫生方面的财政投入严重不足。由此导致一方面政府卫生支出比例持续下降，另一方面，个人卫生支出比例急剧上升，居民医疗卫生负担较重。因此需要进一步完善政府医疗卫生投入机制，灵活运用各种财税政策手段，引导社会资本投入医疗卫生事业。

（3）社会保障支出。目前我国虽然已经初步建立起以企业职工基本养老保险、失业保险、基本医疗保险、工伤保险和新型农村合作医疗、城乡最低生活保障、城乡医疗救助、农村五保供养制度等为主要内容的社会保障体系，但存在社会保障资金不足、范围窄、水平低和保障水平不平衡等一系列问题。应增加财政投入，扩大社会保障基金规模，加快覆盖城乡居民的社会保障体系建设，支持建立应对体制转轨和人口老龄化的财政支持机制，建立和完善农村最低生活保障制度、健全城市居民最低生活保障制度和企业职工基本养老保险制度。[①]

7.3.3　转变财政支出结构的约束条件

目前，转变财政支出结构的难点在于两方面。

第一，政府职能及其具体界定是财政支出的依据。政府职能转变及体制安排不能适应市场经济发展，财政支出结构调整就会十分困难。目前的政府职能转变和分级财政体制显然限制了财政支出结构优化。

第二，在以 GDP 为主要内容的政绩考核机制作用下，地方政府很难将居民的生活水平、社会保障制度的完善程度、环境质量等纳入到优先考虑中去，使得公共服务水平受到一定程度的制约。因此，要转变财政支出结构，就必须调整财政支出结构与地方政府激励机制之间的矛盾，建立多元化的官员政绩考核机制。

---

① 许光建、戴李元：《财政支出结构优化及长效机制构建》，载于《人民论坛·学术前沿》2011 年 3 月（中），第 15 ~ 17 页。

7.3.4 转变财政支出结构的途径

（1）优化政府支出结构，重点支持"三农"和民生支出。就支出来说，一是增加支出的绝对数量和相对数量，二是改进支出的结构和方法，三是完善资金的管理，提高资金效率。同时，要深化预算制度改革。

（2）增强地方财力。一要发展经济，拓展地方税源。二要加强征管。要重视小税种的收入，提高地方税收入规模。最重要的是，要加快地方税制改革，完善地方税体系。

（3）完善分税制财政体制。一是合理明确划分中央、地方政府间的事权。二是合理配置税种，明确划分各级政府的财权。划分各级政府的收入范围及征管权限，使得中央、省、县三级政府均能拥有一笔相对独立的、能基本维持政府职能行使所需要的税收收入。把与保证中央集中财力、监管市场、调控经济密切相关的税种化为中央税；把有利于发挥地方信息优势和征管优势的税种划为地方税。

（4）加大转移支付力度。目前，基础教育、基本医疗、最低生活保障应该成为基本公共服务中需要优先提供的，也是低层次的公共服务均等化最基本的衡量依据。而中央财政转移支付应该将更多资金投向最低生活保障水平、新型农村合作医疗和义务教育制度的建立和实施。

（5）压缩行政管理费用。政府应该合理控制行政成本，推进服务型、节约型政府建设。推进事业单位改革，加大对公益性事业单位的保障力度，支持具有经营性质的事业单位逐步走向市场。[1]

---

[1] 许光建、戴李元：《财政支出结构优化及长效机构构建》，载于《人民论坛·学术前沿》2011 年 3 月（中），第 15～17 页。

7.4　制度设计四：财政体制改革
——基本公共服务均等化的转移支付制度改革

7.4.1　转移支付制度改革的目标

转移支付的总体目标是多元化的，包括弥补地方财政收支的差额，优化地区资源的配置，确保整个国家公共服务的最低标准，实现政府的财政再分配功能，促进经济增长，实现宏观调控的目标。在这些目标中，当前最重要的是通过转移支付分步解决基本公共服务均等化问题。均等化转移支付的目标在于为能力存在差异的中央以下各级政府提供财力，以使其可以提供同等水平的公共服务。

既不能延续维护"既得利益"的做法，又不能因为过于削贫济富，以免损失效率，那么，我们应该找一条什么路径来达到均等化目标呢？从宏观上，完全打破分税制财政体制、重新分配财权，这种制度改革是大手笔，成本太高；而不落实公共服务均等化的目标，仅限于通过转移支付解决地方政府的正常运转也是不可行的。必须在解决维持基层财政正常运转所需财力的基础上，明确以基本公共服务均等化作为转移支付的主要目标。

不同的目标定位对应于不同的制度设计，本书以维持基层政府正常运转和实现基本公共服务均等化为目标，展开关于转移支付制度改革的研究，对转移支付肩负的其他目标也有所涉及。

7.4.2　转移支付改革的基本原则

（1）科学性原则。省以下财政转移支付制度，无论在目标的确定、总体框架的构筑、计算公式的设置或操作程序的设计上，都应做到科学合理。

（2）规范性原则。规范化的财政转移支付制度，不仅要求政府间事权划分清晰、职能定位准确、政策目标明确，而且在转移支付的规模和额度上应有严格的立法依据，并运用数学模型来规范运算过程，排除人为因素的影响。

（3）均衡原则。均衡并非平均主义。地区财力差距过大，会使地区经济和社会发展差距拉大，贫富矛盾加剧；财力完全平均分配，则会缺乏激励机制，不利于调动地方政府增加收入和培植财源的积极性。因此，使地区间财力差距保持在合理的区间，有利于实现公平与效率。

（4）绩效原则。所谓绩效，是指转移支付资金使用为整个社会带来的经济效益和社会效益。坚持绩效原则，要做到以下几点：一是弥补财政缺口而非弥补财政赤字；二是保证托底水平的基本公共服务而非绝对平均主义；三是减轻经济震荡而不影响市场配置资源的基础作用。

（5）公正透明原则。规范的财政转移支付制度要求从规模安排、因素测算、公式设计、标准核定等各个环节上做到公开、透明。在测定与分配财政转移支付额度时，根据各地区的实际情况，运用客观变量对每个地区的财政收入能力和支出需求进行系统测算，以标准化公式计算出拨款额度，减少拨款过程中的人为干扰。测算依据的各种数据和信息要真实、准确、完整、透明。

（6）政策统一和连续性。在制定转移支付制度的过程中，应根据各地经济状况，划分成若干类型，在同一类型中政策要统一，并且办法一经确定，就要保持相对稳定，以便各地对其可用财力有一个较为明确的预期。

7.4.3　均等化转移支付制度改革的基本思路、框架和模式选择

1. 完善均等化转移支付制度的基本思路

（1）两种不同的转移支付模式与各自的适用范围。均衡性转移

支付和专项转移支付各自有适合发挥作用的范围。

均衡性转移支付模式主要用于缓解下级政府的财政困难，使之维持正常运转、履行基本经济社会事务管理职责。中央以下各级政府负有促进经济发展、加强社会管理、提供公共服务等基本职责，对于维持正常运转和履行基本职责过程中发生的当地财力承受范围之内的、经常性的基本支出，应实行以本辖区为主的投入体制。在本级财政收入不足以维持正常运转所需费用时，通过均衡性转移支付来解决。均衡性转移支付的途径是以省为单位分别测算，以保工资、保公用经费、保正常运转以及履行基本职责为依据，合理测算县乡财力最低保障标准，对低于底线标准的由省级财政"托底"补齐，以保证省域内县乡维持正常运转和履行基本职责的最低财力需要。均衡性转移支付制度主要是起到一个"扶贫"的作用。

目前许多研究将均等化的转移支付模式锁定在一般性转移支付，也就是均衡性转移支付制度，但正如王雍君（2006）指出的，如果政府的收入完全用于满足居民需要的公共服务支出时，"财政均等化"与"公共服务均等化"可以被理解同一个概念，财政均等化就是通过完善转移支付制度、促进地方政府财政能力的均等化，确保即便是经济贫困人口也能获得基本公共服务，从而实现公共服务均等化。这里是在假定财政均等化与公共服务均等化完全统一的前提下来研究公共服务均等化及其实现的途径。但是公共服务均等化只是政府的众多目标中的一个，政府财力向公共服务的转化还要受其他目标的影响和政府效率水平高低的影响，由财政能力均等化到公共服务均等化还涉及"政府治理"问题，所以财力均等化并一定意味着公共服务的均等化。

除了以上考虑，不以（人均）财政能力均等化作为实现我国基本公共服务均等化的主要路径，是基于以下方面的考虑：①在分税制的框架下，许多地方政府积累了大量的债务，以具有弥补财政缺口为主要目的的财政能力均等化作为实施基本公共服务均等化的路径，估计会用来偿还债务，影响基本公共服务均等化目标的实现。②中国地域广阔、人口众多、社会结构异质化程度高，不同地区对基本公共服务的需求差异大，人均财政能力均等化模式显然不能满足各地对基本公共服务的需求内容异质性的特点，会出现各地用于均等化项目的财力不足或者财力过剩现象。③"十一五"规划以来，中央已经将推进主体功能区建设问题列入国家的发展战略，在推进基本公共服务均等化的过程中要根据不同的功能区采取不同的转移支付政策，靠财政能力均等化显然不适合不同功能区的具体情况。这在第 2 章已经有过论述。可见，财政能力均等化未必是实现公共服务均等化的有效路径。

专项转移支付模式，是对具有战略意义的跨区域地方性重点公共项目、有利于国家宏观调控、促进各地协调发展和调整产业结构、优化资源配置的项目、推行国家新出台的政策目标的项目、针对某些突发事件确立的项目、具有明显区域溢出效应的项目提供资金支持。基本公共服务均等化问题属于国家新出台的政策性项目，专项转移支付与公共服务均等化目标的吻合度主要取决于政府提供专项补助的政策导向。如果政府用于实现基本公共服务均等化的专项转移支付目标明确、计算科学、支付程序合理透明、各级次政府的支付责任分工合理、明确，且不需要以地方配套为专项转移支付的硬性条件，那么，从美国和其他国家的经验来看，专项转移支付较之均衡性转移支付更能起到公共服务均等化的效果。该观点在前文已有所涉及。

（2）基本公共服务均等化转移支付制度改革的基本思路。为了确保公共服务均等化的高效率、高质量地实现，本书认为应该借鉴加拿大和美国的经验，根据均等化项目的具体特点分类设计相应的转移支付模式，基本原则是让各地均等化项目所需的资金正好适合均等化项目的需要，同时支付渠道要高效便捷，避免多余的支付环节。

具体来说，我国要借鉴美国财政转移支付注重专项转移支付、针对个人的转移支付和分类资助模式，借鉴加拿大一般性转移支付与专项转移支付、地区常规支持基金相结合的模式分类设计均等化项目所需要的支付模式。具体来说有以下几点：

①如果均等化项目是全国性、各地无差别的基本公共服务，那么基于市场经济下的劳动力自由迁移的需要，可以参照美国实行的专项转移支付和针对个人的转移支付相结合的政策，在养老保险、医疗保险、义务教育等公共服务项目上由国家统筹，并由国家制定统一的，针对各不同群体之间的制度安排可以打通、衔接、并具有内在一致性的制度体系，将国家财政资金通过专项转移支付的路径来拨付，对于像社会救助、义务教育等个体性较强的项目，可以用"一卡通"直接通过点对点的转移支付拨付到个人头上，目前我国的国库集中支付制度为针对个人的支付提供了条件。

②对地方性基本公共服务如基础公共设施、政策性住房、各地政府正常运转的经费等项目通过均衡性转移支付来实施。

③对于地域差别很强的地方公共需要可以参照美国分类资助的模式，由中央财政依据法定公式对一些特定的项目进行资助，下级政府对这类补助的使用拥有相对较大的自主权。像饮用水、公共卫生等项目。由于有的地方的水质极差，有可能导致居民生病，这时就不是简单地铺设管网引来自来水的问题，而是根据当地的具体情况进行分类资助；如果当地有严重的血吸虫病，或者其他影响人、畜健康的地方病，也要靠分类资助的模式。分类资助属于专项转移支付的一种，但比专项转移支付的领域要宽，接受分类资助地方政府可以在规定的范围内自行确定支出项目、制订计划和分配资源，但是完成的项目必须达到特定标准，否则不再进行分类资助。由于分类资助较为灵活，而且限制条件较少，对于地方政府政策的扭曲和影响也较小。

④根据主体功能区建设战略部署，已将960多万平方千米的国土空间划分为优化开发、重点开发、限制开发和禁止开发四类主体功能区。因为限制和禁止开发区的主要职能重点不是发展经济，而是环境生态保护，这两类区域的经济发展水平和财政收入较低，因此国家需

要制定统一的战略，参照加拿大通过地区常规支持基金的做法，通过设立专项基金提供基本公共服务。由于基金的来源大多为财政资金，所以这种模式其实也属于专项转移支付的一种。

以上思路的关键点是：对支出规模大、受益人口广的项目，应将支出重心适当上移，提高统筹层次，加大中央和省级政府的支出责任；对只涉及各自辖区的项目，比如廉租房供应、公共就业服务等，则由省级统筹，由此逐步建立起基本公共服务均等化项目支出分类分级投入、管理以县为主的模式。对于统筹层次，基于市场经济人口高度流动性的特点，像养老保险、医疗保险、义务教育这些基本公共服务应着眼于国家统筹，从一开始的制度设计层面上就按照全国统一、衔接、各板块能接续的原则进行顶层制度设计。如果按照省级统筹的标准设计制度，最后会由于口径不一、条块分割而加大全国统筹的制度成本。

以上思路中除了地方性基本公共服务通过一般转移支付来实施之外，其他的情况大都采用专项转移支付的路径拨付财政资金，只是根据具体公共服务项目的不同特点，将专项转移支付的使用范围和支配方式等参照国外经验进行了灵活改造。用专项转移支付来落实基本公共服务均等化项目，是基于这样的考虑。

分税制强化了中央在财政分配中的作用，表现为：一是中央财政拥有了更大的财政控制能力。中央财政收入占全国财政收入比重由改革前1993年的22%，升至1994年的55.7%，以后基本维持在52%左右。财政实力的增强，使中央拥有了更大的财政控制能力。二是地方政府越来越依赖于中央的转移支付。中央财政收入的43%左右用于转移支付，占到地方政府支出总额的32%左右，这使得地方政府，特别是欠发达地区，越来越依赖于中央的转移支付。根据预算安排，2006年中央对地方政府的税收返还和补助增加到12697亿元，占中央财政总支出22222亿元的57%，占地方财政收入总额29600亿元的43%，这种财政转移支付率大大超过了世界上绝大多数国家（只有日本等极少数国家能够相提并论）。在联邦制国家中，联邦对州与地方的转移支付通常不超过联邦支出的 1/3，但在中国，中央对地方转移支付占中央支出的比重高得多（2005 年为 57%）。2005 年，美国联邦、州与地方三级政府的总支出为 38590 亿美元，其中联邦政府支出约为 24720 亿美元，联邦政府对州与地方政府的补助总额为 4260 亿美元，约占联邦政府支出的 17%，约占州与地方支出总额的 31%，分别比中国同期低 40 和 14 个百分点。事实上，与其他大多数发展中国家相比，中国政府间财政转移支付率也要高得多。①

　　以上数据说明，在分税制改革的框架下，中央财政拥有了很强的财力，对地方转移支付的比重很高，而地方财力不均衡，有些地方财政缺口很大，地方财政收入总额的 43% 仰仗中央财政的转移支付。在这种情况下推行基本公共服务均等化，很大程度上要靠中央政府通过专项转移支付的形式推行。这一方面是考虑到中央政府有雄厚的势力，另一方面是考虑到由中央按照顶层制度设计在国家层面上来统筹像养老保险、医疗保险、义务教育等项目，更便于劳动力在全国不同地域间的自由迁移和在各种层次的不同身份之间迁移，极大地降低了制度成本，能更好地纠正由户籍制度的影响所形成的分块割裂的制度安排。同时，按照权责一致的原则，中央制定方案、制定转移支付标准，并直接将项目资金拨付到各项均等化的公共服务项目上，事权与财权的匹配度更高、转移支付效率更高，避免了地方政府债务黑洞和地方政府治理因素对基本公共服务均等化的影响，也更便于中央进行审计、监督等相关配套措施的实施。

　　当然中央政府在承担大部分均等化的费用的同时还可以根据各项基本公共服务项目的具体受益情况和各地财政的具体情况，有选择地让省级财政出部分资金（比如落后的农业地区可以不出，东部发达的地区可以适度多出）以补足资金的缺口部分，但是最后要由中央

①　叶麒麟：《论公共财政体制的改革——基于基本公共服务均等化的思考》，载于《理论与现代化》2009 年第 2 期，第 25~26 页。

财政来兜底。这样就可以依托中央财力，辅之以发达地区的适量支出，作为均等化服务的资金。

（3）通过规范的转移支付测算公式来确定转移支付的额度。加快转移支付测算从"基数法"向"因素法"的转变，提高"因素法"的可操作性。科学计算标准财政收入和标准财政支出，要求不仅考虑标准供养人数，而且还要充分考虑城乡总人口、农业人口、贫困人口和 GDP 等相关因素，在此基础上合理确定纵向转移支付的额度。需要努力做好一些基础性工作，如搜集和整理实施转移支付所需要的各种信息资料，建立完整准确的信息库和数据库；加强测算因素的细化和精选。

（4）省级应将均衡性转移支付的重点放在县乡级财政，作为县乡政府正常运转和履行基本职责的财力保证。由于县乡级政府作为最基层的政府，承担着将近 70% 的公共品提供的责任，通过均衡性转移支付增加县乡级政府的可用财力，提高公共品的数量和质量，有效缓解县乡财政困难，对维持基层政府正常运转有重要意义。

（5）对于除了均等化转移支付项目之外的转移支付，可以在沿用之前的做法的基础上做一些改进，比如尽量简化省对下转移支付的形式，将有明显过渡性质的转移支付形式，如对原体制补助、原体制上解等进行归并。将税收返还划入均衡性转移支付项目管理。取消那些名不符实或过时的项目、归并重复交叉的项目。

2. 财政转移支付主体框架

目前中国有五级政府，涉及多层次和多主体的分配关系。省以下转移支付制度，首先必须确定省、县两级的主体框架。省对基层政府的转移支付应计算到乡（镇），县级政府的转移支付直接对乡（镇），并由财政部门通过预算的手段，集中各渠道的转移支付资金，通过国库集中支付。对于具体的均等化项目的专项转移支付直接拨付到均等化项目的实施部门所属的当地财政账户、县级财政托管的乡（镇）

账户、村级账户或者居民个人账户，就避免了中间环节过多造成的资金渗漏。

3. 模式选择

以基本公共服务均等化为目标的转移支付，应以纵向专项转移支付模式为主，以横向转移支付为辅。

横向公平涉及价值判断。选择横向转移支付模式不利于基本公共服务均等化目标的实现。与落后地区相比较，发达地区财政资金的边际效应是递减的。通过横向转移支付方式，可以扶持落后地区的发展，增加财政资金的边际效用，这是通常所说的横向转移支付的根据。但在发达和落后地区之间，是无法自动形成这种财政资金转移的，这不符合市场配置资源的基本要求。虽然目前有地区间对口帮扶的惯例，但是一旦将其硬性化为横向转移支付制度，则不仅会影响经济发达地区发展经济的积极性，而且也助长了经济落后地区的惰性和等、靠、要的心理；另一个原因是中国的税收制度财力高度集中，在这种情况下，最优的选择是依托纵向转移支付实现基本公共服务均等化的目标，如果选择以横向转移支付依托发达地区向落后地区输送财力，结果必然是影响发达地区涵养财源，从而影响发达地区发展经济的潜力；第三个原因是，中国目前要实现的基本公共服务均等化，是一种托底水平的公共服务均等化目标，而发达地区不能仅仅局限于这种最低水准的公共服务均等化目标，而是要为当地居民提供高出这种水准的公共服务。在全国推行公共服务水平大致均等而不是整齐划一、确保落后地区实现最基本的公共服务，符合公共服务的发展规律，也符合效率的要求。

但本书并不是完全否定横向转移支付的模式，其实可以将区域间的对口帮扶制度加以改造，变成四类主体功能区中的优化开发、重点开发出一定比例的资金到地区常规支持基金账户，与中央财政拨付的资金一道用作扶持限制开发和禁止开发两类主体功能区的地区常规支持基金。

7.4.4　具体转移支付方案

1. 均衡性转移支付方案设计

国际上通常称一般性转移支付为均衡性转移支付，是为均衡地方财政能力的转移支付方式。均衡地方财政能力的目的是为了维持各级政府的正常运转和履行日常职责，而不是为了使各地的财政能力平均化。均衡性转移支付应该包括一般性转移支付、民族地区转移支付、县乡财政奖补资金、调整工资转移支付、农村税费改革转移支付、年终结算财力补助等，将现行的这些转移支付形式统一整合为均衡性转移支付，有利于用公式法统一计算各因素的权重以准确测算出标准财政收入和标准财政支出之间的差额。如果不进行整合，而是对上述每一项转移支付方式都单独用公式法进行测算，则存在这样的问题：在测算农村税费改革转移支付时，实际上调整工资转移支付、民族地区转移支付等已经成为标准财政收入的一部分了，而这一部分本身又需要测算，这部分的测算又需要将农村税费改革转移支付作为标准财政收入的一部分，因为全面衡量地方财政收入，需要把所有的财力反映进来，这样就无法准确测算每一项具体的支付额度了。

用公式法计算转移支付额度需要计算出各地的标准收支差额乘以相关系数来确定。这种测算不应以各地实际的财政收支为计算依据，而要以各地的客观收入能力和支出需求为依据。比如，在确定标准财政收入时，为全面衡量地方财政的收入能力，需要综合考虑人均GDP、人均财政收入、政府组织财政收入的努力程度等因素。在确定标准财政支出时，不仅要考虑财政供养人员的经费和公用经费等指标，还要考虑总人口、人口密度、城镇化程度、地理环境、可居住面积、山区海岛面积等情况，同时还要兼顾特定地方的特殊支出需求及成本。

均衡性转移支付方案设计步骤分别是：

（1）第一步，确立地方标准财政收入。

标准财政收入是指各地在同等的征收努力程度下应该取得的财政收入，内容包括一般预算收入、税收返还、专门补助等。由于一般预算收入由"非税收入"和"税收收入"组成，"非税收入"具有波动性，只能按一定比例计算收入能力，由此"税收收入"成为收入能力的一个重要指标。准确计算"税收收入"的关键是合理确定某地税基。由于体制的差异，努力程度不同，税基确定会受到影响，因此计算可分两步进行。一是根据4~5年的历史资料，从各种税种中选出能作税基计算的税种，通过税基乘以税率得到相应的税收收入。二是对于没有资料的税种，暂时按财政预算收入占 GDP 的比例进行估算。两者之和即为一般预算收入中的"税收收入"。由此：

$$某地标准财政收入 = 一般预算收入 + 税收返还 + 体制补助$$
$$+ 调资补助 + 结算补助 - 专项上解$$
$$+ 因征收努力程度而调整的标准收入$$

其中，税收收入 + 非税收入 = 一般性预算收入。

（2）第二步，测算地方标准财政支出。

标准财政支出即为财政需求，是一级财政履行政府职能必须保证的最基本的支出需求。地方标准财政支出的计算，是通过调整影响地方政府提供公共产品能力大小的各种相关因素的系数来实现的。由于各地对公共产品的需求程度以及提供公共产品所耗费的成本各不相同，因此，即使在各地财政收入能力相当的情况下，其财政支出需求也各不相同。在具体分析各地财政支出需求时，首先要合理界定地方政府的事权范围和支出责任，界定的理论依据主要是政府职能分工层次和公共产品的受益和规模标准。然后，选择与维持政府正常运转和履行日常职能支出需求相关性较强的因素。

方案设计时要注重人口的影响，这不仅限于财政供养人口的影响，而且还包括总人口和人口密度等因素的影响。一般来说，人口愈多，社会公共服务的支出总额愈大，两者成正比；人口密度越低，人均财政支出越高，两者成反比。同时还要兼顾县乡一些大额刚性支出因素的影响，如教育支出、行政管理费、公检法司支出等。

（3）第三步，确定均衡性转移支付拨款额。

$$\text{某地均衡性转移支付实际拨款额} = （\text{标准财政支出} - \text{标准财政收入能力}）× \text{均衡系数}$$

均衡系数应在上级政府平衡好公平与效率两种因素后，统一协调，商议定夺。

2. 专项转移支付方案设计

借鉴农村义务教育经费保障机制改革中分项目按比例分担的做法，基本公共服务均等化转移支付的具体思路是，按照特定公共服务均等化项目的具体类型来分配资金总额，并根据中央、省、县在公共服务均等化中的责任，分项目按比例承担投入资金，采用分类分级投入、省级统筹支付、管理以县为主的模式。就是说，根据规模和受益原则，对规模大、受益范围覆盖面广的均等化项目，要将支出重心适当上移，加大中央和省市政府的支出责任，并以法律或条例的形式加以明确和规范；加强省级统筹、保障的责任；县乡主要承担具体的组织实施责任，保证上级有关政策和资金落实到位。具体实施中可以采取"按比例分担"、"按类型分担"和"按类型分比例分担"三种方式。"按比例分担"就是根据某种基本公共服务的受益范围和规模大小，分别由中央和地方各级政府按一定比例承担相应的支出责任。受益范围越广、偏好差异越小、外溢性特征越明显的公共服务，中央政府承担的比例就越高，反之就越低；"按类型分担"就是按照某种基本公共服务的支出类型划分政府间的投入责任，比如某一级政府保管理实施，某一级政府保财力支出。"按类型分比例分担"就是在合理划分基本公共服务支出类型的基础上，对保支出中规模较大、一级政府难以独立承担的某类支出，可以在不同政府间进一步确定分担比例。对各地因情况不同因而需求状况不一致的均等化公共服务项目，像饮用水安全等项目，可以考虑由省级统筹拨付专项转移支付。

7.4.5　相关配套措施的改革

应该看到，转移支付制度改革只是财政体制改革的一个部分或环节，只就转移支付制度本身进行改革，是不能取得预期成效的。为此，就需要从系统论的思维出发，通过相关配套制度的完善确保省以下转移支付目标的实现。

1. 进行财政体制改革

（1）清晰界定事权，明确财政支出责任。事权的清晰界定是转移支付的前提，而明确支出责任是确保事权落实的手段。在地方财政事权与财权不相匹配的时候，只能通过上级政府的规范的转移支付制度来支撑事权的落实。

决定各级政府事权划分的因素是受益和规模。一般来讲，全国性的公共物品由中央政府提供，地方性的公共物品则由地方政府提供。如果公共产品受益范围为全体国民，则支出责任应属于中央财政；对于受益对象为全省的应划归省级财政；对于一些共同事务，要共同承担。

具体来说，中央财政主要承担国家安全、外交和中央国家机关运转所需经费，调整国民经济结构、协调地区发展、实施宏观调控等方面的政策性支出以及由中央直接管理的事业发展支出。中央主管部门应该主要负责宏观层面的公共服务事业的发展规划、基本政策、原则要求等决策，并通过示范引导和监督机制，使全国各个地区沿着规范方向发展。中央还要负责将各个事业发展的规划与财政发展可提供的财力保证以及政府债务融资的风险控制进行平衡。

省级政府侧重于管理全省性和省内跨区域的事务，省辖市无法独立承担或完成的公共管理事务，涉及全省整体利益的公共管理事务，及办理国家授权或委托的属于国家基本政策执行中的公共管理事务，具体包括本省行政区域内的区域性的经济结构调整、环境改善、长周期的公共设施建设、政策制定、行业管理及监督权责。市、县政府具体负责各自辖区范围内的社会治安、行政管理和公用事业发展等具体支出事宜，主要包括本级政府行政事业费、公检法经费、地方统筹安排的基建投资、科研投入、城市维护建设经费、支农经费和社保经费等事业支出，改善公共设施，营造市县发展环境。

具体来讲，中央与地方在基本公共服务方面的分担应该如何分工呢？

①合理划分中央与地方政府在义务教育中的分工。中央与省级政府要承担绝大部分的义务教育职责。

中央政府应当承担两大协调任务：一是以中央政府为主增加对中西部农村的义务教育支出，对中西部地区农村（包括县城）免收的学杂费全部由中央财政承担；二是通过中央财政预算平衡地区间财政教育经费的差距。省级政府通过全省预算增加义务教育事业费。市、县两级政府主要承担教育质量管理和承担部分经费的义务，如校舍建设等。

②合理划分中央与地方政府在公共卫生和基本医疗服务中的分工。总的原则是，公共卫生职责在中央，财力由中央与省级分担，以中央为主。增加中央与省级政府的协调职能，逐步减轻市、县两级政府的财政负担和居民的分担比重。可将财政性医疗经费占 GDP 的比重由目前的不到1%提高到3%，增加的部分由中央与地方财政分担。中央政府通过转移支付平衡地区间财政性医疗卫生经费支出的不均等。

③合理划分中央与地方政府在基本社会保障中的分工。中央政府要尽快出台相关政策，统一基本社会保障的制度安排，提高社会保障的统筹层次。加大中央财政对省级财政的转移支付力度，完善省级财政预算及分配体制，确保社保资金有"保障"。统筹规划和解决农村社会保障特别是农民工的社会保障问题。

④合理划分中央与地方政府在公共就业服务中的分工。公共就业服务属于地方政府的职责范围，城市的就业服务主要由城市政府实施，省级政府和中央政府提供一定的就业培训方面的专项补贴。流出地政府主要负责农民就业培训（包括农村中学生就业前的职业教育和培训）。由流入地的政府对农民工的职业培训进行补贴是合理的，但操作难度很大。对此，中央和省两级财政需要根据流出地农民工数量及培训规模进行专项补贴，并建立专门针对困难地区、困难行业、困难群体的就业援助制度。①

基本公共服务的事权明确以后，就要研究政府间的财政分配模式问题。财政分配模式的关键是理顺上下级关系。1994 年的分税制改革，建立了中央与省一级的税权—财权—事权相匹配的财政分配模式。但是由此导致事权下移、财权上移的扭曲的匹配关系撕裂了财政收支在政府间的合理配置。财政收入越往上越多，财政支出的责任越往下越大。由此，就财政收支而言，中央若要维持现有的财权结构就应考虑适度的"事权上移"，若要维持现有的事权结构则应考虑适度的"财权下沉"，这两者的本质均是通过转移支付理顺政府间分配关系，以达到公共服务均等化的目标。

与以上事权划分相对应，省以下政府间财政支出责任划分，遵循财政支出责任划分的分级负担原则、效益外溢性成本补偿原则、与辖区居民受益紧密衔接原则、与财政收入筹集能力相适应原则、与调控能力匹配原则、与对下补助匹配原则、对上配套匹配原则、整体谋划和分步实施原则、因地制宜原则、先易后难等原则②，针对省以下政府对经济社会事务管理责权，明确划分财政支出责任框架。为此，要赋予省级较大的财权，以便于省级政府调节辖区内财力不均衡，并通

① 中国（海南）改革发展研究院课题组：《基本公共服务体制变迁与制度创新——惠及 13 亿人的基本公共服务》，载于《财贸经济》2009 年第 2 期，第 27 页。
② 罗辉：《转移支付制度设计的理性思考与政策建议》，载于《财政研究》2008 年第 9 期。

过完善的省级以下转移支付制度保障地方事权的落实。

（2）扁平化管理。完善省以下转移支付制度中存在的另一个主要问题是转移支付的渠道畅通问题。中国政府级次较多，这不仅造成各级政府的事权和财权的界定及划分的混乱，而且使转移支付出现渠道不畅通，截流、渗出、蒸发极为严重。为此，《中共中央关于制定国民经济和社会发展第十一个五年规划的建议》明确指出："理顺省级以下财政管理体制，有条件的地方可实行省级直接对县的管理体制。"在现行行政体制大体不变的情况下，在省以下大力推行"省管县"和"乡财县管"的改革试点，逐步取消市管县体制，实行省级财政直管市、县财政，市、县行政不同级但可财政同级，市级财政只管市辖区；虚化乡财政，将乡镇预算内容归入县级财政管理，逐渐将乡镇变为县级政府的派出机构，向中央、省、市县三级行政架构、三级财政体制的方向发展。三级架构有利于清晰划分事权、构建与事权相匹配的分级财税体制，显著降低行政体系的运行成本，再配之以中央、省两级自上而下转移支付制度的加强与完善，必将有效地缓解基层财政困难，有利于塑造与市场经济相符合的分税分级财政体制，是使基层财政真正解困的治本之路。①

通过基层行政管理体制改革，转变基层政府职能，建设高效的服务型小政府，会切实降低基层财政负担。

（3）建立以政府为主体、多元化的公共服务供给体系。打破政府在提供公共服务上的垄断机制，引入市场机制和社会机制，形成多元化的公共服务供给体系。发挥社会组织在基本公共服务供给中的积极作用。尽快把那些公益性、服务性、社会性的基本公共服务交给具备条件的社会组织，通过税费减免、政府采购等形式，鼓励和引导非营利性社会组织广泛参与基本公共服务的供给。降低民间资本进入的准入"门槛"，通过政策、法律、财政、税收等工具，对民间部门提

---

① 贾康、阎坤：《完善省以下财政体制的中长期考虑与建议》，载于《中国财政》2005 年第 12 期。

供社会服务予以支持和规范。

（4）转变政府供给模式。

①购买服务

②采用特许投标制

③对供给者或消费者提供适当的财政补贴

2. 建立健全财政转移支付监督、绩效评估机制

（1）健全财政转移支付的监督机制。完整的转移支付制度，不仅具有科学规范的资金分配办法，还应包括对财政转移支付资金使用效果的评价、考核和监督机制。地方政府出于自身利益的考虑，对转移支付资金的使用往往会偏离转移支付的目标，造成资金使用的低效率。因此，对一般性转移支付和专项转移支付，都应建立起有效的监督、审计系统。对违反规定的地方政府，制定相应的处罚措施，强化监督管理，使地方按照转移支付目标的要求来使用转移支付资金，确保转移支付支撑的事权的落实。如果转移支付制度没有具体的操作细则来规范、没有完善的监督评价机制来约束，再好的制度设计都是无用的。

要建立"一体两翼"的财政资金监督运行机制，即以人大机构为核心，财政内部监督和外部审计部门为主体的职责细化的多层次监督体系。人大应重视事前监督，从财政支出的源头、程序上确立监督的强度、权威和公正，以保证支出结构优化的方向和力度。财政部门监督应侧重事前、事中监督，并以日常过程监督为主。首先应细化财政监督的职责分工，切实按照相关专项资金清理整合、分类的规定保障资金使用的真实性、完整性与准确性。其次，要加强财政部门的内审工作，完善内审通报制度，整改落实情况反馈机制，强化资金使用部门的资金管理。审计部门则应重视事后监督。审计部门由于其独立的职能特点，对财政支出资金的专项监督能起到有效的规范作用。①

---

① 许安拓：《调结构惠民生：优化财政支出的导向》，载于《人民论坛·学术前沿》2011 年 3 月（中），第 8～11 页。

（2）要对各类转移支付资金的使用效果进行考评。在注重程序监督的条件下，更要注重绩效的衡量。要细化财政支出绩效评价，提高财政资金使用效率。

首先要建立评价组织体系和评价方法。完整的评价体系应该包括实施主体、实施方法和实施流程。对于实施主体，应该由财政部内设的绩效评价专司机构，包括各级政府成立的绩效评价领导小组办公室和评价实施机构包括评价工作组、专家咨询组和中介机构。实施流程包括成立组织管理机构、确定评价对象、下达评价通知书，成立评价工作组和专家咨询组，制定工作方案，组织实施评价、工作总结等。

其次，要建立衡量绩效评价的指标体系。根据目前转移支付资金的类型和用途，设计一套比较科学合理的效益评价与考核指标，对转移支付资金的使用效益情况进行评价和考核，以确保转移支付资金符合政策要求和效率要求。对于一般性拨款主要考评资金运用的社会效果，对于专项拨款主要考评专项资金的运用方向和使用的经济效率、社会效益。考评的具体量化指标可以由有关技术部门制定出数量化的具有可操作性的标准和等级，依此标准计分考评。

落实绩效评价体系建设的配套措施。要加强信息透明度，逐步建立有利于广大公民参与绩效评价监督系统；规范各种委托中介机构的评价行为，确保公正和效率；通过绩效评审来完善监督检查信息披露、通报和问责制度。

3. 完善财政转移支付的法制化建设

要以法律和法规的形式厘清上下级政府（包括中央与地方政府、地方上级政府与下级政府）的事权和财权关系。第一，科学界定上下级政府的财权与事权，是建立规范的政府转移支付制度的前提。首先是要加快政府机构改革，转换政府职能，将主要职能放到提供公共服务以及调结构、惠民生的要求上来。其次要为转移支付立法，明确转移支付的政策目标和原则、转移支付的资金来源、核算标准、分配办法、支付规模和程序、转移支付的管理和机构以及监督和法律责任，这是各国的共同经验，这有利于减少人为因素的干扰和影响。中国现行的转移支付制还很不完善，缺乏规范性和透明度，带有很大的随意性，亟须尽快制定完善《预算法》《财政转移支付法》，使政府间事权划分和财力分配法制化，并从立项、拨付、管理、监督等环节上予以规范。第二，深化省以下分税制改革，规范地方政府投融资平台，让地方拥有稳定的财源，保障基层形成与其事权相匹配的财力。要按照分税制以及事权与财权相统一的原则，建立地方政府的主体税种，完善地方税制体系，同时建立规范的地方融资平台以及地方债券市场，确保地方发展所需要的稳定财源。

4. 省对下转移支付激励约束机制设计

为了调动各级地方政府发展经济的积极性和主动性，需要建立省对下转移支付激励约束机制，具体思路是根据对转移支付的绩效考核予以相应奖励，奖励资金作为均衡性财政收入的一部分下拨。因为：（1）在县乡奖补机制下，既不能奖励地方征过头税，又不能奖励地方消极征税，那么征税到什么程度就可以获得县乡财政奖补资金，这在操作中很难把握；（2）将县乡财政奖补资金奖给谁，这是有很大争议的问题。奖给个人或组织，显然不合理，因为这是纳税人的钱，比较科学的办法是将其合并到地方均衡性转移支付中去，作为影响均衡性转移支付的一个因素发挥作用。

7.5　制度设计五：城乡一体化、解决
被征地农民的社会保障模式探讨

城乡一体化是指对相对发达的城市和相对落后的农村，打破二元体制造成的相互分割的壁垒，逐步实现生产要素的合理流动和优化组

合，使劳动力在城市和乡村之间合理流动，城乡经济和社会生活协调发展，逐步缩小直至消灭城乡之间的基本差别的举措。城乡一体化在政策层面上就是要把工业与农业、城市与乡村、城镇居民与农村居民作为一个整体，统筹谋划、综合研究，通过体制改革和政策调整，促进城乡在规划建设、产业发展、市场信息、政策措施、生态环境保护、社会事业发展的一体化，实现城乡在政策上的平等、产业上的互补、国民待遇上的一致，让农民享受与城市市民同样的福利，使整个城乡经济社会全面、协调、可持续发展。城乡一体化是彻底消除二元体制，实现社会发展的公平正义的举措。

城乡一体化已经在全国推开，2007 年成都成为统筹城乡综合试验区，2008 年 10 月浙江省在嘉兴、义乌展开城乡一体化改革。目前，北京、天津、成都、重庆等地的统筹城乡发展已经进入快车道。其中，京津地区的"大望京模式"和"华明模式"的实践经验值得借鉴。[①]

7.5.1　"大望京模式"创造城乡一体化"奇迹"

"大望京模式"源于 2009 年 5 月北京大望京村城乡一体化试点。作为北京市城乡一体化试点的朝阳区崔各庄大望京村，4 月 1 日启动非住宅拆迁腾退，仅用 25 天时间，完成了 99 家、23.6 万平方米的非住宅拆迁腾退；5 月 9 日起，仅用 28 天时间，完成了 930 个产权人、1692 户、25 万平方米的住宅拆迁腾退。腾退补偿协议签约率达 100%，提前完成拆迁腾退工作，全村无上访无强拆。

"大望京模式"的亮点是"六位一体"推进城乡一体化的思路和操作模式，统筹解决腾退搬迁、住房安置、劳动就业、社会保障、产业发展和综合改革等城乡一体化突出难题，最大程度实现农民眼前和

---

① 常小琴、曾竞松：《论我国统筹城乡发展的路径选择》，载于《人民论坛》2011 年 3 月（中），第 138～139 页。

长远利益。对于村民每个人按 50 平方米的补偿给予安置房，村民每个月还可以享受周转房补贴。同时给这些村民农转非，一次性解决养老和社会保障问题。征地补偿返回村集体经济，同时取得规划绿地的养护权，并给大望京村 5 万平方米底商实物补偿，村民成为这个村集体的股东，可以按照股份享受永久性收益。有一笔账可以算，5 万平方米的底商，如果按照最低每平方米每天 2 元租金计算，一年的收入是 3600 万元，平摊到 2000 多集体经济村民的头上，每人每年的分红是 1.8 万元，而实际上，大望京地段周边的租金普遍在 2～10 元每平方米每天。

通过大望京城乡一体化试点，北京市朝阳区崔各庄乡探索出了通过土地储备，统筹解决城乡接合部环境建设、产业发展、农民住房、就业安置和社会保障问题的成功经验。《新华每日电讯》刊文说：在推进城市化的过程中，一定要尊重农民的意愿和权利，解决好被征地农民的就业、养老、社保等基本保障。同时要创造条件，让农民持久分享城市化中土地增值的收益。这才是和谐拆迁的秘诀。在本书中，我们更注重被征地农民如何将具有养老、医疗保障的土地换作城市居民的社会保障及就业和住房的问题。

从这种模式中，我们或许会得到有益的借鉴。但是这一模式不具有普遍意义，原因在于，大望京随着首都土地的升值，其级差地租已经非国内其他地区的土地所能比，所以，我们看到被征地农民获得的收益那么丰厚，这是二三线城市郊区的农民所不可能望其项背的。

7.5.2　"华明模式"探索城乡统筹发展新路

近年来，天津创新农村城市化模式，在东丽区华明街探索以"宅基地换房"建设示范小城镇为龙头，推进农村居住社区、工业园区、农业产业园区"三区"统筹联动发展，打造拥有薪金、租金、股金、保障金的"四金"农民，有效破解了农村城市化进程中的土地、资金和出路三大难题，走出一条加快大城市近郊农村城市化进程的新路子。

天津华明示范镇，以"宅基地换房"反映农村城市化的创新模式，成功入选世博会全球 55 个城市案例之一。华明模式的精髓不仅包括以宅基地换新房，而且通过提供系列生活服务以及加强社会福利保障，大力推进城乡统筹，使农民切实享受城市生活的便利和福利。具体来讲，这种创新模式，达到了 6 个效果：即节约和集约利用土地、节约能源和资源、增加就业岗位、增加农民收入、使农民共享城市生活方式、逐步缩小了城乡差别。

值得赞赏的是，华明模式根据村民的生活习惯和传统观念，本着生态、节能、便利和人性化的原则，突出和体现了"农"字特色，在引入城市优点的基础上，力求保留农村特点，强调民风、民习、民俗，保留农居味道，突出田园特色，塑造风情小镇。并依此科学划分居住、服务、产业设施的功能布局，合理安排商业、学校、公园和市民广场等配套设施。同时，配套建设教、文、卫等民生工程，提高了基本公共服务均等化水平。这些举措，使得农民生活方式发生了根本性变化，农民收入提高，生活质量得到显著提高，城乡差距缩小，不仅居住条件得到改善，而且生活环境、文化品位、社会服务等方面都发生了根本性改观。

城乡统筹发展的目标是实现城乡经济社会一体化新格局。要使城乡一体化建设卓有成效，除工业化和城市化要达到相当高的水平外，还必须解决几个配套问题，包括公共财政均等化问题、户籍制度综合配套改革问题、土地制度改革问题、城乡社会保障全覆盖问题、城乡劳动力统一市场形成问题以及产业发展和居住环境问题等。其中关键问题是废除以户籍制度为依托的城乡二元体制。

公安部 1951 年 7 月 16 日颁布的《城市管理户口暂行条例》作为第一部户籍法，其宗旨还是保障人民居住迁徙自由的。1955 年 11 月

7 日，国务院颁发《关于城乡划分标准的规定》，确定"农业人口"和"非农业人口"作为人口统计指标。从此，"农业人口"和"非农业人口"成为身份的标志，以明确的城乡分割方式进行国家管理已经成分为政府的理念。1958 年 1 月 9 日，全国人民代表大会常务委员会第 91 次会议通过《中华人民共和国户口登记条例》，《条例》第十条第二款规定，"公民由农村迁往城市，必须持有劳动部门的录用证明，学校的录取证明，或者城市户口登记机关的准予迁入的证明，向常住地户口登记机关申请办理迁出手续"。该条例第一次以法律的形式把新中国成立以来日渐形成的城乡有别的户口登记制度和限制迁移制度固定下来，确立了以常住人口为主，严格控制人口流动的基本准则，公民除就业、升学、工作调动外，没有选择居住地的权利，由此形成的二元户籍制度，把公民分为"农业户口"与"非农业户口"进行户籍管理，其意义已经远远超出了治安管理与人口统计等职能，而与粮油供给、劳动就业、福利保障、义务教育等福利制度联系起来，不同的公民福利相差悬殊。这种人为的工农隔断和城乡分割，在当时的条件下起到社会稳定的作用。

随着我国经济体改革的目标定位为市场经济，城乡分割的二元体制，阻碍了劳动力的流动，不适应市场经济的要求，也失之公平。随着城市化进城的加速，也要求解除户籍制度对农民的束缚。近年来国家提出的统筹城乡经济发展、城乡一体化，更要求实现农民的国民待遇地位，还农民以与城市居民一样的社会福利，为此必须改革现行户籍制度。

户籍制度改革不仅是简单消除户籍管理，还要剔除依附于户籍制度的就业权、居住权、受教育权、社会保障权、医疗保障权和公共设施的享受权。如果仅推进户籍制度改革，缺乏在教育、医疗、居住、养老等一系列配套制度的支撑，那么户籍改革一定会给城市、特别是大城市政府不仅带来在财政、社会管理方面的巨大压力，同时会把城乡之间的二元结构转化为城市内部的二元结构。① 可见，废除城乡二元体制的要点是废除以户籍为标志的城乡居民在公共服务方面所享有的不同待遇，使得城乡居民在教育、医疗、居住、养老和就业等方面真正享受到均等的待遇。

7.5.3　重庆和成都户籍制度改革的启示

重庆统筹城乡户籍制度改革。2010 年 7 月重庆市颁布了《重庆市统筹城乡户籍制度改革意见》，其目的是以将推动符合条件的农民工特别是新生代农民工转户进城为突破口，引导农村居民向城镇有序移动，逐步缩小附着在户籍上的城乡差异，消除农民向城镇转移的体制性障碍，促进城乡资源要素合理流动，形成有序的人口城镇化机制。重庆市计划近两年内，重点推进有条件的农民工及新生代农民工转为城镇居民，新增城镇居民 300 万人；到 2020 年新增城镇居民 700 万人；基本措施是"两退、两补、三保留、五纳入"。"两退两补"是指专户居民推出宅基地使用权和承包地的，可获得以下补偿：对农村住房及其附着物给予的一次性补偿，一次性给予宅基地使用权补偿，一次性给购房补助；转户居民退出承包地，按照本轮土地承包期内剩余年限和同类土地的平均流转收益标准给予补偿。三项保留是指包括林地使用权，不要求退出；在一定时期内继续执行原户籍地生育政策；在农民自愿退出承包地经营权之前，享受各项补贴。五项纳入是指农民转户后，其就业、社保、住房、教育、医疗均纳入城镇保障体系。②

成都是中国确定的全国统筹城乡综合配套改革试验区，2003 年以来一直在推进城乡经济社会一体化的发展格局，并已先后进行了 4 次大的户口政策调整。目前成都城乡居民享受到的公共服务水平已基

---

① 何立胜、黄灿：《城乡统筹的路径选择：实现农村人口迁移与土地流转》，载于《贵州财经学院学报》2011 年第 2 期。

② 重庆市政府公众信息网，《重庆统筹城乡户籍制度改革全面启动》2010 年 7 月 29 日。

本持平。①

成都市出台《关于全域成都城乡统一户籍实现居民自由迁徙的意见》，在2012年实现城乡统一户籍，民众可自由迁徙，并享有平等的基本公共服务和社会福利。据成都市委统筹委副主任秦代红介绍，该市为了保障农民的各项权益不因居住地的迁徙、职业的改变而受到侵害，明确规定农民可带产权进城，就业、参加社保不以丧失承包地为前提，且不进城同样可享受政府提供的基本公共服务、社会保障和社会福利等。此项规定被当地官员形象地解读为，农民非但不会"光脚"进城，反而是穿着"风衣"进城。

据介绍，到2012年底前，成都建立了以身份证号码为标识，集居住、婚育、就业、纳税、信用、社会保险等信息于一体的公民信息管理系统。城乡居民凭合法固定住所证明进行户口登记，户口随居住地变动而变动。市外人员入户，也将享受与本地居民同等的待遇。

此外，至2010年底，该市所有非城镇户籍从业人员综合社会保险将全部并入城镇职工社会保险；到2011年底，将建立城乡统一的就业失业登记管理制度和就业援助扶持制度；并将建立统一的城乡住房保障体系，通过廉租房、公共租赁房、经济适用房以及租房、建房补贴等方式解决民众住房困难。

从前文大望京模式、华明模式及重庆、成都户籍制度改革三个案例可以看出，对处于身份从农民向城市居民转换过程中的公民，无论是对于因土地被征用而要变为市民的农民还是进城的农民工，要允许他们在有偿转让其承包地和宅基地使用权的同时，放弃其集体宅基地所有者的身份，或者直接实行宅基地换城镇住房、承包地换社会保险和就业，这不仅有以上实践中的先例，而且可以从法律上找到依据。

《老年人权益保障法》第十四条规定：赡养人有义务耕种老年人

---

① 成都2012年实现城乡统一户籍，民众可自由迁徙，http://news.qq.com/a/20101117/000271.htm? pgv_ref=aio，2010年11月17日。

耕种的田地，照管老年人的林木和牲畜等，收益归老年人所有。第二十二条规定：农村除根据情况建立养老保险制度外，有条件的还可以将为未承包的集体所有的部分土地、山林、水面、滩涂等作为养老基地，收益供老年人养老。从以上规定可以看出，农民养老还是以土地为主。

《物权法》第四十二条规定：为了公共利益的需要，依照法律规定的权限和程序可以征收集体所有的土地和单位、个人的房屋及其他不动产。征收集体所有的土地，应当依法足额支付土地补偿费、安置补助费、地上附着物和青苗的补偿费等费用，安排被征地农民的社会保障费用，保障被征地农民的生活，维护被征地农民的合法权益。征收单位、个人的房屋及其他不动产，应当依法给予拆迁补偿，维护被征收入的合法权益；征收个人住宅的，还应当保障被征收入的居住条件。任何单位和个人不得贪污、挪用、私分、截留、拖欠征收补偿等费用。这条规定，是安排被征地农民的社会保障费用及住房、解决失地农民的生活问题的法律依据。

对于依然居住在农村的农民，就要按照制度设计二所设计的思路，让他们享受到与城市居民相衔接的、在职业（包括身份）变动时能顺利过渡的社会保障制度。

7.6 基本公共服务的法律法规体系完善问题

首先，以《中华人民共和国宪法》对公民基本权利的规定为依据，围绕义务教育、公共卫生与基本医疗、基本社会保障、公共就业服务等基本公共服务项目，形成比较完善的基本公共服务法规体系。

其次，清理、整合、完善现有的义务教育、公共就业服务、卫生服务和基本医疗、基本社会保障等领域的法律法规和规章，提升基本公共服务的法律层次，避免因地方性政策法规不统一而带来的混乱。

现行的基本公共服务相关法规多以政府法规政策和部门条例为主，立法层次较低，缺乏全国统一的法律体系。

在有的领域政策文件起着更实际的作用，这种模式虽然有利于地方政府因地制宜地制定和实施政策，但也成为逐步实现基本公共服务均等化过程中的不确定因素，因为在缺乏国家统一规定的情况下，各地公共服务各自为政，最终会有标准整合、统一、对接的麻烦，影响劳动力在流动中的福利。

最后，加快基本公共服务重大项目立法进程。逐步使中央与地方政府在基本公共服务中的职责法定化；加强政府与社会组织关系的立法，对民间组织的法律地位予以确认；按照基本公共服务均等化的原则，将公共财政和转移支付纳入法制化轨道。

7.7　结　　语

在发展市场经济的背景下，建立惠及13亿人的基本公共服务制度和体系，推进基本公共服务均等化，是我国实现科学发展、推进社会和谐建设的必由之路。[①] 这将对我国经济社会发展产生巨大而深远的影响。

推进基本公共服务均等化目前已经进入战略实施阶段，亟须进行总体制度设计，就基本公共服务均等化的内容设计一套总揽全局、全国统一规范、各部分打通、衔接的制度体系；就基本公共服务均等化所需财力设计一套能适应各类均等化项目特点的转移支付制度；就基本公共服务均等化的相关制度进行配套设计。这种总体制度设计极为关键，因为从推行基本公共服务均等化来说是为了给公民提供从制度到内容平等的生存和发展条件，从市场经济体制建设来说是破除计划

---

① 中国（海南）改革发展研究院课题组：《基本公共服务体制变迁与制度创新——惠及13亿人的基本公共服务》，载于《财贸经济》2009年第2期，第29页。

体制残留的针对不同阶层公民的割裂的公共服务制度，建立与市场经济条件下劳动力自由流动相适应的新的公共服务制度。这既是中国经济体制转轨阶段国家发展战略的一部分，涉及相关体制的转轨，又是以人为本，为每个人创造有尊严的生活的必由之途。

参 考 文 献

[1] 安体富、王海勇：《加快公共财政建设步伐　促进经济社会协调发展》，载于《经济研究参考》2005 年第 19 期。

[2] 安体富、王海勇：《我国公共财政制度的完善》，载于《经济理论与经济管理》2005 年第 4 期。

[3] 安体富：《公共服务均等化：理论、问题与对策》，载于《财贸经济》2007 年第 8 期。

[4] 安体富：《完善公共财政制度逐步实现公共服务均等化》，载于《东北师大学报》2007 年第 3 期。

[5] 包兴荣：《社会公正话语下的城乡公共服务统筹刍议》，载于《四川行政学院学报》2006 年第 3 期，第 70 ~ 73 页。

[6] 鲍勃·杰索普：《治理的兴起及其失败的风险：以经济发展为例的论述》，载于《国际社会科学》1998 年第 3 期。

[7] 常修泽：《逐步实现基本公共服务均等化》，载于《人民日报》2007 年 1 月 31 日。

[8] 常修泽：《逐步实现基本公共服务均等化》，载于《人民日报》2007 年 1 月 31 日第 9 版。

[9] 常小琴、曾竞松：《论我国统筹城乡发展的路径选择》，载于《人民论坛》2011 年 3 月（中）。

[10] 陈海威：《中国基本公共服务体系研究》，载于《科学社会主义》2007 年第 3 期。

[11] 陈昌盛：《中国政府公共服务：体制变迁与地区综合评

价》，中国社会科学出版社 2007 年版。

[12] 陈文全：《十七大以来我国理论界关于"基本公共服务均等化"的讨论》，载于《云南行政学院学报》2008 年第 5 期。

[13] 曹燕萍、吴小平：《从城乡一体化建设看农村税费改革》，载于《财经理论与实践》2003 年第 1 期。

[14] 迟福林：《理顺关系力促公共服务均等化》，载于《中国改革报》2007 年 2 月 8 日。

[15] 迟福林、方栓喜：《加快建设公共服务型政府的若干建议》，载于《发展月刊》2004 年第 3 期。

[16] 迟福林：《论"公共服务型政府"》，载于《理论参考》2006 年第 6 期。

[17] 迟福林：《全面理解"公共服务型政府"的基本涵义》，载于《人民论坛》2006 年 5 月。

[18] 崔志坤：《以"和谐"理念完善我国政府间财政转移支付制度》，载于《经济纵横》2006 年第 4 期。

[19] 曹俊文、罗良清：《转移支付的财政均等化效果实证分析》，载于《统计研究》2006 年第 1 期。

[20] 曹俊文、罗良清：《转移支付的财政均等化效果实证分析》，载于《统计研究》2006 年第 1 期，第 43～45 页。

[21] 成军：《新形势下的县乡政府职能与财政支出责任》，载于《地方财政研究》2007 年第 2 期。

[22] 蔡方、孙文样：《政府间财力分配：计量模式与优化思路》，载于《财政研究》2004 年第 1 期。

[23] 财政部教科文司：《中国农村义务教育转移支付制度研究》，上海财经大学出版社 2005 年版。

[24] 陈昌盛等：《中国公共服务：体制变迁与综合评估》，中国社会科学出版社 2007 年版。

[25] 程倩：《"服务行政"：从概念到模式——考察当代中国

"服务行政"理论的源头》,载于《南京社会科学》2005 年第 5 期。

[26] 陈新民:《公法学札记》,台湾省三民书局 1993 年版。

[27] 丁元竹:《扩大内需的结构和体制约束因素:社会基本公共服务供给不足》,中国经济出版社 2006 年版。

[28] 丁元竹:《科学把握我国现阶段的基本公共服务均等化》,载于《中国经贸导刊》2007 年第 13 期。

[29] 丁元竹:《基本公共服务如何均等化》,载于《瞭望新闻周刊》2007 年第 22 期。

[30] 丁元竹:《促进我国基本公共服务均等化的基本对策》,载于《中国经贸导刊》2008 年第 5 期。

[31] 方栓喜、匡贤明:《以基本公共服务均等化为重点调整和改革中央地方关系的建议》,载于《经济前沿》2007 年第 1 期。

[32] 常修泽:《中国现阶段基本公共服务均等化研究》,载于《天津市委党校学报》2007 年第 2 期。

[33] 常修泽:《公共服务均等化需要体制支撑》,载于《瞭望》2007 年第 2 期,第 48~49 页。

[34] 陈昌盛、蔡跃洲编著:《中国政府公共服务:体制变迁与地区综合评估》,中国社会科学出版社 2007 年版。

[35] 陈海威、田侃:《我国基本公共服务均等化问题探讨》,载于《中州学刊》2007 年第 3 期。

[36] 曹俊文、罗良清:《转移支付的财政均等化效果实证分析》,载于《统计研究》2006 年第 1 期。

[37] 蔡方、孙文祥:《政府间财力分配:计量模式与优化思路》,载于《财政研究》2004 年第 1 期。

[38] 财政部教科文司:《中国农村义务教育转移支付制度研究》,上海财经大学出版社 2005 年版。

[39] 迟福林:《公共服务均等化:构建新型中央地方关系》,载于《廉政瞭望》2006 年第 12 期。

［40］刘尚希：《基本公共服务均等化：现实要求和政策路径》，载于《浙江经济》2007 年第 13 期。

［41］黎旭东：《构建地方公共财政管理体制研究》，中国财政经济出版社 2006 年版。

［42］郭伟和：《福利经济学》，经济管理出版社 2001 年版。

［43］郭琪：《实现地区间公共服务均等化的途径——浅析中国政府间均等化转移支付》，载于《当代经理人》（下旬刊）2006 年第 3 期，第 6~7 页。

［44］顾明远、檀传宝：《2004：中国教育发展报告——变革中的教师与教师教育》，北京师范大学出版社 2005 年版。

［45］盖大欣：《基本公共服务均等化与实施区域协调发展战略研究》，吉林大学硕士论文，2008 年 3 月。

［46］顾建光：《公共行政转型及其动因分析》，载于《决策借鉴》2001 年第 5 期。

［47］谷成：《基于财政均等化的政府间转移支付制度设计》，载于《财贸经济》2010 年第 6 期，第 45 页。

［48］胡寄窗：《西方经济学说史》，立信会计出版社 2002 年版。

［49］黄佩华、迪帕克：《中国：国家发展与地方财政》，中信出版社 2003 年版。

［50］何炜：《西方政府职能论的源流分析》，载于《南京社会科学》1999 年第 7 期。

［51］江明融：《公共服务均等化论略》，载于《中南财经政法大学学报》2006 年第 3 期。

［52］江明融：《实现公共服务均等化目标的政策思考》，载于《特区经济》2006 年第 8 期。

［53］贾康：《公共服务均等化应积极推进，但不能急于求成》，载于《审计与理财》2007 年第 8 期。

［54］贾康：《公共服务均等化要经历不同的阶段》，载于《中国

人口报》2009 年 11 月 27 日第 3 版。

[55] 贾康:《区分"公平"与"均平"把握好政府责任与政策理性》,载于《财政研究》2006 年第 12 期。

[56] 金人庆:《完善促进基本公共服务均等化的公共财政制度》,载于《求是》2006 年第 22 期。

[57] 贾康、白景明:《县乡财政解困与财政体制创新》,载于《经济研究》2002 年第 2 期。

[58] 贾晓俊、岳希明:《我国不同形式转移支付财力均等化效应研究》,载于《经济理论与经济管理》2015 年第 1 期。

[59] 贾康、阎坤:《完善省以下财政体制改革的中长期思考》,载于《管理世界》2005 年第 8 期。

[60] 井敏:《国内服务型政府研究的四种角度》,载于《新视野》2006 年第 3 期。

[61] 课题组:《国外财政均衡制度的考察与借鉴》,载于《经济研究参考》2006 年第 10 期。

[62] 匡远配、汪三:《中国农村公共产品供求理论综述》,载于《兰州学刊》2006 年第 3 期。

[63] 李武杰、金崇芳:《进一步规范和完善我国财政转移支付制度探析》,载于《改革研究》2005 年第 3 期。

[64] 李春根:《我国财政转移支付形式的现状与完善》,载于《审计与理财》2004 年第 1 期。

[65] 李华:《城乡公共品供给均等化与转移支付制度的完善》,载于《财政研究》2005 年第 11 期。

[66] 李兰英:《对我国政府间转移支付的几点思考》,载于《中央财经大学学报》2004 年第 1 期。

[67] 李齐云:《分级财政体制研究》,经济科学出版社 2003 年版。

[68] 厉以宁、吴易风、李懿:《西方福利经济学述评》,商务印

书馆 1984 年版。

[69] 黎旭东：《构建地方公共财政管理体制研究》，中国财政经济出版社 2006 年版。

[70] 刘尚希：《基本公共服务均等化：现实要求和政策路径》，载于《浙江经济》2007 年第 13 期。

[71] 刘明中：《推进基本公共服务均等化的重要手段——财政部副部长楼继伟答本报记者问》，载于《中国财经报》2006 年 2 月 7 日。

[72] 刘新建、刘彦超：《论城乡公共服务供给平等与和谐社会建设》，载于《燕山大学学报》（哲学社会科学版）2007 年第 1 期。

[73] 刘溶沧、焦国华：《地区间财政能力差异与转移支付制度创新》，载于《财贸经济》2002 年第 1 期。

[74] 刘明中：《推进公共服务均等化的手段》，载于《中国财经报》2006 年 2 月 7 日。

[75] 吕炜：《我们离公共财政有多远》，经济科学出版社 2005 年版。

[76] 刘小明：《财政转移支付制度研究》，中国财政经济出版社 2001 年版。

[77] 刘学之：《基本公共服务均等化问题研究》，华夏出版社 2008 年版。

[78] 刘文静：《中国城乡基本公共服务均等化研究》，山东大学硕士论文，2008 年。

[79] 刘尚希：《基本公共服务均等化：现实要求和政策路径》，载于《浙江经济》2007 年第 13 期。

[80] 芦鹏：《基本公共服务均等化趋势下县级公共财政的构建》，华中师范大学硕士学位论文，2007 年。

[81] 刘熙瑞：《服务型政府——经济全球化背景下中国政府改革的目标选择》，载于《中国行政管理》2002 年第 7 期。

[82] 刘厚金：《我国政府转型中的公共服务》，中央编译出版社

2008 年版。

　　[83] 刘熙瑞：《服务型政府三种观点的澄清》，载于《人民论坛》2006 年 5 月。

　　[84] 李瑞、郑娟：《刍论服务型政府的理论基础》，载于《公共管理》2006 年第 10 期。

　　[85] 蒙丽珍：《转移支付分析比较与选择》，东北财经大学出版社 1994 年版。

　　[86] 马海涛：《财政转移支付制度》，中国财政经济出版社 2004 年。

　　[87] 马骏：《论转移支付》，中国财政经济出版社 1998 年版。

　　[88] 马庆钰：《公共服务的几个基本理论问题》，载于《中共中央党校学报》2005 年第 1 期。

　　[89] 马国贤：《基本公共服务均等化的公共财政政策研究》，载于《财政研究》2007 年第 10 期。

　　[90] 倪红日：《应该更新"事权与财权统一"的理念》，载于《涉外税务》2006 年第 5 期。

　　[91] 倪红日：《规范我国财力性转移支付制度的建议》，载于《经济研究参考》2006 年第 23 期。

　　[92] 邱利莎：《政府间财政转移支付制度国际比较借鉴》，载于《财税与会计》2003 年第 5 期。

　　[93] 邱霈恩：《加快基本公共服务均等化的步伐》，载于《人民日报》2007 年 3 月 28 日。

　　[94] 孙君芳：《农村公共产品缺位思考》，载于《中国四川省委党校学报》2006 年第 2 期。

　　[95] 宋超、绍智：《我国转移支付规模问题研究》，载于《地方财政研究》2005 年第 1 期。

　　[96] 宋迎法：《论构建全民均等享有的基本公共服务体系》，载于《中共南京市委党校南京市行政学院学报》2007 年第 2 期。

［97］沙安文、乔宝云：《政府间财政关系（国际经验评述)》，人民出版社 2006 年版。

［98］沙安文、沈春丽：《财政联邦制与财政管理》，中信出版社 2005 年版。

［99］沙安文、张庆华、邹恒甫：《中国教育水平的地区差异：教育回报率、支付能力约束以及政府政策》，人民出版社 2006 年版。

［100］苏明、赵云旗、秦凤翔、王恩奉：《完善地方转移支付制度研究》，载于《财政研究》2002 年第 2 期。

［101］唐钧：《公共服务均等化保障 6 种基本权利》，载于《时事报告》2006 年第 6 期。

［102］王雍君：《中国的财政均等化与转移支付体制改革》，载于《中央财经大学学报》2006 年第 3 期。

［103］王伟同：《公共服务提供能力与绩效》，载于《地方财政研究》2007 年第 11 期。

［104］王雍君、李民吉：《中国的政府间转移：目标、制度和实施机制》，载于《中央财经大学报》2002 年 7 月。

［105］王东伟：《中央补助地方专项资金支付管理机制的创新》，载于《中国财政》2007 年第 7 期。

［106］宋伟、任慧成：《新农村建设中的农村公共服务改革》，载于《理论观察》2006 年第 3 期。

［107］王翠芳：《如何实现城乡基本公共服务均等化》，载于《中国经济周刊》2007 年第 18 期。

［108］王海滨：《缩小我国城乡收入差距的对策和建议》，载于《经济研究参考》2005 年第 79 期。

［109］王学渊：《缩小城乡差别应首先缩小供给公共产品的差别》，载于《经济研究》2006 年第 4 期。

［110］王恩奉：《建立横向财政转移支付制度研究》，载于《改革》2003 年第 1 期。

［111］王磊:《我国政府间转移支付对公共服务均等化的影响》,载于《经济体制改革》2006年第1期。

［112］王雍君:《中国财政均等化与转移支付体制改革》,载于《中央财经大学学报》2006年第9期。

［113］王雍君:《中国财政均等化与转移支付体制改革》,载于《中央财经大学学报》2006年第9期。

［114］王志雄:《我国基本公共服务均等化研究》,财政部财政科学研究所,2011年。

［115］汪宏、张里程:《中国地区间居民健康和卫生保健差异》,人民出版社2006年版。

［116］吴群:《论工业反哺农业与城乡一体化发展》,载于《农业现代化研究》2006年第1期。

［117］吴群芳:《公共选择理论与"公共服务市场化"——西方行政改革的理论背景》,载于《北京科技大学学报》(社会科学版)2002年第1期。

［118］吴敬琏:《寻租腐败造成贫富悬殊改革要过大关》,载于《商务周刊》2008年8月8日。

［119］徐诗举:《公共产品均等化,政府间转移支付制度的目标》,载于《内蒙古财经学院学报》1997年第1期。

［120］夏锋:《以公共服务均等化缓解城乡差距》,载于《学说连线网》2006年10月26日。

［121］夏锋:《基本公共服务均等化与城乡差距》,载于《南京人口管理干部学院学报》2007年第7期。

［122］肖建华、刘学之:《有限政府与财政服务均等化》,载于《中央财经大学学报》2005年第6期。

［123］肖建华、刘学之:《有效政府与财政服务均等化》,载于《中央财经大学学报》2005年第6期。

［124］肖海鹏:《积极推进基本公共服务均等化》,载于《南方

日报》2006 年 12 月 21 日。

[125] 项中新:《均等化:基础、理念与制度安排》,中国经济出版社 2000 年版。

[126] 项怀诚:《中国财政管理》,中国财政经济出版社 2001年版。

[127] 夏鹏、张建新:《如何完善财政转移制服制度》,载于《山东审计》2003 年第 11 期。

[128] 徐小友:《我国社会保障体系不平等问题分析》,载于《产业与科技论坛》2006 年第 10 期。

[129] 许光建、戴李元:《财政支出结构优化及长效机制构建》,载于《人民论坛·学术前沿》2011 年 3 月（中）。

[130] 解翆:《转移支付与公共品均等化分析》,载于《吉林财税高等专科学校学报》2007 年第 1 期。

[131] 项继权、袁方成:《我国基本公共服务均等化的财政投入与需求分析》,载于《公共行政评论》2008 年第 3 期。

[132] 项继权:《基本公共服务均等化:政策目标与制度保障》,载于《华中师范大学学报》（人文社会科学版）2008 年第 1 期。

[133] 薛元、李春芳:《关于我国实现基本公共服务均等化的对策建议》,载于《中国经贸导刊》2007 年第 17 期。

[134] 余世喜、李品:《中国农村公共服务存在的问题及其原因分析》,载于《南方农村》2006 年第 3 期。

[135] 杨聪杰:《完善转移支付统筹区域发展》,载于《理论研究》2006 年第 1 期。

[136] 阎坤:《转移支付制度与县乡财政体制构建》,载于《财贸经济》2004 年第 8 期。

[137] 阎坤:《中国县乡财政体制研究》,经济科学出版社 2006年版。

[138] 阎坤、王进杰:《公共支出理论前沿》,中国人民大学出

版社。

[139] 阎坤:《中国县乡财政困境分析与对策研究》,载于《农村·农业·农民》2005 年第 3 期。

[140] 叶振鹏、张馨:《公共财政论》,经济科学出版社 1999 年版。

[141] 杨之刚等:《财政分权理论与基层公共财政改革》,经济科学出版社 2006 年版。

[142] 于树一:《公共服务均等化的理论基础探析》,载于《财政研究》2007 年第 7 期。

[143] 颜玉华:《建设服务型政府是反腐败的必然要求》,载于《公民与法治》2008 年第 6 期。

[144] 燕继荣:《文明社会的文明治理:公共管理的制度选择》,载于《学习与探索》2005 年第 2 期。

[145] 燕继荣:《对服务型政府改革的思考》,载于《国家行政学院学报》2006 年第 2 期。

[146] 俞可平主编:《治理与善治》,社会科学文献出版社 2000 年版。

[147] 杨雪冬:《"治理"的九种用法》,载于《经济社会体制比较》2005 年第 2 期。

[148] 征庚圣、夏锋、何冬妮:《观点综述:以基本公共服务均等化为重点的中央地方关系》,载于《中国(海南)改革发展研究院简报》,总第 628 期。

[149] 张玉玲:《从和谐视角看公共服务均等化——访贾康》,载于《光明日报》2006 年 11 月 23 日。

[150] 张长春:《倡导社会公正促进公共服务设施配置的均等化》,载于《中国经贸导刊》2006 年第 21 期。

[151] 张恒龙、陈宪:《构建和谐社会与实现公共服务均等化》,载于《地方财政研究》2007 年第 1 期。

[152] 张恒龙、陈宪:《我国财政均等化现状研究:1994~2004》,载于《中央财经大学学报》2006年第12期。

[153] 张恒龙、陈宪:《政府间转移支付对地方财政努力程度财政均等化的影响》,载于《经济科学》2007年第1期。

[154] 张秀英:《关于规范的财政转移支付制度的几个问题》,载于《财会研究》2001年第10期。

[155] 张馨:《公共财政论纲》,经济科学出版社1999年版。

[156] 张伦伦:《对我国财政转移支付制度规范化的逻辑思考》,载于《经济体制改革》2005年第2期。

[157] 张强:《基本公共服务均等化:制度保障与绩效评价》,载于《西北师范大学学报》(社会科学版)2009年第2期。

[158] 张紧跟:《论国家治理体系现代化视野中的基本公共服务均等化》,载于《四川大学学报》2015年第7期。

[159] 张曙光:《农村问题的根源是个人产品和公共品关系混淆》,载于《领导决策信息》2008年第44期。

[160] 张成福:《公共行政的管理主义:反思与批判》,载于《中国人民大学学报》2001年第1期。

[161] 张康之:《把握服务型政府研究的理论方向》,载于《人民论坛》2006年5月。

[162] 张贤明、高光辉:《公正、共享与尊严:基本公共服务均等化的价值定位》,载于《吉林大学社会科学学报》2012年第4期。

[163] 钟一鸣:《公共服务均等化难在哪里》,载于《经济观察报》2006年10月22日。

[164] 钟晓敏:《市场化改革中的地方财政竞争》,载于《财经研究》2004年第1期。

[165] 钟晓敏:《政府间财政转移支付论》,立信会计出版社1998年版。

[166] 钟荣华:《地方政府转移支付的均等化效应:理论分析与

实证检验》，湖南大学，2004 年。

[167] 政府间财政关系课题组：《政府间财政关系比较研究》，中国财政经济出版社 2004 年版。

[168] 曾红颖：《我国基本公共服务均等化标准体系及转移支付效果评价》，载于《经济研究》2012 年第 6 期。

[169] 朱迎春：《从教育公平原则看中国城乡教育差距》，载于《河北师范大学学报》2006 年第 9 期。

[170] 朱荣科、赵亚乔：《福利经济思想的重新表述与学科诞生》，载于《财经问题研究》1998 年第 7 期。

[171] 周小川、杨之刚：《中国财税体制的问题与出路》，天津人民出版社 1992 年版。

[172] 中国教育与人力资源问题报告课题组：《从人口大国迈向人力资源强国》，高等教育出版社 2003 年版。

[173] 中国（海南）改革发展研究院：《加快建立公共服务体制，促进城乡协调发展—"中国新农村建设：基本而有保障的公共服务"国际研讨会观点综述》，中国经济出版社 2007 年版。

[174] 中国（海南）改革发展研究院：《以基本公共服务均等化为重点调整和改革中央与地方关系的建议》，载于《经济研究参考》2007 年第 11 期。

[175] 中国（海南）改革发展研究院：《以基本公共服务均等化为重点的中央与地方关系—"中国公共服务体制：中央与地方关系"国际研讨会观点综述》，载于《经济研究参考》2007 年第 1 期。

[176] 中国财政学会课题组：《公共服务均等化问题研究》，载于《经济研究参考》2007 年第 58 期。

翻译文献：

[177] 阿马蒂亚·森：《伦理学与经济学》，商务印书馆 2001 年版。

[178] 罗尔斯：《正义论》，中国社会科学出版社 1988 年版。

［179］格拉夫:《理论福利经济学》,商务印书馆1980年版。

［180］汉斯·范登·德尔:《民主与福利经济学》,中国社会科学出版社1999年版。

［181］哈维·S. 罗森:《财政学》,中国人民大学出版社2002年版。

［182］汉斯·范登·德尔:《民主与福利经济学》,中国社会科学出版社1999年版。

［183］罗伯特·B. 登哈特:《公共组织理论》（第三版）,中国人民大学出版社2003年版。

［184］珍妮特·V. 登哈特、罗伯特·B. 登哈特著:《新公共服务：服务而不是掌舵》,丁煌译,中国人民大学出版社2004年版。

外文文献

［1］UNDP、CDRF: China Human Develo pment Report—Htunan Development Equity.

［2］Dr. Armin Bohnet. The Fiseal Equalization and Public Service Systeim, Germany.

［3］Grand J. L., 1982, The Strategy of Equality: Redistribution and the Social Services, Allen and Unwin, London.

［4］Mclure, Charles E., Jr, 1994. The Sharing of Tax on Natural Resources and The Future of The Russian Federalism. In Christine I. Wallich, ed., Russia and the Challenge of Reform. Palo Alto, Calif.: Hoover Institution Press.

［5］Savas E. S. 2000, Privatization and Public – Private Partnerships. Seven Bridges Press.

［6］James M. Buchanan. Federalism and Fiscal Equity. The American Economic Review, Vol. 40, No. 4. (Sep., 1950), pp. 583 – 599.

［7］B. Dahlby and L S. Wilson: Fiscal Capacity, Tax Effort, and Optimal Equalization Grants. The Canadan Journal of Economics, Vol,

27, No. 3. （Aug. , 1994）, pp. 657 – 672.

[8] Sahn, D. E. and S. D. Younger, 2000, "Expenditure incidence in Africa: Microeconomic Evidence ", Fiscal Studies, Vol. 21, No, pp. 329 – 347.

[9] Lanjouw, P. M. Pradham, F. Saadah, H, Sayed and R. Sparrow, 2001, Poverty, Education, and Health in Indonesia: Who Benefits from Public Spending? Policy Research Working Paper 2739, The World Bank.

[10] J. F. Brun and J. L Combes. Are There Spillover Effects between Coastal and Noncoastal Regions in China? China Economic Review13 （2002） 161 – 169.

[11] Jameson Boex and Jorge Martinez – Vazquez: the Determinants of the Incidence of Intergovernmental Grants: ASurvey of the international Experience. Public Finance and Management, Volume Four, Number 4, 2004, pp. 454 – 479.

[12] Van de Walle, 2005, Do Services and Transfers Reach Morocco's Poor? Evidence from Poverty and Spending Maps. World Bank Policy Research Working Paper 3478.

[13] Kai-yuen Tsui. Local Tax System, Intergovernmental Transfers and China's local Fiscal Disparities. Journal of Comparative Economics 33 （2005） 173 – 196.

[14] Bert Hofman and Susana Cordeiro Gurra, 2005. Fiscal Disparities in East Asia: How Large and Do They Matter? http: //siteresources. worldbank, org/INTEAPDECEN/Resources/Chapter – 4. pdf.

[15] Savas E. S. 2000, Privatization and Public – Private Partnerships. Seven Bridges Press.

[16] James M. Buchanan. Federalism and Fiscal Equity. The American Economic Review, Vol. 40, No. 4. （Sep. , 1950）, pp. 583 – 599.

［17］ B. Dahlby and L S. Wilson: Fiscal Capacity, Tax Effort, and Optimal Equalization Grants. The Canadan Journal of Economics, Vol, 27, No. 3. （Aug. , 1994）, pp. 657 – 672.

［18］ Sahn, D. E. and S. D. Y. ounger, 2000, "Expenditure incidence in Africa: Microeconomic Evidence", Fiscal Studies, Vol. 21, No, pp. 329 – 347.

［19］ Lanjouw, P. M. Pradham, F. Saadah, H, Sayed and R. Sparrow, 2001, Poverty, Education, and Health in Indonesia: Who Benefits from Public Spending? Policy Research Working Paper 2739, The World Bank.

［20］ J. F. Brun and J. L Combes. Are There Spillover Effects between Coastal and Noncoastal Regions in China? China Economic Review13 （2002） 161 – 169.

［21］ Jameson Boex and Jorge Martinez – Vazquez: the Determinants of the Incidence of Intergovernmental Grants: ASurvey of the international Experience. Public Finance and Management, Volume Four, Number 4, 2004, pp. 454 – 479.

［22］ Van de Walle, 2005, Do Services and Transfers Reach Morocco's Poor? Evidence from Poverty and Spending Maps. World Bank Policy Research Working Paper 3478.

［23］ Kai-yuen Tsui. Local Tax System, Intergovernmental Transfers and China's local Fiscal Disparities. Journal of Comparative Economics 33 （2005） 173 – 196.

［24］ Bert Hofman and Susana Cordeiro Gurra, 2005. Fiscal Disparities in East Asia: How Large and Do They Matter? http: //siteresources. worldbank, org/INTEAPDECEN/Resources/Chapter – 4. pdf.

［25］ Grand J. L. , 1982, The Strategy of Equality: Redistribution and the Social Services, Allen and Unwin, London.

[26] Mclure, Charles E. , Jr, 1994. The Sharing of Tax on Natural Resources and The Future of The Russian Federalism. In Christine I. Wallich, ed. , Russia and the Challenge of Reform. Palo Alto, Calif. : Hoover InstitutionPress.